묻고
답하다

묻고
답하다

강영안
양희송
2박 3일의
대화

죽음
고통
웃음
일상
종교
교회
개인
공동체
십자가
한국 교회
지성
과학
의심
윤리
만남

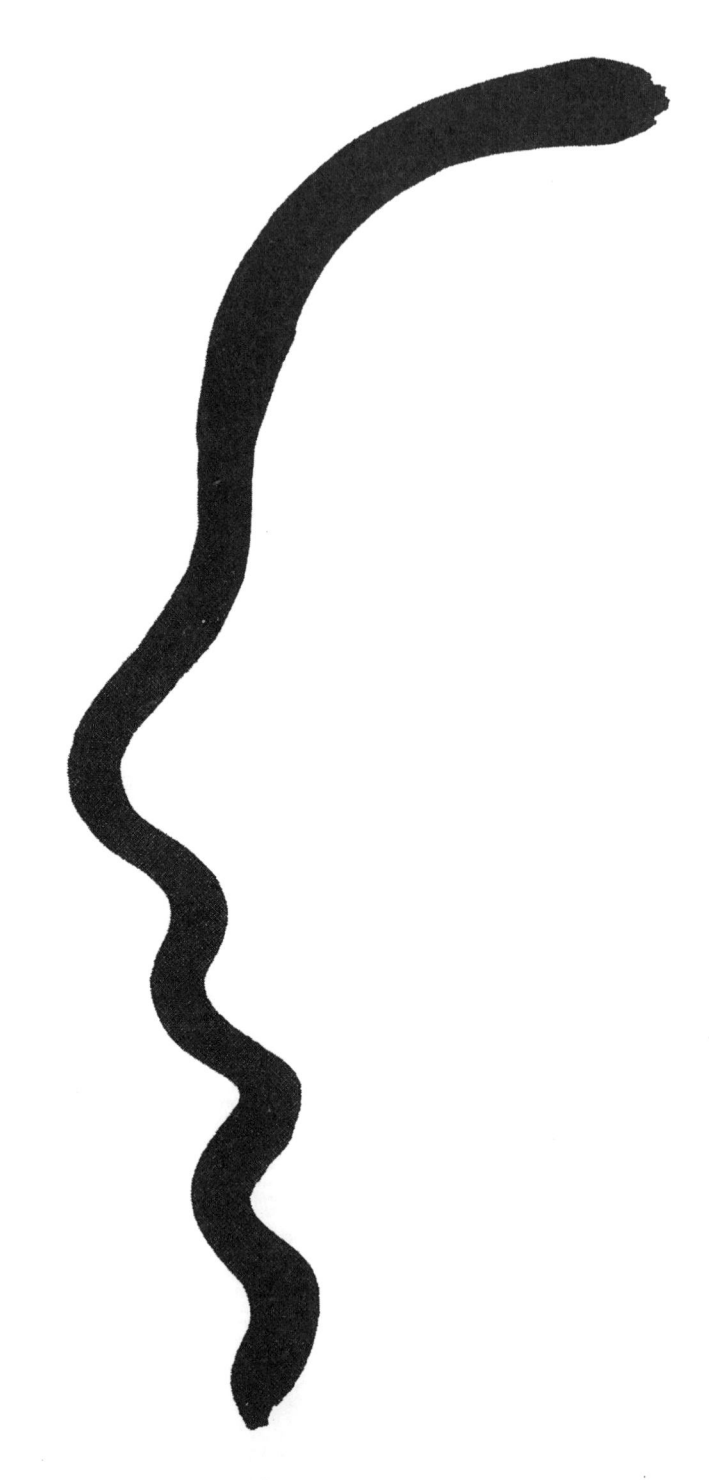

차례

들어가며 _르네상스적 지식인과의 2박 3일					9

1장 **죽음** 예수님은 왜 소크라테스처럼 죽지 않았나			16
2장 **고통** 왜 내게 이런 일이 일어났습니까				34
3장 **웃음** 예수님도 웃으셨을까					50
4장 **일상** 목숨은 걸어도 일상은 못 건다?				60
5장 **종교** 목사가 있어야 교회가 있는 걸까				73
6장 **교회** 개인인가 공동체인가					98
7장 **개인** 개인인가 공동체인가 2					112
8장 **공동체** 극단은 왜 서로 통하는가				127
9장 **십자가** 하나님은 無와 비움 속에 계시는가			142
10장 **한국 교회** 언제부터 우리는 이렇게 되었나			154
11장 **지성** 지성은 얼마나 필요할까					174
12장 **과학** 모든 진리가 하나님의 진리라면				193
13장 **의심** 기독교를 어떻게 믿을 수 있나				209
14장 **윤리** 무신론은 더 나쁜 세상을 만드는가			220
15장 **만남** 강영안을 만든 책, 사람들					239

나가며 _이것은 해답이 아니다					257

그것은 르네상스적 지식인을

눈앞에서 만나는 신선한 경험이었다.

들어가며
_르네상스적 지식인과의 2박 3일

1

이 책은 '대화'다. 그러나 자세히 들여다보면, 두 사람이 대등하게 이야기를 나눈 것이 아니다. 나는 끊임없이 묻고, 강영안 교수는 지치지 않고 대답하는 형식이다. 마치 고전에서 종종 보듯, 묻는 자가 있고 그의 질문을 통해 답하는 이의 사상 체계가 드러나는 책이 되었다.

이 기획은 출판사에서 제안한 것인데, 강영안 교수와 2박 3일간 함께 지내면서 주제에 제한 없이 마음껏 대화를 나누고 이를 책으로 엮자는 것이었다. 나는 두말없이 기쁘게 그 기회를 붙잡았다. 무지를 적나라하게 드러내고, 그동안 답을 얻지 못했던 무수한 질문을 거리낌 없이 던지며 파상 공세를 펴는 기회로 삼고자 했다. 계통도 없고, 높이도 고르지 않은 질문들을 한없이 던지다 보면, 그것이 나름대로 꼴을 갖추고, 자리를 찾아서 말이 되고 글이 될 것이란 막연한 기대. 그것으로 충분했다.

    2008년 9월 4일에서 6일까지 2박 3일간, 경기도 양평의 모새골에 우리 둘은 남겨졌고, 먹고, 자고, 걷고, 웃고 울면서 13시간 분량의 녹음을 남겼다. 나는 집요하게 질문을 바꾸어 가며 파고들었고, 강영안 교수는 검토해야 할 문제의 핵심을 즉각 분별해 내고, 그 논의에 필요한 동서양 고전과 사상가를 바로바로 인용하면서 대답했다. 그것은 백과사전과도 같은 지식을 자유자재로 구사하는 르네상스적 지식인을 눈앞에서 만나는 신선한 경험이었다.

    나는 2005년 이래 청어람아카데미를 기획하고 운영하면서 강영안 교수와 여러 번 강좌를 열었다. 그의 강좌는 철학, 신학, 역사 등 인문학 전반을 오가면서 진행되었고, 대략 10여 개 언어가 종횡으로 사용되는 지식의 향연이었다. 매번 옥석을 가리는 안목과 비판적 질문을 던질 줄 아는 이들이 청중으로 가득 찼다. '원전주의자'란 별명이 있는 그는 원문으로 읽지 않으면 인용하지 않는다는 엄격함을 지닌 학자인지라 그의 강의에는 동서양 사상이 뒤엉켜 뛰노는 바다를 한 길로 갈라내는 감동이 있었다.

    우리는 그를 통해 에마뉘엘 레비나스, 에라스무스, 요한 하위징아, C. S. 루이스, 주자 등을 새롭게 만날 수 있었고, 숱하게 인용된 동서양 고전의 문장들 속에서 기독교 신앙과 삶을 향한 질문과 대답의 깊이와 넓이가 재구성되는 경험을 하였다. 그가 기반하고 있는, 흔히 칼뱅주의라고 불리는 네덜란드 개혁주의 신앙의 깊이와 넓이도 실감해 보는 기회를 가졌다.

2

이 책은, 이런 자리가 아니었다면 들을 기회가 없었을 강영안 교수의 생각과 만나는 기회가 될 것이다. 크게 3부로 나뉘는데, 후반으로 갈수록 좀더 전문적인 주제로 넘어간다.

1장에서 5장은 기독교 신앙이 인간의 생로병사에 어떤 이야기를 해줄 수 있는지 물으며 시작된다. 각 장별로 읽어도 흥미롭지만, 이 논의가 어떻게 종교개혁의 유산인 일상성의 재발견으로 이어지는지 염두에 두고 읽는다면 더 큰 그림이 눈에 들어올 것이다. 종교개혁이 개신교 신앙을 탄생시킨 종교적 사건임은 물론 한 사회 혹은 서구 문명을 어떻게 재구성했는지 되짚어 보는 작업은 지금 새롭게 재조명되는 주제다. 그러므로 각 장을 기독교 변증의 관점에서 보아도 좋고, 훨씬 큰 지성사적 질문에 답하고자 하는 소박한 시도로 읽어도 좋을 것이다.

6장에서 10장은 개인, 집단, 공동체, 기독교 그리고 한국 교회를 다루었다. 오늘의 한국 개신교를 제대로 말하려면 이런 주제들이 충분히 집요하게 다루어져야 한다. 전형적인, 혹은 진부한 대답이 되지 않도록 나는 도발하고, 자극하고 참견했다. 몇 가지 주제에서 이견이 있었다는 것이 드러날 것이다. 그러나 이 논의에서 나는 많이 배웠다. 특히 한국 개신교의 변화는 교회를 바꾸는 문제를 넘어서서, 하나의 대안적 사회를 그려 내는 과제와 직결된다는 점에서 가능한 모든 지적·사회적 자원들이 동원되어야 한다는 통찰에 전적으로 동의한다.

11장에서 15장은 지성의 문제다. 열심히 신앙생활하는 데 종종 장애물이나 사치품 정도로 간주되는 '지성'의 문제와 그로부터 파생되는 '과학', '의심', '윤리'를 압축적으로 다루었다. 이 주제와 관련해 본격적 논의는 여전히 갈 길이 멀지만, 반복하여 제기되는 많은 질문들이 적절히 해소되는 데 도움이 될 것으로 기대한다. 마지막 장은 강영안 교수의 지적·신앙적 이력을 담고 있는데, 한 사람을 형성한 수많은 만남에 대한 감사와 회고의 마음이 잘 스며들어 있다.

3

감사의 말을 전해야 할 분들이 적지 않다. 무엇보다 이런 기회를 기꺼이 만들어 준 강영안 교수께 존경과 감사의 마음을 전하지 않을 수 없다. 어느덧 마음으로 '선생님'이라고 부르는 분이 되어 버렸지만, 엄격한 학자의 모습보다는 지금도 밤새도록 책을 읽어 치우고 해가 중천에 뜰 때까지 늦잠 자기를 더 좋아하는 그런 예술가적 면모에 더 끌리는 것 같다. 늘 건강하시기를 기원한다.

이 책이 나오는 데 고생을 시킨 분들이 적지 않다. 녹취하느라 수고해 준 청어람의 초대 동역자 안정인에게 고마움을 전한다. 원고가 더디게 진행되는 동안 함께 마음고생을 해가며 청어람을 꾸려온 정수현, 오수경 간사에게도 고마운 마음을 전한다. 이 책을 기획하고, 기획을 실행에 옮기고, 원고가 나오기까지 너무 오랫동안 기다려 준 홍성사 식구들에게도 역시 고마움과 미안한 마음이 한가득이다.

　아들이 걸어온 길을 인내와 믿음으로 지지해 주신 아버지 양덕모 님께 이제 책을 보여 드릴 수 있어서 기쁘고, 아내 문송희와 딸 시은, 아들 시형의 사랑과 견딤에 다할 수 없는 고마움을 전한다.

양희송

죽음을 솔직하게, 치열하게 붙잡지 않는다면,

우리의 대안은 피상적일 수밖에 없습니다.

1장_ 죽음

예수님은 왜 소크라테스처럼 죽지 않았나

양희송 인생의 생로병사를 놓고 시인은 시를 쓰고, 가수는 노래를 부르더군요. 그렇다면 철학자는, 특히 기독철학자는 무엇을 하는지 궁금합니다.

강영안 철학자는 철학을 하지요. (웃음) 철학자들은 학생 시절에 '삶이란 무엇인가', '어떻게 살 것인가' 하는 물음을 가지고 대부분 철학에 입문합니다. 그러다가 대학원에 가서 철학을 조금 전문적으로 공부하다 보면 결국 플라톤 학자가 되고, 칸트 학자가 되고, 하이데거 학자가 되고 맙니다. 한 철학자의 이론을 깊이 파고드는 데 집중하고 말지요. 삶의 문제를 가지고 치열하게 씨름하기보다는 '칸트의 시간론이 뭐냐', '칸트에서 도덕법칙과 자유의 관계는 뭐냐' 하는 식으로 묻고 답하는 일에 대개 그치고 맙니다. 구체적이고 일상적인 삶의 물음과 씨름하기보다는 학문적인 물음에 학문적인 답을 하는 것으로 만족하는 거죠. 절실한 물음을 정말 절실하게 씨름하지 않고 넘어가는 경우가 대부분입니다. 그래서 나는 철학적 물음의 중심에 다시 삶을 두어야 한다고 생각하고, 우리가 먹고, 자고, 집 짓고 거주하며, 일하고, 쉬고, 다투고, 웃고, 울고, 사람들을 신뢰하기도 하고 불신하기도 하면서 결국에는 병들어 죽는 인생의 근본적이고 일상적인 삶의 문제를 생각해 보는 작업을 시작했습니다.

양희송 철학을 하시니 생로병사의 질문을 맞이하는 데 도움이 되시던가요?

강영안 '생로병사'는 불교에서 온 표현인데요, 인간의 고통 가운데서도 누구나 처한 기본적인 고통을 말합니다. 태어나서 살고 병들고 죽는 것. 이것이 이생의 삶일 텐데 이 모두를 고통으로 보는 것이 불교의 관점입니다. 사실 철학은 태어남, 탄생 자체는 깊이 생각하지 않았습니다. '탄생성'을 정치철학의 중요한 개념으로 다룬 한나 아렌트Hannah Arendt가 예외일 것입니다. 인간이 정치적으로 자유롭게 행동하는 근거를 그는 탄생에서 찾습니다. 그런데 철학자들이 탄생을 중요하게 생각하지 않은 건 태어난다는 것은 개인의 선택과는 무관해서 그렇지 않을까 해요. 하이데거 같은 철학자는 인간을 '피투성被投性'의 존재라고 보지요. '피로 범벅된 존재'란 말이 아니라 (웃음) 피투성, '던져진 존재'라는 말입니다. 하기야 사람이 태어날 때 갓 목욕한 것처럼 말갛게 나오지는 않죠. 우리 모두가 피투성이로 태어났으니까요. (웃음) 하이데거는 인간의 존재를 탄생과 죽음의 '사이' 존재라고 보지요. 그럼에도 그에게는 죽음이 중요했습니다. '죽음으로 향하는 존재Sein zum Tode'가 그의 철학의 주요 개념이니까요. 하이데거의 제자였던 아렌트는 반대로 인간은 '태어난 존재'임을 강조한 것이지요.

양희송 철학자들은 죽음을 어떻게 이해하나요? 한없이 다양할까요, 어느 정도 수렴된다고 볼 수 있을까요?

강영안 크게 두 가지로 볼 수 있습니다. 소크라테스의 죽음이나 공자나 노자의 죽음에서 볼 수 있는 죽음 이해가 하나이고, 다른 하나는 예수 그리스도의 죽음에서 드러난 이해입니다. 두 가지 죽음이 아주 대조됩니다. 공자는 죽음을 자연스럽게 받아들였지요. 죽음은 당연한 것이고, 살아 있는 것은 모두 죽을 수밖에 없다고 생각했지요. 그래서 공자는 죽음과 싸우지도, 심하게 애통해하지도 않았어요. 자연스러운 현상이라고 보는 것이죠. 죽음을 마주해서 슬퍼하는 것은 자연스러운 표현이지만 사람이 상할 정도로 슬퍼지 말라고 공자는 가르쳤습니다.

그런데 노장 전통, 특별히 장자를 보면 죽음은 자연스러운 현상만이 아니라 하나의 해방으로 수용됩니다. 장자는 죽음을 '현해懸解'라고 표현해요. '현懸'은 '현수막'이라 할 때 '현'으로 '걸어 둔다', '매달린다'는 뜻이고 '해解'는 '풀어 준다'는 뜻입니다. 장자의 관점에서 보면 우리 삶은 사람을 나무 위에 매달아 둔 것과 같습니다. 죽음은 매달려 있는 인생을 해방시켜 주는 사건입니다.

《장자莊子》에 보면, 노자의 친구 진일秦佚이 노자가 죽었을 때 와보니 장례 예식이 상당히 거했대요. 그걸 보고 못마땅하여 진일은 "아이고, 아이고, 아이고" 세 번만 곡을 하고 그냥 나와 버렸답니다. 그러자 노자의 제자들이 다가와 "선생님, 선생님은 우리 스승님과 아주 가까운 사이가 아니셨습니까? 그런데 어찌하여 예禮를 그렇게만 표하십니까?" 하고 물었답니다. 그러자 진일이 말하기를 "여기 모인 사람들이 노자의 제자들이라고 생각했는데 지금 보니 그렇지 않구먼. 문상하러 들어가니 노인들은 자식이 죽은 것처럼, 젊은이들은 어머니를 잃은 것처럼 슬퍼하던데 모인 사람들이 떠들고 우는 것은 노자의 가르침과 다르네. 죽음이라는 것은 현해, 즉 '매여 있는 것에서 풀어 주는 것'인데 즐거워하고 기뻐해야 할 일이지 왜 저렇게 곡을 하는가?"라고 했다지요. 여기에 노장사상이 잘 나와 있습니다.

장자와 관련된 유명한 이야기가 있습니다. 장자의 아내가 죽자 장자가 표주박을 가지고 와서 북을 치듯이 그것을 쳤답니다. 사람들이 아내가 죽었는데 어떻게 그러느냐고 묻자 "나라고 왜 아내가 죽었는데 슬퍼함이 없겠느냐. 아내와 동고동락한 기억이 고스란히 있는데……. 그러나 이제 아내가 삶의 사슬에서 풀려났으니 즐거워하고 기뻐해야 하지 않겠느냐. 아내의 죽음은 즐겁고 기뻐해야 할 일이다"라고 했다지요. 장자는 죽음을 자연스러운 사건일 뿐만 아니라 해방 사건이기 때문에 기뻐하고 즐거워해야 할 일이라고 하죠.

양희송 동양 사상에서 죽음을 그렇게 보았다니 흥미롭습니다. 서양 전통은 어떻게 다른가요?

강영안 소크라테스도 죽음을 장자와 동일하게 받아들입니다. 《파이돈Phaidon》 마지막에 보면 소크라테스의 죽음이 나옵니다. 청년들을 타락시킨다, 다른 신을 도입했다, 아테네의 신을 믿지 않는다는 등의 이유로 소크라테스가 아테네 사람들에게 기소당해서 재판을 받고 사형 언도를 받았잖아요. 한 달 뒤, 사형 집행 시간이 되었습니다. 집행관이 독미나리를 빻아서 만든 즙을 가지고 소크라테스와 친구들이 있는 방으로 왔습니다. 어떻게 하면 되냐고 소크라테스가 물었더니 "마시고서 이리저리 걸으면 됩니다. 선생님의 다리에 무거움을 느끼게 될 때까지. 그다음에는 누우시면 됩니다." 소크라테스는 아주 기분 좋은 듯 눈을 치켜뜨고는 즙에서 신주神酒를 조금 따르면 안 되겠느냐고 물었지요. 일종의 고수레를 하겠다고 농담한 것입니다. 그랬더니 독즙을 가져온 사람이 "소크라테스 선생님, 저희는 마시기에 적당하다고 생각하는 정도만 찧어 왔습니다"라고 답합니다. 소크라테스는 독즙을 마십니다. 아주 즐겁고 기쁘게 말입니다. 파이돈이랑 친구들이 훌쩍거리며 우는데, 오히려 소크라테스는 그들을 위로하였습니다. 그러고 나서 소크라테스는 방에서 걸어 다니다가 침대에 누웠죠. 몸에 마비가 오고 죽음에 서서히 이른 것입니다. 그때 소크라테스가 친구 크리톤에게 "크리톤, 우리는 아스클레피오스께 닭 한 마리를 빚지고 있네"라고 마지막으로 말했습니다. 삶이라는 기나긴 질병에서 벗어났으니 감사의 표시로 의학의 신, 회복의 신 아스클레피오스께 감사의 제사를 대신 드리라는 유언이지요. 소크라테스가 그렇게 죽어 간 이유는 죽음에 대한 그의 이해 때문입니다. 이것이 플라톤의 대화편 《파이돈》 앞부분에 나옵니다.

　　소크라테스의 생애를 다룬 플라톤의 작품 가운데서 후대 기독교에 가장 많은 영향을 준 작품이 있다면 《파이돈》일 것입니다. 이 책에 따르면 죽음은 '신체'라는 감옥에서 영혼이 분리되는 사건입니다. 단순히 영혼이 분리될 뿐만 아니라 오염된 신체에서 자유를 얻고 정화되는 것이죠. 내세, 곧 하데스Hades에 가면 영혼이 정화될 것이라는 기대를 가지고 소크라테스는 죽음을 즐겁고 반갑게 맞아들이는 것이죠. 소크라테스에게 죽음은 장자의 사상처럼 즐겁고 기쁜 일입니다. 소크라테스와 장자 사상의 차이를 찾자면 소크라테스에게는 죽음 이후의 세계가 있습니다. 그에게 죽음이란 자유로운 사건이고 스스로 선택하는 사건일 뿐만 아니라 훨씬 나은 인식에 도달하고 정화된 삶을 누릴 기대를 주는 거죠. 이 땅에서는 신체에 매인 것 때문에 제대로 알지 못하고 깨닫지 못하지만, 신체를 벗어난 영혼은 감각기관에 얽매이지 않기 때문에 참다운 진리를 인식하리라는 기대를 품었던 것입니다. 여기서 '참다운 진리 인식'이란 결국 참다운 도덕의 실현, 참다운 덕virtue의 발현, 말하자면 인간이 지상에서보다 훨씬 낫고 완성된 삶을 살 것이라는 기대를 뜻합니다. 그러니까 소크라테스는 죽음을 즐겁고 반길 만한 사건으로 받아들인 것입니다.

　　양희송 동서양 사상이 죽음에서 상통하였다는 게 흥미롭습니다. 그런데 기독교의 죽음 이해는 이와 확연히 다른 흐름에 있다고 보시는군요.

강영안 네, 복음서가 말하는 예수님의 죽음은 여러 가지 점에서 소크라테스나 공자나 장자의 전통과는 다른 면이 있습니다. 첫 번째 차이는 예수님이 겟세마네 동산에서 기도하시는 장면에서 드러납니다. 처절한 모습, 십자가를 지기 전 그야말로 땀과 피를 쏟을 정도로 죽음 앞에서 괴로워하셨다는 점이 장자나 소크라테스와는 구별됩니다. 물론 소크라테스는 일흔 먹은 할아버지이고, 예수님은 고작 서른 청춘이니 죽는다는 것이 동일할 수는 없다고 할 수 있습니다. 그러나 죽음 그 자체가 예수님께는 커다란 걸림돌이고 두려워할 수밖에 없는 대상이지, "어서 오십시오, 즐겁고 기쁘게 환영합니다"라고 하지는 않았죠. 이 점이 동서 전통과 두드러지게 다른 점입니다.

기독교 전통이 죽음을 대하는 관점은 앞서 이야기한 옛 철학자들뿐만 아니라 20세기 철학자인 하이데거와 비교해도 차이점이 있습니다. 하이데거는 인간을 일컬어 '죽음으로 향하는 존재'라고 했지요. 모든 사람이 죽는다는 것은 명백한 사실입니다. 하이데거의 관심은 죽음 이후를 대비하고 준비하자는 이야기가 아니라, 누구나 죽음으로 나아가기 때문에 '현재의 삶을 스스로 거머쥐고 쟁취하여 참다운 자유를 실현하는 삶을 살아야 한다'는 것입니다. '죽음으로 향하는 존재'라는 사실은 결국 삶의 의지를 품고 진정한 자신의 삶을 거머쥐고 책임지라는 것, 다른 이의 삶과 혼동하지 말고 뒤섞이지 않는 자신의 삶을 살라는 것입니다. 하이데거는 '세계 안에 있는 존재'인 인간이 자기 삶을 자신의 것, 곧 '각자성 各自性, Jemeinigkeit'이라는 본질적 특성을 가진다고 제시했지요. 죽음이 있기 때문에, 우리는 누구나 죽음에 이르는 존재이기 때문에, 현재의 순간을 내 삶으로 내가 거머쥐고 책임져야 한다는 것이지요. 그러니까 '죽음'은 내 삶을 진정한Eigentlich/Authentic 삶으로, 소위 대중에게 휩쓸려서 대중이 사는 방식으로 이렇게 저렇게 살아가는 것이 아니라, 내 삶을 진정 살게 해주는 것입니다.

예수님을 보면 그렇지 않습니다. 예수님의 죽음은, 죽음 때문에 내 삶을 거머쥐고 내 자유를 실현해야겠다는 의지를 가다듬게 만들고 촉발하는 사건이 아니죠. 예수님은 죽음을 너무나 낯설고 무시무시하고 끔찍한 현실로 대합니다. 그러한 관점은 복음서뿐만 아니라 바울서신에도 드러납니다. 죽음을 기쁘고 즐거운 사건으로 보는 관점은 성경에서 찾기 힘듭니다.

양희송 그러고 보니, 성경이 죽음을 묘사하는 방식을 그동안 피상적으로 보았다는 생각이 듭니다.

강영안 왜 예수님은 죽음을 끔찍한 사건으로 여겼을까요? 사실 그 답은 복음서에 잘 드러나지 않습니다. 그런데 고린도전서 15장 26절을 보면 죽음에 대한 언급이 나옵니다. 죽음을 마지막 원수, 마지막 적eschatos echtros이라고 하지요. 죽음 이전에 어떤 원수가 있는지는 모르겠지만 예수님은 그 마지막 적인 죽음을 무찔러 이기셨습니다. 스웨덴의 신학자 구스타프 아울렌Gustaf Aulen이 표현한 대로 'Christus Victor', 즉 '승리자 그리스도'의 모습을 이야기하는 것입니다. 소크라테스나 공자, 장자는 죽음을 마지막 적이라고 이해하지 않습니다. 그런데 바울은 죽음을 마지막 적이라고 하죠. 그래서 예수 그리스도의 죽음과 부활은 마지막 원수를 이긴 사건입니다.

예수의 부활 사건은 무엇을 전제로 할까요? 기독교 세계관은 다른 세계관과는 삶과 죽음을 보는 관점이 다릅니다. 삶과 죽음을 그냥 주어진 질서로 보지 않습니다. 일상적으로 보면 이 세상에 태어났으면 당연히 죽음을 맞고, 또 그러한 죽음을 토대로 생명이 살아난다고 할 수 있습니다. 소크라테스나 공자나 장자는 삶과 죽음을 통한 끊임없는 순환 과정이 자연의 현실, 존재의 현실이라고 생각했지요. 그러나 기독교만은 그렇게 생각하지 않았어요. 물론 유대교나 이슬람도 공유하는 세계관일 수는 있지요. 이른바 '아브라함 후예들의 종교 Abrahamic Religion'가 공유하는 것이죠. '현실은 있는 그대로가 아니며 뭔가 잘못된 요소가 들어왔고 그 잘못된 요소는 다름 아닌 죄의 문제다'라고 보는 것 말입니다. 기독교와 유대교 전통에는 '죄'가 우주의 질서에, 우리 현실에 들어왔고, '죽음'은 죄 때문에 치러야 할 결과이자 대가라고 봅니다. 그렇기 때문에 죽음을 가볍게 생각한다든지, 간단하게 받아들인다든지, 환영해야 할 손님으로 생각하기보다는, 낯설고 끔찍하고 극복해야 할 사건으로 봅니다. 그래서 예수께서 죽음의 문제를 해결하셨다 하더라도 기독교인들은 여전히 죽음을 끔찍하고 낯설게 받아들이고 있는 게 아닌가 싶어요.

어느 분이 교회 장례식에서 이상한 장면을 보았다고 말한 적이 있습니다. 초등학생이 아버지를 잃었는데 장례식을 집례하던 목사님이 자꾸 웃으라고 하더랍니다. 아버지가 이제 천국에 갔으니 즐거워하고 기뻐해야 한다고 말이지요. 그런데 이것은 자연스러운 감정은 아닐 겁니다. 죽음은 슬프고 아픈 것입니다. 그야말로 끔찍한 사건이니 죽음을 끔찍하게 받아들이는 것이 자연스럽지 않을까요? 죽음을 좋은 사건으로 보기보다는 끔찍하게 여기는 것이 삶을 더 진지하게 대하는 바탕이 된다고 생각합니다. 죽음이라는 것은 우리 삶에 패인 음각陰刻과 같은 겁니다. 그야말로 삶과 죽음은 등을 맞대고 있죠. 죽음이란 하나님이 원하시지 않는 현실이 우리 삶에 벌어진 것이지요. 그러니까 죽음은 강한 어둠이 우리네 삶에 있다는 것을 체험하게 해줍니다. 죽음의 어두움을 통해 삶을 들여다보면 삶이 더 선명하게 빛납니다.

양희송 교회사에서는 하나님의 일을 하다가 죽은 사람을 '순교자'라고 부르며 기리는 전통이 있습니다. 그런데 그런 관행으로 죽음을 미화함으로써 남겨진 사람들을 위안하고, 공포에서 벗어나고자 하는 게 아닌가 합니다. 순교자를 기억하는 방식은 기독교 전통에서 어떻게 행해져 왔을까요?

강영안 나는 죽음을 미화하는 방식에는 희랍 전통이 상당히 영향을 주었다고 생각해요. 소크라테스는 죽음을 긍정적이고 적극적으로 봤거든요. 《파이돈》에 보면 '백조의 노래'가 나오는데, 백조가 죽기 전에 아름다운 노래를 불러요. 죽음 이후 더 나은 세계의 희망을 갖고 있기 때문이죠. 순교자들의 죽음을 미화하거나, 그들의 죽음을 아름답게 보는 건 말이 안 됩니다. 죽음은 끔찍한 것이죠. 미화할 대상이 아니에요. '순교'라는 헬라어 단어 '마르티리아Martyria'는 그야말로 죽음이 좋으니 죽음을 달게 받겠다는 것이 아니라, 스데반과 같이 복음을 '증거하다Witness' 불가피하게 맞이했다는 뜻입니다. 죽고 싶어서 죽으면 자살이지 순교가 아닙니다. 증거자가 증인의 역할을 하다가 불가피하게 죽는다면 '순교'라고 할 수 있겠지요. 그렇지 않은 경우에는 '순교'라고 할 수 없지요.

양희송 초대교회에도 얼마 지나지 않아 '순교자 숭배'가 과열되고, 현대 미디어들도 종교적 영웅의 등장을 기대하는 느낌이 있습니다. 반면 '순교' 사건은 그리 단선적이지 않기에 생각할 지점이 많아 보입니다.

강영안 엔도 슈사쿠의 소설 《침묵》(홍성사, 2003)에는 로드리꼬 신부 이야기가 나옵니다. 가톨릭 신자가 상당수 늘어나자 일본 쇼군이 박해하는데, 그리스도의 성상을 밟고 지나가게 하지요. 그리스도의 성상을 밟고 지나가는 사람은 살려 주고, 거부하는 사람은 여러 형태로 십자가에 못 박아 죽였습니다. 로드리꼬 신부가 쓴 편지를 보면, 두 사람을 바닷가에 매놓고 물이 들어오고 빠지면서 몸이 잠겼다 말랐다 하며 며칠에 걸쳐 죽어 가는 장면이 나옵니다. 거기서 '왜 하나님은 침묵하시는가?' 하는 호소가 터집니다. 로드리꼬 신부는 나중에 성상을 밟고 목숨을 건지거든요. 죽음을 미화하는 관점에서 보면 로드리꼬 신부는 배신자입니다. 어떤 방식으로도 변명할 수 없는 배교자입니다. 로드리꼬 신부는 성상을 밟으면서 음성을 듣습니다. "밟아도 좋다. 네 발의 아픔을 내가 제일 잘 알고 있다. 밟아도 좋다. 나는 너희에게 밟히기 위해 이 세상에 태어났고, 너희의 아픔을 나누기 위해 십자가를 짊어진 것이다." 로드리꼬 신부는 예수의 성상을 밟으면서, 자신의 고통과 함께하시는 하나님을 봅니다. 그 점에서 나는 애매성이 존재한다고 생각합니다. 불가피하게 죽을 수밖에 없는 사람은 순교하게 됩니다. 그러나 《침묵》에서 보는 것처럼 살아남은 로드리꼬 신부를 배교자라고 해야 할까요? 성상을 밟았으니 예수 그리스도를 밟았다고 해야 할까요? 그렇지 않을 가능성이 있습니다. 신앙에 일종의 '회색지대'가 있는 것은 아닐까요? 판단의 회색지대를 허용하지 않으면 모든 것을 이분법적으로 받아들이게 되죠. 한쪽은 정죄하고 한쪽은 미화하는 결과가 올 수 있습니다.

  <u>양희송</u> 이제 삶이라는 주제로, 죽음에서 삶으로 넘어가 보면 어떨까요?

  <u>강영안</u> 아니, 죽음 이야기를 조금만 더 하면 좋겠네요. 어떻게 보면 삶이란 죽음을 전제로 하지요. 죽음 없이 삶은 가능하지 않아요. 애석하게도 그렇기 때문에 삶과 죽음의 관계는 다층적입니다. 우리가 오늘 점심으로 명태찜을 먹었지요. 살아 있는 것을 죽여서 말린 명태를 찜으로 먹었는데, 생태의 죽음이 나에게 영양을 공급하고 나를 살게 하지요. 그런 의미에서 내 삶은 개체의 죽음 때문

에 가능하죠. 우리가 먹는 음식은 살아서 움직이던 것들이 움직임을 그치고 식탁에 오른 것들입니다. 그것을 우리가 먹고 살아가니, 우리의 삶은 죽은 것들에 빚지고 있는 거죠.

창세기에 보면 하나님이 식물만 허락하셨다가 타락한 후 동물, 그러니까 육식을 허락하시거든요. 기독교 전통에서 채식주의자들은 고기 섭취는 타락 이후의 결과니 그리스도 안에 있는 사람들은 육식을 피하고 채식을 하자고 하지요. 하지만 나는 식물조차도 살아 있는 것이니까 삶 자체가 '타자의 선물'에 기초한다는 의식에서 출발하자고 말하고 싶어요. 우리 어머니와 아버지의 사랑의 결과가 바로 나의 삶이고, 나의 태어남은 하나님이 주신 선물입니다. 이 선물, 즉 내 삶이 지탱되고 유지될 뿐만 아니라 성장하고 병들고 늙어 가는 밑바탕에는 수없이 많은 타자들, 즉 부모, 형제, 선생님, 친구들이 있지요. 나를 위해 죽어 간 수많은 타자들, 물고기나 소 등도 말입니다. 사실 그러한 죽음 위에 내 존재가 서 있는 거죠. 그렇게 생각하면 무척 감사해요. 그리고 이것을 깨달으면 삶의 기초에 놓인 것에 감사할 수밖에 없죠. 감사 이전에 '빚짐'이라고 표현해야겠군요. 바울은 '복음에 빚진 자'라는 표현을 씁니다. 하지만 사실상 복음에 빚지기 이전에 살아 있는 것 자체가 나를 빚진 자로 살게 합니다. '빚진 자 의식'은 후회하거나 죄책감을 느끼기보다는 '감사 의식', 즉 내 존재가 내게서 나온 것이 아니라 타자에게서 비롯되어 지탱된다는 감사 의식을 불러오죠.

양희송 '빚진 자' 의식이 죄책감이 아니라 '감사'로 나아가게 한다고 하셨는데, 환경 문제나 식량 문제 등을 보면 인간들은 자신의 존재를 위해 타자의 희생을 무한대로 확장시키지 않습니까? 인간의 존재 자체가 타자에게 위협이 된다는 점을 심각히 생각하면, '모든 사람이 죄를 범하였다'는 말씀을 인간의 존재 자체가 '죄인'이라고 볼 수 있지는 않을까요?

강영안 누구나 '빚진 자'입니다. 누구도 스스로 존재하는 사람이 없기 때문입니다. 모두 타자의 내어 줌과 희생 덕분에 존재합니다. 존재 자체가 곧 빚짐입니다. 오랜만에 고향에 내려가 시간을 보내면서 이러한 생각을 더욱 하게 되었습니다. 지난 삶을 돌아보면 내 생애라는 것이 대부분 타인과 타자들의 배려, 희생, 내가 먹는 음식을 포함해서 나 아닌 것들, 나 아닌 분들 때문에 가능했습니다. 고향에 내려가니 어머니와 아버지 생각을 더 하게 됩니다. 그분들을 통해 태어나고 양육받았으니까요. 어릴 때 다니던 교회, 그 교회에서 받은 교육과 은혜를 생각하게 됩니다. 아…… 눈물이 나네요. 그러니까 내가 내 삶의 주인이 아니라 수많은 분들, 내 가족들, 친구들, 내가 읽은 책들, 선생님들이 내 삶을 가능케 한 바탕이지요. 그리스도를 통하지 않고 이것을 어떻게 알겠어요. 그리스도를 통해 보니까 이 모든 것들이 하나님이 주신 선물이라는 것을 알게 되는 거죠.

기독교적 관점에서 보면 삶과 죽음의 경계가 훨씬 뚜렷한 대조를 이룹니다. 죽음이라는 음각을 통해 삶이 그만큼 소중해짐을 배운다고 할 수 있는데요. 가령 불교는 생사의 경계가 없다고 주장합니다. 삶에 지나치게 얽매이고 집착하지 않기 위해 그렇게 이야기하죠. 삶에 연연할 필요도 없고, 죽음을 두려워할 필요도 없다고요. 나는 그건 모두 뭉개는 것이라고 생각해요. 정직하게 생각해 보면 정말 삶과 죽음의 경계가 없나요? 삶과 죽음은 뚜렷하게 다른 질서죠. 예수께서 죽음을 이기셨다고 하지만, 현실에서 우리는 죽음을 맛보고 있잖아요. 죽음 없는 세계가 온다는 희망을 품고 살면서 삶의 고통이나 어려움, 그것이 가진 고유한 색깔을 맛보고 있죠. 그것 때문에 우리는 고통당하고 괴로워하죠.

불교의 철학적 깊이나 그 물음의 철저성 때문에 한때 불교에 심취한 적이 있어요. 불교 서적을 읽으려고 산스크리트어를 1년 동안 배우기까지 했지요. 지금도 그렇게 생각하지만 불교만큼 종교와 철학과 과학이 다 섞인 게 없거든요. 불교에는 과학도 있고, 종교도 있고, 철학도 있고, 심지어 정치도 있지요. 불교는 다 섞여 있는, 일종의 종합과학이고 종합종교라고 할 수 있어요. 다양하고 풍부하고 깊기는 하지만 결국 삶과 죽음의 경계가 없다든지, 삶의 여러 계기를 희석시키고, 희미하게 만들고, 동질화시키는 면이 있지 않나 생각해요. 그래서 나는 불교의 깊이를 인정하고 많은 것을 배우면서도 내심 동의할 수 없어요. 불교가 말하는 것이 정말 진실일까 의문을 품고 있죠.

앞서 죽음을 이야기했지만 현실에는 고통도 있고 기쁨도 있지요. 시작이 탄생이고, 끝이 죽음이고, 삶은 그 가운데 있느냐 하면 그렇지 않은 것이 우리 현실이잖아요. 삶의 한가운데에 죽음이

들어와 있어요. 여러 방식으로 죽음이 들어와 있지요. 앞서 이야기한 물고기의 죽음, 소의 죽음이 음식의 토대가 되니 삶에는 죽음이 들어와 있지요. 또 지인의 죽음, 아버지의 죽음, 어머니의 죽음, 친구들의 죽음 등 그야말로 죽음은 우리 일상에 아주 가까이 들어와 있지요. 어떤 의미에서 매일 잔다는 것도 일종의 죽음을 경험하는 통로죠. 이렇게 보면 깨어 있는 일상의 삶은 더욱 선명해지고 다양한 색깔을 띠는 거죠.

양희송 사실 가장 나누고 싶었던 주제 중 하나가 '죽음'이었습니다. 기독교에서는 쉽게 죽음의 극복을 이야기하고 내세를 이야기하지만 이를 진지하고 솔직하게 또 치열하게 붙잡지 않는다면, 우리가 만드는 대안은 피상적이고 가벼운 대안이 될 수밖에 없습니다. 역설적으로 죽음을 이야기하면서 생명에 대해, 삶에 대해서도 들여다볼 수 있어 좋았습니다.

강영안 "죽어가는 사람은 자신이 타고 올라간 사다리를 높이 끌어올린다Der Sterbende zieht die Leiter hinter sich hoch"라는 말이 생각납니다. 하이데거에게 많은 영향을 주었고, 하이데거가 그에 관해 장문의 글을 썼던 독일 소설가 에른스트 윙거Ernst Jünger의 말입니다. 저는 이 구절을 오래전 네덜란드 신학자 하리 카위트르트Harry Kuitert가 죽음에 관해 쓴 글을 통해 알았습니다. 사람이 죽으면서 자신이 타고 올라간 사다리를 치워 버리니, 아래에서 보는 사람은 죽음을 엿볼 가능성이 없다는 말입니다. 살아 있는 사람은 사실 죽음이 무엇인지 모릅니다. 죽음의 얼굴을 확실하게 본 사람이 없습니다. 그러나 인간이 죽음에 직면해 있다는 현실은 아무도 부정할 수 없습니다. 부정할 수 없을 뿐만 아니라 죽음이 우리의 삶에 드리워 있기 때문에 그 앞에서 우리의 책임은 더 많아지고 커질 수밖에 없습니다. 죽음 너머가 무엇일까요, 죽음을 극복할 방법이 무엇일까요? 사랑입니다. 죽음을 극복하는 것은 과학기술도, 문학도, 철학도 아닙니다. 죽음을 극복하는 것은 오직 사랑입니다. 아가서 8장 6절에 보면 "사랑은 죽음같이 강하다"는 표현이 나오거든요. 사실 이 구절은 "사랑은 죽음보다 강하다"로 해야 될 겁니다. 오직 사랑으로, 사랑만이 죽음을 극복하고 이길 수 있다는 뜻입니다. 예수 그리스도의 죽음이 극명하게 보여 주는 사실이지요.

　북경을 돌아보면서 강하게 느낀 것이 북경의 문화, 중국의 문화는 죽음에 대한 공포에서 나온 게 아닌가 하는 것이었어요. 가장 두드러진 것이 만리장성이에요. 자금성紫禁城도 그렇고요. 자금성은 겹겹이 둘러싼 구조지요. 자객이 절대 들어갈 수 없는 구조더군요. 만리장성은 물론 이민족들의 침입을 방어하려고 지은 것인데 길이가 8천 킬로미터가 넘는다고 하지 않아요? 그 엄청난 성을 능선에 쌓았다는 건 죽음에 대한 공포 없이는 불가능한 일입니다. 우리나라의 성곽이나 도시 구조를 보면 일본이나 중국에 비해 허술하기 짝이 없지요. 일본의 성곽 구조는 그야말로 튼튼하죠. 한 10년 전 김응교 교수와 히메지姬路 성을 가봤는데 성주의 침실까지 가려면 수많은 통로를 거쳐 올라가야 해요. 그 좁은 통로를 거치지 않고서는 침실에 들어가는 것이 불가능한 구조예요. 거기에 비하면 우리나라 왕궁이나 촌락 구조는 완전히 노출된 셈이죠. 그런데 중국은 그렇지 않더라고요. 죽음에 대한 두려움, 죽음에 대한 공포에서 벗어나려고 건축 구성을 한 것이 아닐까 싶은, 어떻게 보면 장자 철학도 죽음에 대한 공포에서 벗어나고자 하는 인간적인 노력일지도 몰라요. 앞서 죽음을 '현해'라고 부르고 자연적인 사건이자 해방의 사건이라고 보는 것을 계속 의식화하다 보면, 죽음을 두려워하지 않게 되고 그 공포에서 벗어날 수 있고 현재의 삶을 어느 정도 즐길 가능성이 주어지겠지요. 문학 작품이나, 과학기술 발전이나, 인간의 모든 노력은 사실 죽음을 극복하려는 노력이거든요.

    타락 이후 행동을 보면 가인이 동생 아벨을 죽이고 나가서 에녹 성을 만들죠. 창세기 4장을 보면 가인이 첫 번째 한 일 가운데 하나가 성을 쌓는 것이었어요. 그 후손인 두발가인이나 유발은 한편으로는 악기를 만들고, 인생의 고통이나 죽음의 두려움에서 벗어나게 만들고, 다른 한편은 병기를 만들죠. 그것도 일종의 죽음에 대한 공포에서 비롯하죠. 과학기술이나, 철학이나, 예술도 공포에서 벗어나고자 시작되었지요. 그런데 죽음을 극복하지 못했어요. 오직 사랑만이 죽음을 극복하는데, 그것을 보여 준 것이 바로 예수 그리스도의 십자가 죽음입니다.

2장_ 고통

왜 내게 이런 일이 일어났습니까

양희송 삶生과 죽음死 사이에는 결국 늙어 가고老, 병드는 것病, 즉 '고통'의 문제가 있다, 이렇게 볼 수 있겠는데요. 개인적으로는 어떻게 고통의 문제에 관심을 갖게 되셨나요?

강영안 고통의 문제는 한 15년 전부터 관심을 기울이면서 여러 책과 문헌을 읽기 시작했지요. 당시만 해도 환자들이 겪는 고통의 과정을 담은 이야기를 찾아볼 수 없었어요. 물론 소설류로는 아들을 잃은 부모의 고통, 아내를 잃은 남편의 고통 등을 다루는 것이 있었지요. 하지만 직접 경험한 사람들의 이야기를 다루는 책은 찾아보기 어려웠지요. 아들을 잃은 경험을 다룬 니콜라스 월터스토프Nicholas Wolterstorff의 《나는 사랑하는 사람을 잃었습니다Lament for a Son》(좋은씨앗, 2003)와 박완서의 《한 말씀만 하소서》(세계사, 2004)나, 아내를 잃은 아픔을 그린 루이스의 《헤아려 본 슬픔A Grief

Observed》(홍성사, 2004)을 통해 고통을 간접 경험해 볼 수 있었죠. 그러나 병이 주는 고통을 다룬 책은 구할 수가 없었어요. 영국의 어느 철학자가 쓴 책이 있다는 것을 확인했는데 결국 구하질 못했지요. 그러나 내가 실제로 병을 앓으면서 몇 개월 고생하니 그 고통이 어떠한지 알 수 있었어요.

  병으로 고통 받는다는 것은, 무엇인가 필요한데 그것이 결핍되어 있을 때 비로소 그 존재 연관을 깨닫는 것과 흡사했어요. 이것을 하이데거는 도구의 존재를 분석하는 가운데 드러냅니다. 어떤 사물이라도 따로 존재하지 않고 다른 것과 연관해서, 즉 이것은 저것을 위해, 저것은 또 다른 것을 위해 존재한다는 것이죠. 망치는 못을 위해, 못은 벽에 박히려고, 벽은 그림을 걸려고 존재한다는 식으로 모든 사물이 서로 연관이 있다는 것입니다. 그런데 이런 연관은 뭔가 빠져 있을 때 발견된다는 것이죠. 예컨대 망치를 언제 찾습니까? 못을 박을 때지요. 질병은 우선 내게 질병을 앓을 수 있는 신체가 있음을 알려 줍니다. 그러나 평소 우리는 심장이 있는지, 위장이 있는지, 심지어 다리가 있는지 의식하지 않고도 문제없이 살아갑니다. 그런데 거기에 문제가 있을 때 비로소 돌아보게 됩니다. 신발이 헐겁다든지, 꽉 죈다든지 하면 발을 생각하고 신발을 생각합니다. 심장병을 앓는다든지, 뇌 질환을 겪을 때 비로소 심장의 존재, 뇌의 존재를 생각하게 됩니다. 그것의 존재를 생각한다는 건, 내 삶의 연관 속에서 그것이 어떤 위치에 있는가를 다시 보는 일입니다.

우리 삶이 뭔가로 이루어져 있음을 자각하지 않아야 삶이 지탱됩니다. 모든 순간, 모든 몸짓, 모든 생각을 일일이 심사숙고한다고 해보세요. 사람이 살지 못합니다. 그러나 다행인지 불행인지 몰라도 항상 우리의 삶은 어떤 방식으로든지 무엇이 개입하여 방해하고 교란을 일으킵니다. 그런 교란이 바로 신체에 일어나는 질병입니다. 질병은 내 몸을 인식하고 내 몸과 타인의 연관을, 내 몸과 이 세계와의 연관을 발견하게 해줍니다. 다시 말해 질병은 이 세계 안에 존재하고 살아간다는 것을 당연시하지 못하도록 이끄는 계기가 되지요.

양희송 2007년 중반에 병으로 몇 달 치료를 받고 활동을 많이 줄여 한두 해를 지내셨는데, 그 과정을 겪으면서 어떤 생각을 하셨나요?

강영안 신체적 질병이라 해도 정신적 고통이 더 클 수 있다는 걸 경험했어요. 신체적 고통은 마취제를 쓴다든지, 관심을 돌린다든지 해서 어느 정도 망각이 가능해요. 하지만 정신적 고통은 벗어나기가 쉽지 않아요. 정신적 고통의 본질은 내 경험으로는 단절, 끊어짐이었어요. 관계의 끊어짐이지요. 철저하게 홀로 되는 경험 말입니다. 물론 투병할 때 가족도 있고 몇몇 친구도 있고 치료해 주는 사람과 관계도 맺지요. 그러나 가족과 떨어지고 친구와 떨어지고 치료하는 사람과 떨어져서 홀로 있을 때, 병을 앓기 전에는 전혀 의식하지 못했던 단절감을 생생하게 체험하지요. 그뿐만 아니라 타인들이 내 고통을 대하는 태도에서도 단절감을 느끼게 되었습니다.

양희송 제 어머니가 암으로 돌아가셨는데, 그 과정에서 제일 정서적으로 힘들었던 것이 자식인데도 어머니의 고통에 개입할 여지가 없다는 사실이었습니다. 저는 어머니의 고통과 근본적으로 분리되고 단절된 존재더군요. 이전에는 가족이니까 부모의 연장선상에서 내 존재를 의식하거나, 내 연장선상에서 부모를 생각했는데, 그것이 완전히 단절되는 경험, 그런 일이 벌어지는 것을 지켜보기만 했습니다. 제 아내가 출산할 때도 남자인 저는 아무것도 개입할 수 있는 것이 없더라고요. 산통을 덜어 주지도 못하고 위로가 되어 주지도 못하고 말입니다.

강영안 어머니의 투병에 해드릴 것이 아무것도 없었다고 했지요? 물론 물도 갖다 드릴 수 있고, 옷도 갈아입혀 드릴 수 있고, 심부름도 해드릴 수 있지요. 그러나 어머니께서 겪는 고통 그 자체, 즉 신체적 고통은 그야말로 그분만이 앓는 것이지 내 몸으로 가져오지는 못하지요. 왜냐면 피부 때문입니다. 우리 몸을 에워싼 이 피부, 두피에서 시작해서 팔과 다리 그리고 장기를 잇는 이 피부는 그 자체로 하나의 완결된 시스템입니다. 이것은 타인에게 양도할 수 없죠. 우리가 하나의 개체라는 것은 무엇보다 우리의 신체성에 기인하죠. 우리의 살과 살이 각자를 에워싸고 있다는 사실, 즉 나는 내 살갗에, 너는 네 살갗에 에워싸여 있다는 거죠. 우리는 각각 고유의 살갗을 가진 나의 몸, 너의 몸으로 분리되어 있지요. 이 사실은 우리의 개체성을 형성하는 중요한 조건입니다. 신체성은 '하나의 개체성을 성립시키는 조건'입니다. 내가 목이 마르면 누군가 나한테 물을 줄 수 있어요. 배가 고프면 케이크 한 상자를 갖다 줄 수 있지요. 그런데 물이든 케이크든 누가 내 대신 마셔 줄 수도, 먹어 줄 수도 없지요. 먹는 것과 마시는 것은 결국 내가 해야 합니다. 그러니까 내 몸의 고통은 내 자신이 겪을 수밖에 없습니다.

양희송 남의 고통은 내 것이 아니라는 사실을 절감하게 되는 것인데, 고통 받는 자를 어찌 대하는 것이 옳은지 우리가 배워 본 적이 없는 것 같습니다.

강영안 내가 아프다는 사실이 교회에 알려졌는데, 재미있는 현상이 벌어졌습니다. 교인들이 나를 보는 태도가 두 가지로 나타나더군요. 하나는 곧장 달려 와서 "장로님, 무슨 병입니까? 지금 어떻게 하고 계십니까? 치료는 가능한지요? 고생하시지요?"라고 인사하는 사람들도 있고, 피하는 사람들도 있더군요(물론 오해했을 수도 있습니다). 그렇다고 관심이 없었다고 할 수는 없겠지요. 관심도 있고 염려도 하고 또 직접 찾아오는 사람보다 열심히 기도했을 수도 있지만 고통 받는다는 현실과 대면하기는 두려워했어요. 가까운 친구들도 곧장 전화해서 도대체 어떻게 된 건지, 어떻게 치료를 받는지, 어떻게 나을 수 있는지 확인하면서 위로하는 친구가 있는가 하면, 아프다는 걸 알고 있으면서도 전혀 접촉을 시도하지 않는 친구도 있더군요. 한 친구 부인과 통화하면서 들은 이야기인데, 하루는 그 친구가 울더랍니다. 왜 그러느냐고 물으니 내 생각을 하면서 운다고 하더래요. 그 이야기를 들으니 직접 연락하고 묻고 위로하지 않았더라도 걱정하고 생각하는 강도가 오히려 더 클 수 있겠다 싶었어요. 그러니까 타인의 고통을 대하는 방식에서 곧장 상황을 파악하고 싶은 인지적 욕구와 위로의 마음이 동시에 작동하는 사람들이 있다는 것입니다. 반면 접촉을 피하며, 타인의 고통과 맞부딪히기를 두려워하는 이들도 있지요. 이들은 인지적인 관심이 약하고 직접 위로해 주고 싶어도 어떻게 위로해야 할지 모르는 것이죠. 그렇다고 해서 그들이 전혀 관심이 없는 건 아니라는 거죠.

질병은 신체에서 일어나는 교란이면서 타인과의 연관을 더 분명히 의식하게 해주는 현상입니다. 그러면 그것을 통해 보는 '고통의 얼굴'은 대체 무엇일까요? 사실 내 경우는 병원 진단을 받지는 않았어요. 기진맥진 상태가 되어 기氣 치료를 바로 받은 거니까요. 나를 치료한 분의 말이 옳다면 그건 불치병이에요. 도무지 치료됐다는 임상 보고가 없는 그런 질병의 얼굴은 빠져 나갈 구멍이 없다는 거죠. 암 같은 경우는 초기나 중기에는 통증이 없거든요. 그런데도 왜 고통을 주느냐? 이유는 딱 하나예요. 어디도 빠져 나갈 구멍이 없다, 출구가 없다는 것 때문이죠. 만약 빠져 나갈 구멍이 있고 미래를 계획하고 새로운 기획을 할 수 있다면 고통이 없거나 덜하지요. 어떤 일이 고통스러운 까닭은 미래가 없고 출구가 없기 때문이죠. 루이스는 이러한 상황을 "덫에 갇힌 쥐"에 비유하지요. 덫에 갇힌 쥐는 그 어느 때보다, 그 누구보다 자신에게 매달릴 수밖에 없습니다. 레비나스도 비슷한 말을 했습니다. 고통을 좀더 철학적으로 표현하자면 '나에게 매인 상태를 벗어날 수 없다는 현실에서 오는 아픔'입니다. 현재 아닌 미래, 내가 아닌 타인, 현재와는 다른 현실…… 이것이 불가능하다는 것을 고통을 통해 만나게 됩니다.

고통 받는 첫 순간에 우리는 웅크리게 됩니다. '자기 자신에게 매여 있다'는 것은 스스로 웅크리고, 스스로 타인과의 만남을 피한다는 뜻입니다. 내가 치료를 시작할 때, 마침 기독교윤리실천운동(기윤실) 이사회에 참석하라는 전화가 왔기에 이사회에 못 간다, 매일 치료를 받아야 한다, 다음 학기에 혹시 휴직을 해야 할지도 모르겠다, 이런 얘기를 사무총장에게 했어요. 사무총장이 보낸 문자 메시지로 기윤실 회원들이 모두 알게 되었지요. 그 후 이사들이 한번 나를 방문했으면 좋겠다는 요청을 해왔는데 나는 오지 말라고 했어요. 오셔도 별 도움도 되지 않고 지금은 별로 만나고 싶지 않다고 했지요. 그때 사실 드러누워 있거나 꼼짝 못하는 상황은 아니었어요. 힘이 없어 주저앉기는 했지만 치료를 받으러 왔다 갔다 움직일 수 있는데도 스스로 나를 고립시키고, 스스로 웅크리고 있더라고요. 그러니까 나에게만 관심을 갖게 되더라고요. 그러면서 알게 된 건, 질병은 그야말로 철저하게 사람을 자기중심적으로 만든다는 거였어요. 다른 무엇에 관심을 기울이지 못하고 철저하게 현재의 내 문제, 내 자신에게만 매이도록 만들더라고요. 그러니까 질병을 앓으면서 사람이 너그러워지고 관대해지기가 힘들어요. 자기에게 매여 웅크리고 있는 상황이기 때문에 사실 관대할 수 없지요. 관대의 결핍, 관대의 결여가 질병에서 드러나더군요.

양희송 그렇게 보면 병을 겪는 건 당사자나 타인이나 서로에 대한 철저한 타자성을 인식하는 경험이군요. 우리는 철저히 혼자이고, 궁극적으로 남남이라는 것을 되새기는 경험 말입니다.

강영안 그렇지요. 그런데 그다음 단계에서는 사람과 만나고 싶고 어떤 식으로든 자신을 드러내는, 그러니까 신음한다든지, 화를 낸다든지, 한탄한다든지, 불평하는 단계가 오더군요. '도대체 왜 내가 이런 고통을 당하는가? 도대체 나에게 무슨 문제가 있는가? 왜 하필 나인가?' 이런 질문을 하게 되더라고요. 그런데 그런 질문 자체가 웅크림에서 벗어나 타인이 손을 잡아 주기를 기대하는, 타인에게 손을 내미는 행위죠. 이웃 가운데 이 단계에 들어선 사람들이 있으면 가서 이야기도 하고 옆에 있어 줄 필요가 있어요. 내 주위 사람들은 그렇게 하는 데 훈련이 되어 있지 않았어요. 내가 한참 아플 때 거의 유일하게 만난 사람이 네덜란드 유학 시절부터 알고 지낸 유해무 교수(고신 신대원) 부부였어요. 유 교수가 나서서 천안에 쉴 집을 하나 구했고, 그래서 종종 같이 밥도 먹고 산책도 하고 이야기를 많이 나누었지요. 그 외에는 다들 찾아온다고 하면서도 일종의 두려움이 있거나, 폐가 되지 않을까, 찾아오는 것이 내 병을 더 악화시키는 건 아닐까 해서 그런지 거의 찾아오지 않더군요. 사실 그 두 번째 단계에 들어가면 필요한 것이 친구와 이웃입니다. 이런저런 이야기를 하면서 고통을 함께 나누는 것이 가장 좋은 방법이라는 것을 그때 배웠지요.

 욥도 마찬가지죠. 욥기 2장을 보면 친구들이 찾아와서 7일 밤낮을 욥과 함께 앉아 있지요. 물론 '7일'이 하나의 상징일 수 있어요. 기다릴 수 있는 데까지, 힘닿는 데까지 욥과 함께 있었다는 표현일 수 있어요. 아무 말도 건네지 않고 곁에 앉아 있었다는 것으로 봐서 그 친구들은 정말 대단하다는 생각이 들어요. 이번에 아프면서 욥의 친구들이 참 대단하다는 것을 더 절실하게 깨달았어요. 그런데 3장을 보면 욥이 입을 열지요. 욥이 말하기 시작하는 것, 그것이 고통의 두 번째 단계죠. 신음을 하고 한숨을 쉬고, 한탄과 탄식, 불평과 호소를 하는 단계 말입니다. 욥이 자기를 표현하니까 친구들이 대꾸를 합니다. 그래서 논쟁이 벌어지죠. '도대체 고통 받는 이유가 무엇인가?' 이것이 첫 번째 질문입니다. 그 질문에 대해 친구들은 욥이 죄 때문에 고통 받는다고 하지요. 그러나 욥은 어떤 죄 때문이 아니라 하나님이 자신을 과녁으로 삼으셨다고 하지요. 욥은 하나님이 자신을 왜 원수로 삼으셨는지 질문하게 됩니다. 원수가 히브리어로 '오옙'이니까 욥의 이름과 비슷하지요. 그리고 욥은 묻습니다. '불의한 사람은 떵떵거리고 잘사는데 왜 의로운 사람은 고통을 받는가?' 이것이 두 번째 질문입니다. 욥은 바로 이 두 질문을 가지고 씨름했습니다. 욥의 친구들도 답할 수 없었고 욥기 어디에도 두 질문의 직접적인 답은 찾아볼 수 없습니다. 욥기 38장 이후 하나님이 나타나시지만 직접적으로 답하시지는 않았습니다.

이 두 번째 단계를 경험하면서 나도 왜 하나님이 내게 고통을 주시는지 질문했어요. 싸우거나 불평하거나 불만을 갖기보다는 오히려 휴식기라 생각하고 3, 4개월 열심히 치료받으면서 공부 안 하고 책만 네댓 권 읽으며 쉬었죠. 성경 외에 이청준의 《당신들의 천국》(문학과지성사, 1976)이나 아주 가벼운 책들을 몇 권 읽으면서 책에서 벗어나려고 애썼어요. 교회도 예배만 드리고 집에 왔지요. 모든 것을 다 끊고 나 자신에 매여, 나 자신의 문제로 신음하는 경험을 한 것이죠. 아, 참, IVP에서 2007년 가을에 나온 《신을 모르는 시대의 하나님》 원고를 이때 천안에서 쉬면서 보완하고 다듬는 작업을 했습니다. 그러고 보니 아플 때조차 실은 책 쓰는 일을 한 셈이네요.

양희송 분노와 신음이 절망의 신호보다는 오히려 웅크림에서 일어나 밖을 향해 보내는 신호라는 부분은 참 와 닿습니다. 좋은 친구와 이웃의 존재가 이때 빛이 난다는 사실도 중요하구요.

강영안 그러면서 대개 세 번째 단계에 들어가지요. 세 번째 단계란 연대, 즉 고통 받는 타인에게 관심을 품고 타인의 고통을 내 고통으로 받아들이는 단계입니다. 내가 이 단계까지 들어갔는지는 잘 모르겠어요. 하지만 철학적으로 고통의 문제를 꽤 오랫동안 생각해 왔고 다루어 왔기에 그러한 과정에서 좀더 확실히 깨달은 바가 있어요. 어릴 때는 내가 무엇이 '될 것인가Becoming'에 관심을 갖고, 어른이 되어서는 무엇을 '할 것인가Doing'에 관심을 가졌다고 하겠지요. '병'을 겪으면서, 그리고 나이를 먹으면서 '내가 무엇이 될 것인가? 내가 무엇을 할 것인가?' 하는 것보다는 '내가 어떻게 존재할Being 것인가? 어떻게 존재하는 것이 하나님이 내게 원하시는 존재 방식인가?'에 더 관심을 갖게 되었습니다. 존재, 곧 '있음'이란 '이어짐'입니다. 그러면서 관계, 가족, 친구, 교회 공동체, 나를 에워싼 선생님들이나 동료들이나 그 중요성을 다시 한 번 확인할 수 있었지요. 동시에 나는 언제든 떠날 수 있는 존재라는 것을 깨달았지요. 그러니까 아무리 이 관계가 소중하더라도 난 홀로 서 있고 단독자이며, 언제라도 당장, 이 순간에라도 당장, 내일이라도 당장, 떠날 준비를 갖추어야 한다는 것을 깨달았어요. 그리고 앞으로 삶은 하나님이 덤으로 주신 것이며 하나님의 은혜로, 하나님의 선물로 누리고 즐기며 감사히 여기면서, 그 한계 안에서 글을 읽고 쓰고 생각하는 일에 충실해야겠다고 생각했어요. 이것이 내가 이 땅에 사는 기독교인 철학자로서 하나님이 주신 소임이라는 것을 고통 속에서, 병에 걸려서 더 분명하게 안 것이에요.

양희송 출산을 경험해서인지 여성들은 고통에 대한 감수성이 남성보다 훨씬 민감한 것 같아요. 제가 유학 중에 전 세계에서 유학생들이 모였는데 아내들끼리는 아기 낳는 경험을 이야기하면 즉각 공감대가 형성되는 걸 봤습니다. 여성들의 국제 연대는 고통의 연대로 가능하구나 싶었지요. (웃음)

강영안 그렇지요. 고통 받은 자들의 연대. 고통을 경험해 본 사람들의 연대입니다. 엄밀히 말해 '연대Solidarity'라는 것은 고통이 전제되지 않고는 불가능합니다. 고통의 연대에 대해 한 가지 생각해 볼 수 있습니다. 고통 받는 타인에게 손을 내밀어 준다든지, 뭔가 갖다 준다든지 할 수 있죠. 이것이 타인의 고통에 최소한 내가 동참하는 방법입니다. 병든 어머니께 해줄 수 있는 것이 없다 할지라도 최소한 고통 받는 침상 옆에 서서 손을 잡아 주고 이불을 덮어 줄 수는 있죠. 그것이 타인에게 보이는 연대고, 우리가 고통 받는 자에게 할 수 있는 일입니다. 지극히 사소해 보이는 것, 즉 손을 내민다든지, 이불을 덮어 준다든지, 심부름을 하는 것 등이 고통과 연대하는 방식이라 할 수 있지요. 앞서 이야기했지만 고통 받을 때 자신이 홀로 있다는 사실, 자신이 하나의 개체라는 걸 분명히 인식하게 되죠. 목마를 때 물을 마셔야 한다는 사실에서 나 자신이 개체이고 홀로 있다는 걸 인식하는 것과 마찬가지죠. 레비나스는 "나치가 유대인 600만을 죽였다는 것은 600만을 한꺼번에 죽인 것이 아니라, 600만을 한 사람, 한 사람 죽인 것이다"라고 한 적이 있어요. 덩어리로 죽인 것이 아니라, 하나님의 형상으로 지음 받은 고유한 개체를 한 사람씩 600만 번이나 죽였다는 것이죠. 이 점을 기억해야 합니다.

  타인의 삶을 양도받을 수 없다고 타인의 고통을 무시할 수 있느냐, 그럴 수는 없지요. 타인이 무엇인가 호소할 때 귀 기울이고, 무엇인가 요구할 때 응답하는 것이 하나님의 형상대로 지음 받은 우리의 마땅한 반응입니다. 손을 내민다든지, 물을 떠다 주는 지극히 작은 일부터 해야 합니다. 성경의 표현을 빌리자면 '지극히 작은 자에게' 그 '작은 선'의 행함이 큰 선을 행하는 기초가 됩니다. 일상에서 넘어진 이웃을 일으켜 세운다든지, 당장의 필요가 있는 사람이 보일 때 그것을 충족시켜 주는 데서 훈련이 시작될 수 있겠죠.

양희송 '늙어 가는 것Aging'은 지금까지 이야기한 문제와 다른 각도에서 생각될 것 같습니다. 못이 없거나 망치가 없는 결핍 상황으로 고통을 설명하셨잖아요. 그런데 못도 있고 망치도 있고, 어제까지 내가 못을 박을 수 있었는데 오늘은 그것을 할 수 없게 된 상황은 무엇일까요? 그것이 '늙어 가는 것' 아닐까요? 사람이 어느 한 정점을 지나면 창백해지고 부서지기 쉽고 약해지는 내리막길을 막을 수는 없지요. 임박한 죽음의 공포나 끊임없는 육체적 고통이 아니라, 내 삶에 서서히 들어와서 자신을 다른 모습으로 만들어 가는 이런 상황을 어떻게 보아야 할까요?

강영안 'Aging'은 '노화', '늙어 감', '나이 듦' 등 어떻게 번역하느냐에 따라 뉘앙스가 조금씩 다릅니다. 어떤 것은 긍정적 의미를, 어떤 것은 부정적 의미를 갖죠. '나이 듦'은 나이가 많은 것을 존중하던 전통, 즉 농경 사회의 관점에서 보면 어른이 된다는 것이고 더 소중해진다는 것이며 중요한 위치에 놓인다는 것이죠. 반면 '늙어 간다'는 건 결국 늙어서 죽는다는 것과 연관되기 때문에 삶이 얼마 남지 않은 것에 대한 회한이 따르는 말이죠. 상당히 부정적인 이미지를 띤 표현입니다.

양희송 그렇다면 부정적인 의미는 버리고 긍정적인 의미만 취하면 되는 걸까요?

강영안 신체적·정신적 힘의 쇠퇴는 누구나 경험합니다. 기억력이 감퇴한다, 과거 일을 생각하지 못한다, 오랫동안 긴장을 풀 수 없다, 쉽게 피곤해진다, 쉽게 질병에 노출된다, 젊을 때보다 힘이 떨어진다, 심지어 못질조차 제대로 할 수 없을 만큼 신체가 노화되는 것이 늙어 감의 경험이라 할 수 있지요. 그런데 이것을 더 가중시키는 게 현대 사회의 방식이지요. 농경 사회 전통을 생각해 보세요. 나이가 든다는 건 기득권의 위치에 오른다는 이야기였어요. 한 집안의 가장이 되고 한 동네의 어른이 된다는 것이었지요. 그럴 수 있었던 건 농경 사회의 지식이라는 경험의 축적이 있어야 했기 때문이에요. 나이가 많다는 건 젊은 사람에 비해 경험이 많다는 말이고, 경험이 많다는 건 판단할 수 있는 능력이 많다는 것, 따라서 어떤 일을 판단하고 결정해야 할 경우 젊은 사람보다는 나이 많은 사람의 지혜에 의존했다는 것이죠. 그러나 '산업사회', '정보화사회', 소위 '지식사회'에서 지식이란 끊임없이 변하고, 그런 변화를 습득하고 판단하거나 결정할 수 있는 능력을 갖추려면 나이 든 사람보다 젊은 사람이 유리합니다. 우리는 이런 사회를 살아가고 있어요. 그러니까 전통적 농경 사회와 달리 오늘날에는 '나이 듦'은 곧 늙어 감이고, '늙어 감'은 신체적·정신적 쇠퇴일 뿐만 아니라 사회적 위치와 위신이 밀려나는 겁니다.

  우리 사회에서 가끔 원로들 이름으로 성명서 같은 것이 나오기는 하지요. 그러나 사실 그 배후에는 사회적 지도력, 사회적 발언권을 잃었다는 상실감도 작동한다고 볼 수 있어요. 나는 나이가 들면 차라리 물러나는 것이 낫다고 생각해요. 이제는 무엇이 되거나Becoming, 무엇을 하거나Doing가 아니라, 어떤 존재가 되는 것Being, 잘 존재하는 것Being Well을 추구해야 하지 않을까요? 웰-빙Well-Being까지는 안 가더라도 잘 존재하는 것Being Well 말입니다. 어떻게 잘 있을지 생각하면서 자신을 돌아보고, 이웃을 너그럽고 관대하게 사랑의 마음으로 보려는 태도가 노년기에는 필요합니다. 이제 나도 서서히 흰머리도 생기고 머리카락도 다 빠지려는 상황이니까 머지않아 노년기에 이르겠죠. 사실 우리 나이쯤 된 사람들은 어떻게 잘 늙을까 고민을 하거든요. 그런 고민을 하지 않는 사람은 없지요. 그런데 정말 잘 늙는 사람을 보기가 힘들지요.

그래서 나는 우선 내 공부를 끊임없이 해나가기로 마음먹었어요. 그렇게 하면 판단력이나 관점이 화석화되지 않고, 끊임없이 깨어서 살 수 있으리라 생각해요. 두 번째로는, 많이 움직이지 않더라도 신체를 적당히 움직여서 건강을 유지하기로 했어요. 그 다음엔 스스로 고립하지 않고 타인과의 관계를 적당히 유지하면서 특별히 공부에 관심을 둔 사람들이나, 사회 활동에 관심을 둔 장년들, 청년들과 계속 소통하는 자리를 열어 두고 만나서 격려하고 힘도 주고받아야겠다고 생각했어요. 젊은이들에게서 끊임없이 힘을 얻고, 그들의 동력을 공급받는 삶의 자리를 놓치지 말고 소통의 끈을 계속 이어 가야겠다고 마음먹고 있지요. 네 번째는 내가 뭘 하려고, 즉 뭔가 주도하고 성취하려는 태도에서 벗어날 필요가 있다고 생각했어요. 그저 '잘 있으려고Being Well' 합니다. 이 네 가지를 염두에 두고 사는 것이 하나님이 주신 삶의 후반기를 헛되지 않게, 달란트를 잘 사용하는 삶이 아닐까 생각합니다.

3장_ 웃음

예수님도 웃으셨을까

양희송 철학이나 신학을 공부하는 사람은 왠지 늘 심각한 생각만 할 것 같습니다. 원리·원칙만 말하고, 죽음과 초월 등 궁극의 세계나 가치만 언급하는 사람이라는 인상이 강합니다. 웃을 일이 많으신가요?

강영안 곧바로 답하기보다는 다른 얘기부터 하지요. 한 20년 전일 텐데요, 추석이라 손봉호 선생님 댁을 찾아갔어요. 오전 10시 반쯤 도착했어요. 점심 전에 일어나려고 했는데 마침 지금 경상대 교수로 가 있는 백종국 박사가 들어왔어요. 백 박사는 그때 미국에서 공부를 마치고 귀국한 지 얼마 되지 않았을 때였어요. 같이 점심도 먹고, 저녁도 먹고…… 나중에 일어서려고 하니 밤 10시 반이에요. 한 열두 시간을 앉아 있었는데, 그날 얼마나 웃었던지 나중에는 배도 아프고 얼굴이 아플 정도였어요. 손봉호 선생님이 농담을 무척 좋아하시거든요. 재미있는 농담을 들으면 어떤 때는 메모를 해두기도 하시고, 책을 읽기도 하시는데, 내가 한번 물어봤어요. 농담을 좋아하시고 유머를 즐기시는데 그럴 만한 이유가 있으신가 말이지요. 선생님 대답이 이랬습니다. "사실 내가 하는 운동이 대개 윤리나 도덕과 관계된 것들인데, 나 자신을 돌아보면 우습기 짝이 없거든. 도대체 네깟 놈이 뭔데 그런 걸 한다고 나서느냐, 그런다고 모든 게 바뀌냐, 이렇게 스스로 조롱하고 냉소를 퍼붓는 것은 유머밖에 없어." (웃음)

웃음에는 타인이나 자신을 무장해제시키는 힘이 있어요. 심각함을 허물어 버리는 기능도 있고, 지나친 엄숙함을 깨뜨리는 역할을 하거든요. 그런 의미에서 웃음 없이는 살 수 없죠. 기뻐서 웃든지, 해방감에 웃음을 터뜨리든지, 조소나 가소롭다는 표현으로 웃든지, 자기를 상대화하는 차원에서 피식 웃든지. 웃음을 빼고 일상의 반복성이라든지, 무게를 이겨낼 수 있는 것이 무엇이 있겠어요? 그래서 웃음은 정말 필요한 거다, 윤활유가 되고, 촉진제이고, 때로는 삶을 풍성하게 해주는 영양제 역할을 한다고 할 수 있겠지요. 철학한다고 맨날 정의 내리고 그러니까 좀 우습긴 한데. (웃음)

양희송 움베르토 에코의 《장미의 이름》(열린책들, 2002)에 보면, 수도사가 아리스토텔레스의 《시학》을 읽지 못하도록 숨기는 이야기가 나옵니다. 웃음이, 지금 느끼기에는 뜻밖일 정도로 억눌리고 죄악시되어 묘사되지요. 그런데 오늘날 기독교 신앙도 이와 많이 다른가 싶습니다.

강영안 《장미의 이름》은 책을 에워싸고 일어난 살인 사건 이야기죠. 이탈리아의 한 수도원에서 연쇄 살인 사건이 일어나고, 바스커빌 출신의 수도사 윌리엄이 그 사건을 추적하는 이야기로 되어 있죠. 한편으로는 '탐정소설'이고, 다른 한편으로는 정확하게 역사를 재현한 건 아니지만 중세의 한 시대를 들여다보는 '역사소설'의 형식을 띱니다. 그리스도의 청빈을 에워싼 논쟁이라든지, 교황권 논쟁 등 그 시대의 한 모습을 볼 수 있어요. 《장미의 이름》은 '지식소설'이기도 해요. 볼로냐 대학 기호학 교수답게 에코는 중세의 예술, 미학, 철학, 신학, 정치 등에 관해 방대한 지식과 정보를 제공하니까 말입니다.

소설 속 살인 사건을 유도한 책이 아리스토텔레스의 《시학》 중 희극Comedy에 대한 책이에요. 《시학》 서두에 보면 비극과 희극을 논하겠다고 했는데 남아 있는 책은 비극에 관한 부분이에요. 희극에 관한 부분은 현존하지 않습니다. 《장미의 이름》은 그 책을 어디에 보관하다가 어떻게 잃어버렸는지 마치 역사를 이야기하듯 재구성하고 있어요. 희극에 관한 부분에서 중요한 주제가 웃음입니다. 《장미의 이름》은 잃어버린 이 책을 에워싸고 살인 사건이 일어나는 이야기입니다.

소설에서 윌리엄 수사와 눈먼 수도사 호르헤는 웃음을 두고 논쟁을 벌입니다. 호르헤의 논점은 아주 간단해요. 웃음이란 진리를 우스갯거리, 곧 사소한 것으로 만들기 때문에 아주 위험하다는 입장이에요. 호르헤는 '예수는 웃지 않았다'는 요하네스 크리소스토무스의 말을 인용하지요. 사실 예수께서 우셨다는 언급은 복음서에 몇 번 나오는 반면, 웃으셨다는 말은 없어요. 그래서 흔히들 '예수님이 웃지 않으셨다, 늘 엄숙하고 심각한 유대인이셨다'라고 추론하지요. 거기에 반해 윌리엄 수사는 '삶에서 웃음은 마치 목욕을 하는 것같이 인간을 신선하게 Refresh 하며 무거운 일상에서 벗어나게 해주는 긍정적이고 소중한 것이다'라고 주장하죠. 소설 말미에 윌리엄은 도서관의 미로 가운데서 호르헤가 책을 숨겨 둔 'Finis Africae', 즉 '아프리카의 끝'이라는 뜻의 장서관으로 들어가는 길을 발견합니다. 그리고 거기서 호르헤와 다시 맞닥뜨리죠. 윌리엄이 그 책을 보려 하지만 호르헤는 책을 불에 던져 버립니다. 결국 책도, 도서관도 불타고 말지요. 인상적인 부분은 호르헤와 윌리엄 수사가 마지막에 벌이는 논쟁이에요. 윌리엄 수사는 '웃을 수 없는 진리, 회의할 수 없는 진리는 악마적'이라고 하지요. 그러니까 지나칠 정도로 심각한 진리는 인간을 해방시키고 자유를 선사하기보다 인간을 얽매고 생명을 질식시킨다는 의미가 있는 것이죠.

양희송 '웃을 수 없는'이라는 표현은 '진리가 웃을 수 없다'라는 뜻인가요? 아니면 진리가 스스로를 웃음의 대상으로 내어 주는, 풍자를 말하나요?

강영안 진리 자체가 웃음의 대상이 될 수도 있다는 것이지요. 예수님이 십자가에 매달리기 전, 예루살렘으로 입성하는 장면을 보십시오. 당시 빌라도가 예루살렘에 입성하는 장면과 다릅니다. 존 도미닉 크로산John Dominic Crossan과 마커스 보그Marcus J. Borg가 쓴 《예수의 마지막 일주일The Last Week of Jesus》(중심, 2007)이라는 책을 보면 예수님의 입성을 빌라도의 입성과 대비해서 서술하는 부분이 있어요. 빌라도는 군대를 거느리고, 튼튼하고 건강한 말을 타고 입성하지요. 지상의 권력, 즉 로마 황제의 권력을 상징하는 빌라도는 화려하게 입성하는 데 반해 예수님은 누구의 말인지도 모르는, 아니 말도 아닌 조그만 나귀 새끼 하나 빌려서 그 위에 옷을 깔고 타고 계시죠. 그리고 예수님이 지나가는 길은 종려나무 가지를 꺾어서 양탄자처럼 깔았을 뿐이지요. 그렇게 주변의 환호를 받고 가시는 예수님의 모습 그 자체가 하나의 희극이죠. 하나님의 아들 예수님이 구유에서 태어나셨다는 자체가 권력에서 보면, 아니 통상적인 눈으로 보더라도 우스꽝스러운 일이죠.

　　마지막으로, 십자가에 못 박힌 장면도 진리 자체가 웃음거리가 된 사건이라고 볼 수 있죠. 로마 병정들은 예수님을 가지고 놀고 희롱했습니다. 예수 스스로 자신을 웃음에 맡기고 스스로 조롱의 대상이 되셨어요. 예수는 조롱받음으로 인해 오히려 모든 거짓을 뒤집어 버리는 진리예요. 이것이 바로 예수 사건인데, 호르헤 같은 사람은 웃음 자체가 악마적이라고 생각해요. 중세적 금욕 사상을 품었던 것이지요. '호르헤Jorge'는 현대 소설가 호르헤 루이스 보르헤스Jorge Luis Borges를 떠올리게 하지만, 사실 중세에 존중받던, 칼뱅도 여러 차례 인용한, 시토 수도원 원장 베르나르 드 클레르보Bernard de Clairvaux로 볼 수 있어요. 클레르보와 관련된 일화가 있어요. 주네브(제네바) 호수는 엄청나게 크고, 눈 덮인 알프스 산이 배경으로 있어 참으로 아름답지요. 클레르보는 호수의 아름다움에 현혹되지 않으려고 자기 눈을 띠로 가린 채 건넜다고 해요. 지상의 아름다움에 유혹받지 않고 정신의 깨끗함과 영의 거룩함을 지키려고 그랬대요. 이것은 금욕주의와 연관됩니다.

양희송 교회사의 그 엄격한 사례들을 듣다 보니, 그러면 성경도 그렇게 웃음에 인색했나 생각해 보게 됩니다.

강영안 성경에서 '웃음'이라는 주제를 한번 살펴봐요. 창세기에 아브라함의 아들 이삭 이야기가 나오지요. 이게 웃음과 관련된 이름이잖아요. 하나님이 말도 되지 않는 일을 하시겠다는 말을 듣고 인간 편에서 웃은 이야기죠. 그런데도 이 이삭은 아브라함과 사라에게 웃음을 주었지 않습니까? 사람으로는 할 수 없는 약속을 하시고 그것을 이루시는 하나님의 신실하심을 웃음 속에서 볼 수 있지요. 시편 2편 4절을 보면 "하늘에 계신 이가 웃으심이여"라고 하지요. 물론 그것은 이 세상의 권력이 무엇인가 계획하고 시도하려 드는 교만함을 웃으시는 것입니다. 힘 있는 자의 계략과 계교를 다 아시는 여유에서 나오는 웃음이거든요. 또 데살로니가전서 5장 16절에서는 "항상 기뻐하라"고 하지요. 얼굴을 찡그리고 기뻐할 수는 없습니다. 마음속에서 우러나오는 기쁨은 빙그레 짓는 미소거나 깔깔거리는 웃음이기 마련이지요. 평강이나 기쁨에 젖어들면 웃음이란 저절로 터져 나오지요. 그런 웃음은 삶을 풍요롭게 하고 일상의 무게에서 해방시키는 기능을 해요. 또 웃음은 정말 심각한 것을 상대화하는 기능도 있지요. 개그맨들이 대통령이나, 장관이나, 목사나 사제의 모습을 패러디해서 우리에게 웃음을 주는데, 그것이 권위를 깨뜨리는 것이고, 인간이 만든 모든 위선과 가식을 상대화하는 웃음을 유발하죠.

양희송 맞습니다. 신앙의 이름으로 엄격함을 강조하면, 무언가 부자연스럽고 존경을 강요하는 느낌을 지울 수가 없어요.

강영안 《장미의 이름》에서 윌리엄 수사가 말한 것처럼, 우리가 가진 허식이나 가식을 훌훌 털어 버리고 나 자신을 웃음에 맡긴다는 건 타인을 내 세계로 받아들이는 것이며, 타인과 손을 잡는 것이고, 타인과 만날 가능성을 열어 두는 것이죠. 까치가 앉아 있고 호랑이가 웃는 민화가 있지요. 호랑이는 아마도 까치가 좋은 소식을 전해 줘서 그것을 듣고 빙긋 웃는 게 아닐까 싶어요. 사실 동물 가운데 웃을 수 있는 유일한 존재가 인간이거든요.

네덜란드 역사가요 문화철학자 요한 하위징아Johan Huizinga는 인간을 '호모 루덴스Homo Ludens', 즉 '놀이하는 인간', '유희하는 인간'이라고 했지요. 그의 표현을 원용하면 인간은 사실 '호모 리덴스Homo Ridens', 즉 '웃는 인간', '웃을 수 있는 인간'이라고도 할 수 있어요. '호모 리덴스'는 다른 짐승과 구별되는 인간 고유의 인격성을 드러내죠. 가장 좋은 웃음은 어린아이들의 웃음입니다. 갓난애가 조금 자라서 웃는 것을 보면 놀랍거든요. 우리는 가장 원초적인 자기 존재를 울음으로 발산하죠. 태어나서 '앙!' 하고 소리 지르는 것 말입니다. 그러나 아기가 어머니와 교감하고 방긋 방긋 웃기 시작하면서 인간적 교감을 느낄 수 있잖아요. 웃을 수 있는 것, 웃는 것이 가장 인간적인 삶의 모습이죠. 그러니 웃어야 할 때 웃어야 하고, 울어야 할 때 울어야 합니다. 때에 맞게 그러지 못한다면 우리 삶이 뭔가 잘못된 겁니다. 같이 웃어 주지도 않고 울어야 할 때 머쓱하게 피해 버린다든지, 그 울음에 참여하지 않는 것, 이런 반응은 삶의 진정성이 존재하지 않는다는 표시 같기도 해요.

양희송 그렇다면 자연스럽게 웃고 우는 것을 가로막는 현상은 언제 어떤 경우에 발생할까요? 마태복음 11장 17절에서 주님도 "너희를 향하여 피리를 불어도 너희가 춤추지 않고"라고 탄식하시지요.

강영안 그것은 금욕적인 세례 요한을 받아들이지도 않고, 세리와 창녀들과 함께 먹고 마시는, 오히려 쾌락주의자로 보이는 예수도 받아들이지 않는 유대인들을 향해 예수께서 하신 비유지요. 그럼에도 가장 인간다운 삶이란 웃을 때 함께 웃고, 울 때 함께 우는 '공감하는 삶'이라는 전제가 이 비유에 깔려 있지 않을까 생각해요. 공감할 수 없고 반응을 보이지 않는 것에 문제가 있는 것이지요. 꼬집어 이야기하자면 어떤 교조적 이념을 지적할 수 있어요. 이데올로기에 사로잡히는 것, 예를 들어 기독교 근본주의, 이슬람 근본주의, 불교 근본주의, 혹은 정치적 근본주의 말입니다. 웃음과 울음의 상황을 뒤바꿔 버린다는 것은 하나의 이념, 하나의 이데올로기에 따라 일종의 혐의를 가지고 상황을 보기 때문입니다. 그런 교조적 이념이 없다면 인간의 조건이라는 것은 거의 유사하기 때문에 누구나 동감할 수 있는데 말입니다.

그 밖에 신분의 차이, 계급의 차이 등이 있겠지요. 탈춤을 보면 우스꽝스러운 퍼포먼스가 있잖아요. 최근의 여러 연구를 보니까 탈춤은 일반적으로 중인 계층이 행하던 것이더군요. 그런데 탈춤을 연희演戱할 때 지원하는 세력은 양반들이란 말입니다. 탈춤의 우스갯감이 되는 계층도 거의 양반들인데, 관람한 사람들도 양반들이었단 말이죠. 탈춤은 그들에게 자기 자신을 비추어 보는 일종의 거울 역할을 함으로써 자신의 허위의식이나 거짓을 반성하고 정화했지요. 만일 일정한 시공간에서의 연희가 아니라면 양반들을 조롱하는데 모른 척하고 넘어갈 수 없었겠죠. 늘 조롱하는 무리가 있다면 양반들이 결코 허용하지 않았을 것입니다. 그러나 탈춤이란 정해진 공간과 시간에 이루어지는 하나의 놀이이자 퍼포먼스이기 때문에 양반 자신들을 정화시키고, 다시 '에헴' 하면서 일상으로 돌아갈 수 있었던 것이죠. 그런 방식으로 삶의 무게를 가볍게 하고 일상을 덜 힘들게 살아 갈 수 있었던 거지요.

양희송 웃음을 싫어하는 사람은 없는데, 유독 종교는 웃음을 금기시하거나 적절치 않은 것으로 보곤 했던 것 같습니다. 우리 신앙이 일상을 재발견하는 데 '웃음'의 재발견이 중요할 것 같습니다. 그런데 이와 정반대로 설교에서 개그나 오락적 요소가 강해지는 것은 어떻게 보시는지요?

강영안 그런 설교는 일상을 왜곡하고 있다고 생각해요. 텔레

비전 개그 프로그램은 일종의 '놀이play'라는 것을 알고 보죠. 그것은 리얼리티가 아니지요. 그 프로그램을 보고 실컷 웃고 나서 우리는 다시 현실로 돌아옵니다. 그러나 예배는 그런 개그와 구별되어야 합니다. 예배에도 놀이와 퍼포먼스 요소가 있습니다. 하지만 그 전체 과정은 일상과 연결되지요. 예배는 비일상적 공간을 만들어 내기보다는 일상 가운데, 그 중심에 서서 우리 삶의 리듬을 조정하고 일상에 의미를 부여하는 중요한 현실입니다. 개그화되는 설교는 예배를 일상에서 벗어난, 일상과 무관한 연희 공간에서 행해지는 퍼포먼스로 만들고 있어요. 예배에 함께하는 성도들은 참여자Actor라기보다는 구경꾼Spectator이 되고 있지요. 설교자들은 개그 같은 설교를 하고, 성도들은 '재미있다', '은혜 받았다'라고 하지요. '은혜 받았다'는 표현이 참 재미있어요. 설교는 성도들이 예배를 통해 삶을 비추어 보고 치유되고 힘을 얻어 다시 세상으로 흩어져 성도의 삶을 살아가게 하는 역할을 해야 해요. 그러나 개그화되는 설교는 그런 역할을 할 수 없어요.

4장_ 일상

목숨은 걸어도
일상은 못 건다?

양희송 사람들은 일상보다는 이상, 혹은 비상非常한 삶을 추구합니다. 이상적 삶을 이루려면 일상적으로 살면 안 된다고 생각하지요. 특별히 종교는 일상적이지 않고 비상하고 특별하다는 생각이 지배적이죠.

강영안 그렇지요. 우리에게는 종교가 마치 비일상이고 초일상인 것처럼 생각되는 부분이 강하지요. 그런데 그게 과연 그런가 물어보아야지요. 종교를 생각하기 전에 일상을 먼저 생각해 보아야 할 것 같아요. 도대체 일상日常이란 무엇인가? 일상은 어떻게 돌아가는가? 일상은 무엇으로 구성되는가? 일상이란 가장 손쉽게 이야기하자면 '늘 같은 하루', '그날이 그날 같은 날', '늘 같은 삶'이지요. 이 일상은 몇 가지 특징이 있어요.

첫째, 일상은 누구도 벗어날 수 없고, 누구에게나 존재합니다. 일상의 '필연성'입니다. 우리는 신체가 있기 때문에 밥을 먹어야 하고 잠을 자야 하고 일을 해야 하고 사람들을 만나야 하죠. 일상 행위를 벗어날 수 없어요. 이 땅에 사는 사람이면 누구나 일상에서 벗어날 수 없죠.

둘째, 일상이란 부자든 가난한 사람이든, 힘 있는 사람이든 힘없는 사람이든 누구나 비슷해요. 누구나 즐거운 일을 당하면 기뻐하고, 좋지 않은 일을 당하면 슬퍼하면서 감정 표현을 하지요. 또 진수성찬을 먹을 수도 있고, 보잘것없는 음식을 먹을 수도 있지만 먹는다는 점에서는 동일하죠. 이런 점에서 일상의 '유사성'을 이야기할 수 있죠.

셋째, 일상은 '반복성'을 띱니다. 하루란 늘 반복되거든요. 오늘 먹고 잠을 잤다면, 내일도 먹고 잠을 자야 하지요. 오늘 사람들과 싸웠다면 내일도 싸울 가능성이 있지요. 오늘 기뻤다면 내일도 기쁠 수 있고요. 이렇게 끊임없이 반복되는 것이 일상의 특징이라고 할 수 있어요.

넷째, 일상의 '일시성'을 이야기할 수 있습니다. 일상이란 나중에 보면 그때그때 있었던 일이지요. 그러니까 결국 영원히 존재하지 않고 사라져 버리는 것이 일상의 중요한 특징이 아닐까 싶어요. 예를 들어 오늘 하루 아이를 키우느라고 그렇게 땀 흘리고 수고했지만 조금 지나면 언제 그랬냐는 듯 다 지나가 버리잖아요. 이런 것을 일상의 특징이라고 할 수 있을 텐데요. 누구나 이런 일상을 벗어날 수 없고, 누구나 비슷한 일상을 반복하지요. 사실 허망할 정도로 하루하루 지나가는 삶을 '일상'이라고 부르죠.

아, 그런데, 일상의 또 다른 특징으로 '평범성'을 들지 않을 수 없네요. 일상은 유별난 일 없이 평범하지요. 영어로 말하면 '오더너리 라이프Ordinary Life'입니다. 평범하기 때문에 궤도를 벗어나지 않고 돌아갈 수 있어요. '오더너리Ordinary'를 보면 '오르도Ordo'라는 말이 있어요. '오르도Ordo'는 라틴어로 '순서', '질서'거든요. 범용한 삶에도 질서가 있는 형태, 그러니까 일상은 평범하지만 일종의 규칙이 있고 궤도를 벗어나지 않죠. 그런 면에서 일상이야말로 우리 삶의 현장이고, 시간이고, 통로이고, 삶의 귀착점이라고 할 수 있지요. 가끔 일상을 벗어나 여행도 하고 수도원에도 가지만 여행을 가도 일상은 일상이거든요. 그러니까 여행이란 또 다른 의미의 일상인 것이죠.

양희송 어찌 보면 굉장히 허망한 말씀을 해주신 것 같기도 합니다. 아무리 비상한 삶을 꿈꾸어도, 여전히 일상이 고스란히 담겨 있다는 얘기니까요. 그래서 사람들은 더 강박적으로 비일상적인 삶을 꿈꾸게 되지 않나요?

강영안 지금까지 형식적인 차원에서 이야기했는데 이것만 보더라도 인간의 삶은 일상을 떠날 수가 없지요. 삶은 일상에서 이루어지고 일상을 통해 일구어집니다. 가끔은 일상을 부정할 수 있습니다. 먹는 것을 거부할 수 있지요. 정치적 목적이든, 종교적 목적이든 먹는 것을 중단할 수 있지요. 단식이나 금식을 할 수 있습니다. 이 땅에 매인 현실을 괄호 속에 집어넣고 그것보다 더 중요한 현실과의 만남을, 더 중요한 목소리를 만들 수 있지요. 또는 일상의 가정생활이나 노동을 떠나 (지금 우리가 그러듯) 수도원에 들어와, 일상적인 패턴과 다른 삶을 추구하면서 일상을 인위적으로, 의도적으로 거부할 수도 있지요. 그렇다손 치더라도 우리는 먹어야 하고, 잠을 자야 하고, 사람들을 만나야 하지요. 수도원에서도 일상은 여전히 주어집니다. 요컨대 하나님이 우리를 두신 장소가 곧 '일상'이라고 할 수 있지요.

양희송 그러면 우리가 흔히 떠올리는, 특별히 신앙적으로 비상하게 살았거나 그런 삶을 추구했던 이들은 일상을 어떻게 보았을까요?

강영안 초기에 신앙생활을 열심히 하던 사람들은 사막으로 나갔거든요. 초대교회 이후 사막의 은둔 수사 시절이 지나간 다음에는 베네딕트 수도원 등이 만들어졌어요. 그 후 우후죽순처럼 수도원이 생겨나면서 일상적인 삶, 일상적인 생활방식을 세속적Secular이라고 생각하게 되었지요. 그리고 세속을 떠난 거룩한 Sacred 삶의 방식과 장소로서 수도원 생활을 선호하게 되었지요. 그러나 앞서 이야기했듯이 수도원에도 어김없이 찾아오는 것이 일상이거든요. 세속에서 밥을 먹듯이 수도원에서도 밥을 먹고, 세속에서 잠을 자듯이 수도원에서도 잠을 잡니다. 대신 수도원에서는 수도 생활을 통제하는 도구가 하나 발명되었지요. 중세 후기에 수도원에서 시계가 처음 발명됐어요. 그러니까 수도사들이 새벽에 기도하고 때가 되면 성경 읽고 식사하고 일하고 다시 그 일을 반복하기 위해, 즉 기계화된 방식으로 삶을 통제하기 위해 시계가 출현했지요. 이후 시계가 시중으로 나가면서 도시에서도 시계가 사람들을 통제하게 되었습니다. 그 뒤 시계는 교회와 성당에 걸렸고, 이제는 배가 고파서 먹는 것이 아니라 시계를 보고 밥을 먹는 식으로 배고픔과 밥 먹는 시간을 통제하는 기술통제Technocracy 방식이 삶에 들어오게 되었어요. 그것이 수도원에서 출발했다는 사실은 아이러니가 아닐 수 없어요.

'종교적인 것'은 '비상한 것Extra-Ordinary', 일상 바깥의 삶을 추구한다지만 사실 종교도 일상을 벗어날 수는 없어요. 이 사실은 일상을 세속이라고 부르고 세속을 초월한 수도원적 삶을 거룩한 영역이라고 부르는 역성은 실패한다는 교훈을 줍니다. 중세는 상당히 오랫동안 지속되었는데, 그 중세에 비상한 삶을 만든 곳조차도 전혀 비상하지 않은 일상의 테두리에서 움직인다는 사실을 망각했지요. 그렇기 때문에 종교개혁이 미친 중요한 영향을 '일상성의 재발견'이라고 생각해요.

양희송 종교개혁은 '일상'이라는 주제에 대해 어디까지 나아갔나요?

강영안 사실 루터와 칼뱅은 밥 먹는 것, 잠자는 것, 성관계 등이 지극히 거룩하다고 생각했어요. 일상적 행위 자체가 곧 거룩하다는 거죠. 일상 행위를 주님께 하듯 한다면, 밥을 하든, 청소를 하든, 아이를 키우든 그 모두가 거룩해진다고 보았습니다. 루터나 칼뱅은 신앙생활이 일상적 삶과 분리되는 것이 아니라, 일상에서 이루어진다고 생각했어요. 루터의 '소명론'을 이 맥락에서 이해할 수 있어요. 재단사가 되든, 빵을 굽든, 교사로서 가르치든 주님이 각자를 부르신 소명이라는 것이지요. 주어진 일에 최선을 다하는 것, 열심을 다하는 것이 신자의 사명이라는 것입니다. 선교사, 신부, 수녀 등 성직만이 거룩한 직업, 즉 소명Vocatio이 아니라는 거죠. 루터는 '세속적' 일도 주님께 하듯 한다면 '거룩한' 일이라고 가르쳤지요. 칼뱅도 그것을 아주 강조했어요.

양희송 그 사상은 루터의 독창적인 발상이었나요? 아니면 그 당시 그런 사고나 사상이 이미 있었나요?

강영안 루터 직전의 어떤 운동보다는 예수님과 바울에 그 뿌리를 두고 있지 않나 생각해요. 디모데전서 4장 4절에 보면 "모든 것이 선하매 감사함으로 받으면 버릴 것이 없나니"라고 바울이 말하지 않습니까? 여기에는 하나님의 선한 창조에 대한 믿음과 예수 그리스도를 통한 온전한 속량과 회복에 대한 믿음이 깔려 있습니다. 예수님은 바리새인들에게 "입으로 들어가는 것이 사람을 더럽게 하는 것이 아니라 입에서 나오는 그것이 사람을 더럽게 하는 것이니라"(마 15:11)라고 하셨지요. 사람의 마음에서 나오는 것이 악하고 더러운 것이지 우리가 먹는 음식, 우리의 신체, 우리가 몸으로 살아가는 일상이 악하거나 추한 것이 아니라는 생각이지요. 루터와 칼뱅은 우리에게 주어진 삶을 하나님께서 주신 선물일 뿐만 아니라 부르심, 곧 소명이라 보았습니다.

에른스트 트뢸치는 루터와 칼뱅의 차이를 지적합니다. 하나님이 우리를 특정 직업으로 부르셨다면 농부든, 교사든, 재단사든 그 직업을 하나님의 소명으로 알고 최선을 다해야 한다고 루터는 말하지요. 주어진 직업을 바꾸기보다는 그 직업 안에서, '그 소명 가운데에서 in vocatione' 하나님을 섬기라고 해요. 반면 칼뱅은 정해진 직업에 머무르는 것이 아니라 직업을 하나님의 부르심으로 알고 하나님께 영광을 돌리는 하나의 수단으로 여긴 점이 중요합니다. 루터는 직업의 변경 가능성, 부르심의 변경 가능성을 생각하지 않았어요. 그런데 칼뱅은 어떤 직업 자체가 자신을 위한 소명이라기보다는 '소명을 통하여 per vocationem' 하나님께 영광을 돌리는 것이 더 중요하기 때문에 직업을 바꿀 수 있다고 보았습니다. 어떤 일이라도 그것을 통해 하나님께 영광을 돌리는 것, 이것이 신자의 삶이라고 칼뱅은 보았습니다.

칼뱅이 루터보다 '소명사상'에 더 적극적인 의미를 부여합니다. 사회 속 직업 활동, 곧 노동에 적극적인 의미를 부여하죠. 이런 칼뱅주의 전통에서 보면 일상적인 삶은 죄 짓는 것 외에는 어느 하나 거룩하지 않은 것이 없어요. 적어도 원칙적으로 하나님 안에서 행한다면, 일상적 삶이 모두 거룩하다고 할 수 있지요. 이것은 중세의 성속이원론을 깨뜨린다는 점에서 중요해요. 중세의 성속이원론에 따르면 '일요일은 거룩하고 다른 날은 속되다', '목사나 신부나 수녀는 성직이고 다른 일은 속된 직업이다', '교회는 거룩하고 그 밖의 장소는 세속적이다'라는 식이죠. 그러나 사실상 종교개혁으로 중세의 성속이원론은 깨어집니다.

이 점이 구체적으로 네덜란드 회화에서 나타나지요. 17세기 중후반 네덜란드 회화를 보면 모티프가 지극히 일상적이에요. 예를 들어 헨드릭 아브르캄프Hendrik Averkamp의 〈겨울풍경〉에서 보듯이 골프 비슷한 스포츠를 즐기거나 스케이트를 타는 장면, 얀 스테인Jan Steen의 〈성 니콜라스 축제〉에서 보듯이 식탁에서 담소를 나누거나 담배를 피우는 장면, 아이들이 뛰노는 장면 등이 다 루어지죠. 얀 베르메이르Jan Vermeer의 그림에 나타나는 편지 읽는 장면이나 우유를 따르는 장면도 그렇고요. 그 이전 그림은 대개 성화였어요. 종교개혁 후 네덜란드를 기점으로 성화 중심 소재가 일상으로 전환된 것이지요. 이러한 변화는 사상의 변화를 보여 주는 겁니다.

양희송 일상의 다섯 가지 특징, 곧 필연성, 유사성, 일시성, 반복성, 평범성을 말씀해 주셨고, 일상의 영역이 하나님 나라 구현의 장이라고 했을 때, 결국 그리스도인의 삶은 일상을 어떻게 맞이할 것이냐에 달려 있습니다. 그런데 한국 사회는 1990년대를 넘어가면서 소위 '격동의 민주화'와 '이데올로기의 유토피아'를 꿈꾸던 시대가 와락 무너졌지요. 최영미 시인의 《서른, 잔치는 끝났다》(창비, 1994)에서 "목숨을 걸 수는 있었지만, 일상을 걸 수는 없었다"라는 구절에서 알 수 있듯, 대단한 열정과 헌신을 요구했던 한 시대가 급하게 저물고 허무, 좌절, 거대담론의 환멸을 느끼면서 커다란 전환을 맞이합니다. 혁명을 꿈꾸던 시대가 지나고 뒤늦게 찾아온 일상적인 삶이 사람들에게 고통스러운 것이었어요. 이전에는 그런 일상을 소시민적인 삶이라고 규정하고 거부했기 때문에 되돌아와야 할 삶의 자리로 일상을 받아들이기가 힘들었지요. 그런데 기독교에서는 여전히 '비전'이라는 이름으로 비일상을 부추깁니다. 큰 그림을 그려 놓고 거기 삶을 투신하라는 거대담론은 기독교 내에서 '선교'의 이름으로, 하나님의 영광의 이름으로 반복해서 등장합니다. 하나님 나라를 제대로 살아 내려면 사소하고 평범하고 반복적이고 소시민적 삶이라고 레테르를 붙였던 바로 거기서 하나님 나라의 백성 됨을 입증하라는 도전 앞에 서 있는데, 정작 교회 내 담론은 다른 양상으로 펼쳐지는 이 지점을 짚고 넘어가야 하지 않을까요?

강영안 중요하죠. 1990년대 초반까지만 해도 소위 '운동권'이 상당히 활동을 했고, 김대중 정권과 노무현 정권에서 실제 권력을 행사하는 것도 보았죠. 그러나 전반적인 사회문화적 분위기는 거대담론이 아니라 일상으로 돌아오고 말았어요. 각자의 작은 이야기로 되돌아오는 분위기 말입니다. 책이나 연속극, 단막극 등에서 사상가들보다는 주부, 할머니, 농부들이 들려주는 이야기가 일정한 자리를 얻는 분위기가 되었죠. 그런데 교회는 좀 어정쩡한 상황에 있지 않나 해요. 오늘날 설교 경향이 일상이 신앙의 자리라는 인식까지 간 것 같진 않고, 그렇다고 기독교적 거대담론인 하나님 나라, 하나님의 주권에 대한 강렬한 열망이 있느냐 하면 그렇지도 않거든요. 선교도 마찬가지예요. '하나님의 선교'에 대한 이해가 아직 부족하지 않나 생각됩니다. 선교사를 많이 파송했지만 무엇을 위한 선교인지 방향이 분명하지 않아요. 앞서 이야기한 관점에서 보면 선교의 목적은 결국 복음을 받고 변화된 성도가 자기 삶을 회복하는 일꾼, 섬기는 자로 활동하는 것이 아닌가 해요. 이렇게 보면 선교는 해외 선교, 국내 선교만 있는 게 아닙니다. 그리스도인의 삶 자체가 선교입니다. 세상에서 부름 받고 하나님 백성이 되고 다시 세상에 보내어져서 삶을 회복하는 데 참여하는 사람들이 그리스도인들입니다. 그런데 선교는 '영혼 구원'의 패러다임을 아직 벗어나지 못하고 있지 않나 생각해요. 다른 한편에서는 선교학에서 이야기하는 개발Development에 참여하는 정도를 벗어나지 못하고 있는 듯해요.

양희송 소위 '비전'을 가지라는 말은 어떻게 생각하시나요?

강영안 비전도 대개 '해외 선교' 비전에 그치지 않습니까? 일상의 영역을 회복하겠다는 비전을 젊은이들이 갖고 있는지 궁금해요. 엔지니어로, 공무원으로, 디자이너로 어느 한 분야에서 삶을 제대로 회복시키겠다는 의식이 있는지 물어봐야 할 것 같아요. 존 스토트 목사님이 비전을 이야기한 것이 흥미롭습니다. 그는 '비전이란 존재하는 현실에 대한 깊은 불만과 동시에 가능한 현실에 대한 아주 선명한 이해의 복합체Vision is compounded of a deep dissatisfaction with what is, and a clear grasp of what could be'라고 했지요. 비전이란 현 상태에 대한 분노에서 시작하고 대안에 대한 진지한 추구와 함께 자라난다는 뜻입니다. 그런 비전을 가지려면 내 삶에서 정말 분노해야 할 것, 바꾸겠다는 강렬한 의지, 어떻게 바꾸는 것이 더 좋은지 분명한 이해가 있어야 합니다. 거룩한 분노 없이는 비전이 생길 수 없습니다.

양희송 비전이 거대담론이 아니라, 일상과 긴밀하게 직조된 모습으로 제공될 수는 없을까요?

강영안 교회는 선교 비전만 비전인 것처럼 계속 이야기하죠. 외국 전도를 선교라고 부르니까 전도 중심의 선교 비전만 이야기할 뿐, 일상을 변화시키자는 이야기는 하지 않습니다. 거대담론, 이데올로기, 구호를 외치던 상황이 지나가고 포스트모던 현실에서 사소한 이야기를 빚어내고, 그 작은 이야기에 귀 기울이는 법을 배워야 해요. 그런 이야기가 이어져서 하나의 퀼트를 만들어 내는 거지요. 큰 이야기Grand Story가 동시에 필요합니다. 하나님의 창조, 그리스도를 통한 구속, 최후 완성을 위한, 말하자면 '하나님의 나라'의 전망이 필요합니다. 전통적으로는 '계시사'라 불렸고 최근에는 '기독교 세계관'이라 부르는, 그 이야기를 다시 이야기할 필요가 있습니다. 현실에서 민감하고 섬세한 이야기를 듣고 들려주고 만들어 가는 일도 필요하고, 이런 이야기를 모으고 방향을 보여 주는 큰 이야기도 동시에 필요한 것이지요.

양희송 그 이야기는 창조-타락-구속-완성이란 틀을 말씀하시는 것이죠?

강영안 그 큰 이야기는 이런 거죠. 하나님이 이 세상을 지으셨는데 인간이 하나님께 불순종했다, 그 가운데서 주님이 이스라엘 백성을 선택하고 그들과 언약을 맺고 그들을 백성으로 삼으시고 그들의 하나님이 되어 주셨다, 그러나 그 하나님 백성은 끊임없이 하나님을 배반하고 언약을 깨뜨리죠. 그런데도 하나님은 끝까지 참으시면서, 때로는 벌을 내리시고 또 구원해 오셨지요. 그렇게 하나님은 최종적으로 당신의 질서를 회복할 분이 오실 것을 예언하고 그 예언을 성취하십니다. 예수 그리스도께서 오셔서 새로운 언약을 맺어 우리를 당신 백성으로 삼고 주님이 되셔서 새로운 공동체를 만들겠다고 약속하셨지요. 그 희망을 품고 우리는 완성을 바라보며 살아가고 있지요. 이 큰 이야기를 끊임없이 할 필요가 있어요. 사소하고 덧없는 일상으로 지나가는 것 같지만, 이것이 헛되지 않다는 소망을 품고 작은 이야기와 큰 이야기의 만남을 만들어 가면 하나님은 우리를 놀랍게 변화시켜 주실 것입니다.

하나님은 우리의 예측과 전혀 다르게 찾아오는 하나님이시잖아요? 갈대아 우르를 떠나 하란으로 가라고 아브라함에게 말씀하신 하나님, 아들을 모리아 산에서 바치라고 하신 뒤 칼로 치려 할 때 찾아오신 하나님, 야곱이 도망갈 때 나타나신 하나님, 얍복 강가에서 야곱과 씨름하시고 야곱의 이름을 이스라엘이라 바꾸게 하신 하나님은 예기치 않게 자신의 백성들에게 찾아오시는 하나님입니다. 이 이야기는 명제나 이론이 아니라 이야기로 받은 겁니다. 개념과 명제는 예측 가능하지만 스토리는 사건이기 때문에 예측 불가능합니다. 예측할 수 없는 상황에서 찾아오신 하나님, 우리를 늘 놀라게 하시는 하나님은 이스라엘 백성이 바벨론 포로가 되었을 때 선지자들을 통해 희망을 주셨고, 예수 그리스도 안에서 자신을 나타내셨습니다. 이 하나님 이야기가 우리의 현실을 비범하게 만들지요. 일상은 단순한 반복이 아니라 날마다 기대 가능한 새로운 현실입니다.

하나님 이야기를 이렇게 보면 일상의 필연성, 유사성, 평범성, 반복성, 일시성은 그대로 남아 있지만 그 의미가 새롭게 다가옵니다. 누구나 경험하는 일상이지만 예기치 않게 찾아오시는 하나님, 약속을 갱신하시고 언약을 갱신하시는 그분에 대한 기대로 채워집니다. 하나님을 향한 기대가 우리 일상에 깊숙이 스며들어 와서 일상을 새롭게 만들고 다시 희망을 품게 되는 것 아닌가 싶어요. 신앙을 가진다는 건, 예수 그리스도 안에서 하나님을 주님으로 고백한다는 건 평범하고 덧없어 보이는 현실을 비상하고 비범하고 새로운 현실로 만드는 것입니다. 요컨대 현실의 새로움이란 내 손에 있는 것이 아니라 우리에게 놀라움을 주시는, 늘 새롭게 찾아오시는 하나님께 달려 있습니다.

5장_ 종교

목사가 있어야 교회가 있는 걸까

양희송 종교개혁의 결과 '삶의 모든 영역이 신앙의 영역'이라는 깨달음에서 소명론, 만인제사장론이 나오지 않습니까? 모든 직업이 다 거룩하다면, 굳이 '거룩'을 별도로 다루는 '성직자'가 존재할 필요가 있을까요?

강영안 누구를 일컬어 '성직자'라고 할 것인가가 문제겠지요. 통상적으로 종교계에서 전업으로 일하는 분들을 일컫는 말로 보겠지요. 목사님, 신부님뿐만 아니라 요즘은 스님들도 스스로 '성직자'라 하니까요. 종교개혁적 관점에서 보자면 하나님의 창조와 구속 사역에 참여하는 사람이면 누구나 '성직자'라 할 수 있겠지요. 죄짓는 일 외에 모든 일이 하나님의 선물임을 알고 하나님께 영광을 돌리는 방식으로 한다면 거룩하지 않은 일은 없으니까요. 그런 의미에서 하나님께 영광이 돌아가는 방식으로 일한다면 그 사람은 일종의 '성직자'가 아니겠어요? 교회 일이나 성당 일을 하면서도 자기 이름을 내세우고 자기 배를 채우려고 한다면 명목상 '성직자'라 할지라도 실상은 아니겠지요. 성속 개념을 저는 이렇게 이해합니다.

양희송 말을 바꾸어 보겠습니다. 모든 것이 다 거룩하다 했을 때 직업으로 '종교인'이 존재할 이유가 있을까요?

강영안 '종교인'을 '종교가 있는 사람', '신앙을 가진 사람'이란 뜻으로 쓴 것은 아니죠? 정치, 경제, 학문, 예술 분야에서 전문가로 일하는 사람을 '정치인', '경제인', '학자', '예술가'로 부르듯이 종교 영역에 종사하는 전문가를 '종교인'이라 부르지 않아요? 자, 그렇다면 이렇게 보는 것이 옳지 않을까 해요. 현실적으로 종교 영역이 있고, 그 영역을 직업으로 삼은 분들이 있고, 또 있어야 하니 '종교인'이라는 직업이 별도로 존재해야 한다고 말이죠. 성경에서 보면 어떨까요? 하나님은 선지자, 제사장, 왕 등 시대에 따라 여러 사람들을 세웠습니다. 신약교회에 와서는 사도와 장로, 집사를 세운 이야기가 보편적으로 나옵니다. 목사라는 호칭은 한글개역 성경이나 개역개정 성경에 단 한 번(엡 4:11) 나오지요. 이들 직분자를 세운 목적은 '성도를 온전케 하는 일'(엡 4:12)입니다. 그러면 교회에서 일하는 전임 사역자의 존재를 인정해야 하지 않겠어요?

양희송 그것까지는 이해하겠는데, 앞서 내린 정의에 따라 모든 것이 종교라면, 그것을 특정한 영역으로 상정하고 직업으로 삼는 성직자나 종교인들, 이들이 수행하는 예배 및 종교행위란 그러한 체제 안에서 어떤 위치를 차지하는 걸까요?

강영안 '모든 것이 종교다', 그렇게 말할 수 있을지는 모르겠어요. 네덜란드 칼뱅주의자들처럼 '삶이 곧 종교 Life is Religion'라고 할 수 있겠지요. 삶의 어느 한 부분, 한 순간도 하나님 경배와 무관한 곳은 없다는 의미에서 말이지요. 아우구스티누스가 삶의 동기로 얘기하는 두 가지가 있지 않습니까? 하나님 사랑 Amor Dei과 자기 사랑 Amor sui 말이지요. 문제는 어느 동기가 삶의 중심에 자리 잡느냐죠. 자기 사랑이 중심이라면 모든 활동이 그것 중심으로 이루어지고, 하나님 사랑이 중심에 있게 되면 삶의 다른 부분도 그에 따라 이루어지게 되겠지요. 이런 배경을 가지고 전임 사역자와 성도의 삶을 볼 수 있습니다.

저는 삶에서 교회나 예배가 차지하는 위치를 하나의 '원'이라고 생각해요. 큰 원을 그린 뒤, 중심에 작은 동심원을 하나 그려 보세요. 큰 원을 우리 삶의 여러 영역들이라 생각해 보지요. 그 원 안에는 정치, 예술, 문화, 학문, 스포츠 등이 다 들어갑니다. 중앙의 작은 동심원을 전통적 의미의 종교라고 볼 수 있는데, 여기에 교회와 기독 공동체와 예배라고 부르는 삶이 속한다고 생각해요. 큰 원 안에 있는 정치, 문화, 예술 역시 그리스도인들에게는 예배죠. 변화된 삶, 거듭난 삶을 산다면, 모든 삶을 주께 하듯 살아간다면 그것이 곧 예배이고 종교 행위입니다. 교회에서 드리는 예배란 '세상에서 삶으로, 몸으로, 마음으로 드리는 예배'를 떠받쳐 주는 예배의 의미가 있죠. 작은 동심원 안에서 일하는 전임 사역지들은 성도들이 교회에 와서 양육을 받고 치유받고 용기를 얻어서 살아가게 합니다. 성도들의 삶의 자리는 세상입니다. 교회가 아닙니다. 주의 백성으로 교회에 모여 하나님을 예배하고, 양육받고, 다시 세상으로 흩어져 몸으로, 삶으로 예배드리는 사람들이 성도입니다. 어떤 성도들은 정치, 어떤 성도들은 경제, 어떤 성도들은 가정, 어떤 성도들은 정부나 사법 영역에서 그리스도인으로 살아갑니다. 교회 공동체는 그런 삶을 성도들이 살아갈 수 있도록 지원해 주고 양육시키고 세상에서 넘어지고 다치면 치유하는 역할을 하게 됩니다. 전임 사역자가 할 일입니다. 그러면 작은 동심원을 좁은 의미의 종교 영역이라고 해도 거부할 이유가 없을 겁니다. 넓은 의미에서의 종교 영역, 그야말로 삶 자체가 종교라는 생각으로 성도를 양육하고 키워 내는 일은 전임 사역자가 할 역할이지요. 에베소서 4장 12절에서 "성도를 온전케 하는 일"은 이 일을 가리키는 것이라 생각해요. 성도들은 세상에 흩어져서 세상을 회복하고 하나님의 주권을 인정하고 실현하는 역할을 해야 합니다.

  제가 지금까지 이야기한 내용이 고신측 교회에서 자라고 네덜란드에서 유학하고 칼뱅주의를 더 공부하면서 배운 것입니다. 종교개혁을 통해 발견된 일상성의 재발견, 일상성의 회복이 실제 교회 운동에서, 확장된 문화운동에서 운동으로는 상당히 성공을 거두었다는 점에서 칼뱅주의는 소중하죠. 물론 네덜란드 사회가 세속화되었지만 아브라함 카이퍼 당시 기독교 인구가 거의 90퍼센트에 달했거든요. 계몽주의 문화를 거치면서도 그 정도로 복음화

되었다는 건 놀라운 일이에요. 칼뱅주의 덕분에 기독교 인구가 유지되었는가, 아니면 그 반대인가 인과관계를 따지기는 힘들어요. 내 생각에는 그 정도로 기독교가 확산되었기 때문에 그런 사상을 말할 수 있지 않았을까 싶어요. 그런 사회에서는 전도보다는 믿는 이가 어떻게 살지에 관심을 쏟을 수밖에 없지 않겠어요? 그러니까 그런 신학이 나왔고, 그러한 교회 전통이 나타났다고 생각해요. 한국 교회 상황은 어떨까요? 그 문제를 생각해 보아야겠어요.

양희송 잠깐 그전에 질문을 드리자면, 결국 원의 중심에는 전통적인 성직자, 교회에서 드리는 예배의 중요성이 그대로 놓여 있고 이를 통해 세상으로 영향력이 뻗어나가는 그림인데, 이것만 보면 가톨릭 전통도 교회의 위치를 똑같이 중심에 놓을 것 같습니다. 어떤 차이가 있을까요?

강영안 가톨릭 안에도 많은 변화가 있지만 전통적인 가톨릭 방식을 가지고 이야기한다면 원보다는 건축물에 비유할 수 있겠죠. 가톨릭은 상층부와 하층부로 나뉘어 있어요. 하층부는 세속 정부와 세속적인 영역, 상층부는 거룩한 영적 영역이죠. 국가와 교회, 사회와 교회, 자연과 은총의 이 층 구조가 가톨릭적 방식입니다. 하부구조인 이 땅에 나름의 체제가 있기 때문에 그 사회의 전통이나 관습을 존중하는 동시에 상부구조인 교회 전통과 하나님의 율법도 지켜야 한다고 보았죠. 지금도 가톨릭 신자들을 보면 문화적 관습을 그대로 수용하면서 교회 전통도 수용하거든요. 가톨릭이 우리나라에 들어온 지 얼마 되지 않았을 때 순교자가 나왔어요. 윤지충이라는 사람인데 우리나라 최초 가톨릭 순교자입니다. 자기 어머니 위패를 불살라 버리고는 유교적 제사를 거부했거든요. 그것이 조정에 보고되고 끝내 죽임을 당했지요. 그런데 1936년 로마 교황청은 신사참배는 국민의례이고 조상 제사는 우상숭배가 아니라는 교서를 내렸습니다. 한국 가톨릭은 조상 제사 문제로 수많은 순교자를 낸 교회입니다. 그 전통이 부정된 것이죠. 가톨릭은 이렇게 문화와 전통에 쉽게 순응하는 정책을 자주 내놓습니다. 자연의 영역과 은혜의 영역을 둘로 나누어 보는 뿌리 깊은 전통이 있기 때문입니다.

양희송 말씀하신 가톨릭의 이 층 구조는 많이 알려졌지만, 저는 지상의 영역이 초월의 영역을 담보할 수 없다고 선언하면서도 현실의 교회를 지상의 영역이 아니라 초월의 영역에 위치시킨다는 점에서 모순이라 생각하고 있었습니다. 가톨릭 쪽도 현실 교회의 위치를 그리라면, 결국은 교회를 원의 중심부에 그려 넣지 않을까 싶었던 것입니다. 삶의 여러 영역을 교회가 중심에서 직접 통제하는 그림을 만들지 않았을까 싶어요. 칼뱅주의 교회도 은연중에 비슷한 사고를 하는 것 아닌가 싶습니다. 그래서 오히려 원의 중심을 초월의 영역으로 설정하고, 어떤 지상의 기관도 이를 독점적으로 대표할 수 없도록 비워 놓는 것이 개혁파적 신앙고백에 충실한 것이 아닌가 합니다. 교회와 목회자는 중심이 비어 있는 큰 원의 내부에 포함된 다른 기관과 유사한 자격을 갖는 일원으로 간주해야 하지 않을까 싶습니다.

강영안 우선 겉보기에 가톨릭과 개혁파 교회가 유사한 이유를 설명하고, 그 차이도 이야기하는 것이 좋겠군요. '우비 에피스코푸스 이비 에클레시아Ubi episcopus ibi ecclesia', 즉 '주교가 있는 곳에 교회가 있다Where bishop is, there is church'란 말이 있지요. 3세기 카르타고에 살았던 키프리아누스의 말로 전해집니다. 주교가 없는 곳, 좁혀서 보면 신부가 없으면 교회가 없다고 봐야 돼요. 개신교 용어로 말하자면 "목사가 없는 곳에는 교회가 없다"라고 해야겠지요. 이른바 성직자가 교회를 대표하죠. 로마가톨릭은 이 전통이 아직도 강해요. 최종적 교도권은 교황에게 있으니까요.

칼뱅주의 전통에서 종교가 모든 삶에 영향을 미친다고 했을 때 종교란 교회도, 목사도, 총회도 아니에요. 성도들의 삶을 두고 하는 말입니다. 모든 영역이 종교라는 이야기가 나오는 것은 삶의 모든 영역에 하나님의 주권이 미치고, 어느 곳에서나 하나님은 예배받을 분이라는 믿음에 바탕을 두죠.

이 이야기를 하기 전에 '종교'라는 말을 살펴봐야 해요. 마루 종宗, 가르칠 교教, '종교宗教'는 원래 불교 용어예요. '화엄종교', '천태종교'처럼 '화엄의 최고 가르침', '천태의 최고 가르침'이란 뜻으로 쓰인 말이었어요. 다른 가르침에 대해 화엄이, 또는 천태가 최고 가르침이다, '종교'다, 하는 의식이 이 말에 배어 있지요. 그런데 일본에서 19세기 중반 서양 말을 번역하면서 'Religion'을 종교로 번역한 것이죠. 이제 '종교'라고 하면 서양 말 'Religion'을 떠올리지 않을 수 없는 겁니다. 번역어로 쓰인 것이니까요. '화엄종교', '천태종교'로 부르다가 '화엄종', '천태종'으로 줄여 부르게 되었지요.

'Religion'도 사실은 굉장히 복잡해요. 자세한 것은 윌프레드 캔트웰 스미스Wilfred Cantwell Smith의 《종교의 목적과 의미The Meaning and End of Religion》(분도출판사, 1991)를 보면 좋을 거예요. 신약성경을 보면 'Religion'의 뿌리가 되는 라틴어 'religio'는 야고보서 1장 27절 "하나님 아버지 앞에서 정결하고 더러움이 없는 경건은 곧 고아와 과부를 그 환난 중에 돌보고 또 자기를 지켜 세속에 물들지 아니하는 그것이니라"에서 '경건'에 해당하는 단어를 라틴어로 옮길 때 쓰였어요. 이때 '경건'은 '하나님을 두려워한다'는 뜻의 헬라어 '유세베이아eusebeia'가 아니라 '트레스케이아threskeia'예요. 예배라는 의미의 헬라어 '리드레이아latreia'에 더 가까운 말입니다. 하나님 앞에서 거룩하고 정결하고 흠 없는 예배는 고아와 과부를 환난 중에 돌아보며 자기를 지켜 세속에 물들지 않는 것이라는 말이지요. 이게 참된 예배라는 거죠. 교회에서, 구역모임에서, 신우회에서 예배를 드려도 고통받는 사람에 무관심하고 자신을 정결하게 지켜 세상과 다른 삶을 살지 못한다면 예배를 잘못 드리는 것 아닐까요? 참된 예배가 참된 종교의 표시라면 종교의 본질은 교황과 주교와 사제의 조직보다, 또는 목사와 장로와 집사, 총회장, 노회장 등의 조직보다 "예배가 있는 곳에 교회가 있다", 이를테면 '우비 렐리기오 이비 에클레시아ubi religio ibi ecclesia'라는 말에 있지 않을까 해요.

양희송 칼뱅주의 입장에서 종교적 행위와 성직자의 역할은 교황적 지위나 역할이 아니라 모든 영역에서 참된 예배가 일어나도록 하는 데 있다, 이렇게 이해하면 될까요?

강영안 결국 핵심은 일상 회복에 있지 않나 해요. 정치, 경제, 문화 등 일상적 삶이 모두 하나님 앞에서 사는 것이라는 뜻이지요. 그런데 삶의 모든 영역은 하나님을 반역하기도 합니다. 교회 안에서는 잘하면서도 세상에서는 하나님을 반역해서 살아갈 수도 있죠. 뒤집어서 말하면 그렇게 반항하며 사는 영역들이 실은 하나님의 창조 영역입니다. 알버트 월터스Albert Wolters가 《창조 타락 구속Creation Regained》(IVP, 2007)에서 주장하듯이 하나님의 창조는 보편적입니다. 눈에 보이는 자연과 우주뿐만 아니라 정치와 경제, 사회와 문화 등 모든 영역이 곧 하나님의 창조 세계라는 뜻이지요. 그래서 굳이 용어로 만들자면 '창조의 보편성'이라 부를 수 있습니다. 성경의 창조신앙은 우주가 창조의 산물이냐 진화의 산물이냐 묻는 것보다 훨씬 보편적인 의미가 있습니다.

　　　　하나님의 법에 따르지도 순종하지도 않고, 인간이 세운 법과 인간의 의도대로 한다는 점에서 '죄의 보편성'도 이야기할 수 있어요. '죄'는 우리 마음뿐만 아니라 정치, 경제, 예술 및 여러 학문 영역과 활동에 침투하여 주 되심을 인정하지 않게 합니다. 이런 의미에서 '죄의 보편성'을 얘기할 수 있습니다. 동시에 예수 그리스도의 '구속의 보편성'을 얘기할 수 있죠. 그리스도의 구속이 내 죄를, 우리 가족의 죄를 대속할 뿐만 아니라 왜곡된 정치와 경제, 왜곡된 기술과 학문, 왜곡된 문화와 예술도 구속하지요. 하나님 나라의 관점에서 오늘과 미래를 볼 수 있는 틀을 제공했다는 점에서 네덜란드에서 발전된 칼뱅주의는 의미가 있다고 봐요. 이 사상이 1980년대 이후 한국에 알려지고 확산되어 '기독교 세계관 운동'의 기초를 마련했지요.

양희송 제 고민과 제안을 좀 말씀드리고 싶습니다. 저는 지금까지 한국 개신교를 바라보는 데 쓰여 온 '교계church society' 패러다임이 바뀌어야 할 때라고 생각합니다. 한국 개신교인들의 생각을 그동안 소위 '교계 지도자church leader'들이 대변해 왔습니다. 특히 한기총(한국기독교총연합회)이나 NCC(한국기독교회협의회) 같은 교계연합기구가 그런 역할을 해왔지요. 그런데 이런 구조가 심각하게 도전받고 있습니다. 사립학교법 개정 논란을 예로 들면, 과거에는 한기총이나 NCC 말을 듣고 '한국 개신교는 이런 입장이구나' 하고 받아들였습니다. 교계 대표가 한국 개신교를 대변하고, 또 대표할 수 있다고 보는 패러다임이었습니다. 이 논란 때 한기총과 NCC는 둘 다 사학법에 반대 입장을 천명했습니다. 그러나 당시 기독교사운동 단체에서는 사학법 찬성 입장을 발표했거든요. 기독교사들은 당시 교계 정서에 역행하더라도 그 법이 사립학교 상황을 개선하는 데 도움이 된다고 생각한 것이죠. 그리고 성도들의 절대 다수는 학부모들인데, 이 층에서도 사학법 찬성 입장이 압도적으로 컸습니다. 그러나 대외적으로는 사학 운영자가 교계 지도자의 주축을 이루고 있고, 그들이 삭발식을 거행하는 등 강경한 반대 입장을 드러내면서 마치 한국 개신교 전체가 사학법 반대 입장인 것처럼 알려졌습니다. 저는 이런 것이 목회자가 한국 교회를 과잉 대표하는 경우라고 봅니다. 그것은 목회자들 스스로 감당 못할 과도한 짐을 지는 불행한 일이고, 성도들은 자기들이 선택하지 않은 대표자들이 자신들의 목소리를 대변하는, 여론 왜곡 현상을 겪는 악순환을 초래합니다.

저는 '교계church society' 패러다임에서 '기독교 사회christian society' 패러다임으로 넘어가야 한다고 생각합니다. 목회자는 기독교 사회를 이루는 다양한 영역과 그룹의 한 부분이고, 이들은 목회 전문가로서 분명한 입지가 있습니다. 그러나 한국 교회가 교육 문제를 다루어야 한다면, 교육 전문가, 사학 운영자, 교사 집단, 학부모 집단 등 한국 개신교 사회를 구성하는 다양한 그룹 중에서 교육과 관련 있는 이들의 발언을 먼저 경청해야 한다고 봅니다.

앞서의 사학법 논란을 제대로 다루려면, 이런 여러 집단을 취재해서 그들이 같은 입장이라면 '한국 개신교는 이런 단일한 입장'이라고 보도할 수 있겠지만, 만약 의견이 엇갈리면 '개신교 내에서도 견해가 엇갈리고 있다'고 알려야 옳습니다. 저는 목회자들이 전문적인 목회 영역을 넘어서, 자기가 대변할 수 없는 주제나, 위임받지 못한 의사에 대해 과잉 대표하면 안 된다고 생각합니다. 사실 교회를 목회를 담당하는 기관으로 상정한다면 전혀 갈등이 없을 수 있어요. 그래서 앞서 말씀하신 개혁주의 전통이 '기독교 사회christian society' 개념에 잘 부합한다고 생각하고요. 그럴 경우 큰 원이 곧 기독교 사회가 되는 셈인데, 그러면 과연 그 핵심에는 무엇이 와야 하는지 궁금한 겁니다. 저는 그 핵심에 하나님 나라와 복음에 대한 헌신이 자리 잡아야 마땅하다고 보는데, 이 자리에 어떤 물리적 기관이 놓일 수 있는가 싶은 것입니다. 그러니 그 영역을 비워 놓는 것이, 그러니까 그 영역이란 하나의 기관으로 대변될 수 없다고 설정해 놓는 것이 개신교적 신앙고백에 더 적절하지 않을까 합니다.

강영안 지금 말한 것을 다시 한 번 생각해 보죠. 한기총이나 NCC가 한국 교회를 대변하는 기관으로 지목되고 그 역할을 하게 된 것은 1980년 이후 상황이지요. 교계연합기구의 등장 이전에는 각 교단이나, 대표적인 기독교 지도자가 그 역할을 상징적으로 했지요. 한경직 목사님 같은 분이나, 고신이나 합동 측에서도 그런 분들이 계셨지요. 그분들이 돌아가신 뒤에는 한기총이나 NCC가 마치 한국 교회를 대변하는 상황이 되어 버렸어요. 이같이 한국 교회를 대변하는 것은 그야말로 목사들의 모임이지요. 장로들도 별로 관여하지 않고 더욱이 일반 성도들은 말할 필요도 없지요.

양희송 그리고 가톨릭과 달리, 개신교 연합기구들은 그 구조상 아래로부터 위임의 절차가 일관되게 연결되지 못하고 중간 중간 연결고리가 다 끊어져 있기 때문에 상징적 수준을 넘어서는 실질적 대표성을 말하는 것은 더욱 어렵습니다.

강영안 가톨릭의 경우에는 위에서 위임을 하지요. 교황에서 추기경으로, 추기경에서 대주교로, 대주교에서 주교로, 주교에서 각 본당 신부로 내려옵니다. 일종의 위임이고 명령이며 권면 방식으로 내려옵니다. 그러나 사실 개신교는 그런 구조 자체도 없잖아요. 위아래 소통할 수 있는 통로 자체가 없으니, 정부에서도 편의상 한기총이나 NCC를 통로로 삼아 업무를 진행하는 것이 쉬웠지요. 목사들도 나름의 통로로 교단의 목소리를 내봐야 들리지 않으니까 연합의 이름으로 교회의 의견을 발표하고 정치적 입장을 취해 온 것이 사실이지요.

얼마 전에 방송국에서 기독교에 비판적인 프로그램을 방영한 적이 있어요. 한기총을 중심으로 거세게 항의했더니, 방송국에서 그 프로그램 마지막에 한기총 대표의 의견을 이야기하도록 했다고 해요. 그런데 나오지 않는 것이 더 나았겠다는 의견을 들었어요. 전혀 설득력 없는 이야기였다지요. 그런 상황을 보면서 "목사님들이 다 선수가 됐구나"라는 생각이 떠올랐어요. 목사님들이 모두 선수가 되어 공도 차고, 운동장을 누빈다는 말입니다. 한국 사회에서 기독교적 목소리를 내는 주요 역할을 목사님들이 맡으려 해요. 마치 현장에서 뛰는 선수처럼. 대단한 착각입니다. 목사님들은 선수가 아니라 성도들을 키워 내고 양육하는 코치 역할을 해야 합니다. 축구로 말하자면 벤치에 앉아서 코치 일을 보아야 해요. 선수로 뛰는 것은 성도들이에요. 경제나 정치나 문화 영역은 그 분야의 전문 지식을 갖춘 성도들이 해야 합니다. 앞서 이야기한 개혁주의 관점에서 목사들의 영역을 중심에 그렸죠. 그러니까 정치, 경제, 사회, 언론, 문화 영역 등 각 분야의 성도들이 모이는 교회 공동체에서 말씀을 가르치고 양육하는 일이 목회자의 사명입니다. 그리고 각 분야의 전문가 성도 그룹이 해당 분야에 의견을 내고, 필요할 경우 법 개정을 요구하거나 시민운동을 펼쳐야 합니다. 목사들은 성도들을 선수로 키워서 전문 분야로 내보내야 합니다. 앞서 이야기한 교회의 개념이 너무 넓기는 한데, 그때 교회는 목사만 말하는 건 아니거든요.

양희송 교회를 목회자 중심으로만 인식하는 것은 문제라는 점에 동감입니다.

강영안 교회는 목사 중심에서 성도들 중심으로 옮겨 가야 합니다. 특히 성도들을 가르치고 훈련시키고 세우는 목회자의 역할은 매우 중요해요. 동시에 성도들의 삶의 장소가 바로 세상 또는 사회라는 점도 강조되어야 합니다. 성도는 교회에서 훈련받고 양육받아 세상으로, 사회로 나아가야 합니다. 요한복음 17장을 보면 이것이 예수께서 제자들을 부르신 목적입니다. 세상으로 보내기 위해 예수님은 제자들을 불렀습니다. 세상 속에서 고난 받고 섬기고 목소리 내고 손해 보는 사람들이 성도들입니다. 그런데 가톨릭적인 성속이원론으로 세상을 보는 목회자들이 많거든요. 세상 위에 하나님 나라가 임하고, 그 중심에 교회가 있고, 세상은 전도의 대상이자 구제의 대상이자 변화의 대상일 뿐 하나님 나라는 아니라는 것이죠. 그런데 세상이 누구 것입니까? 세상도 하나님의 것입니다. 앞서 이야기한 원의 모형에서 가운데 부분을 교회 영역이라고 할 수 있는데요. 그 가운데를 단순히 목회 영역이라고 하면 성도들이 배제되고 의미가 너무 좁아져 버립니다. 성도들이 배제되어 버리니까 이를 가시적 예배 영역이라든지, 가시적인 예배 공동체라고 표현해서 목회자들의 활동과 성도들의 활동이 공유되면 좋겠어요. 목회 영역을 왜 가운데 놓고 다른 모든 영역과 연관을 짓느냐면 결국 하나님의 일꾼으로 기름을 받은 성도들이 각 영역에서 주 되심을 인정하고 섬기려면 교회 공동체에서 양육받지 않고는 불가능하기 때문이에요. 원의 한 부분으로 목회를 구분하지 않고 중심에 놓는 이유는 기본적으로 그리스도인 전문가들 역시 가시적인 예배 공동체를 통해 양육되고 파송되고 교회 공동체 내에서 치유받고 회복돼야만 세상에 나가서 하나님 나라의 일꾼으로 일할 수 있기 때문이지요. 요컨대 원의 구조란 세상과 교회, 성도들의 삶과 전문 사역자들의 삶을 긴밀한 관계에서 보게 하는 유용한 도식이 아닌가 해요. 개혁주의 관점이 그리스도인의 역할, 교회의 역할, 목회의 역할을 이런 점에서 잘 보여 준다고 생각해요.

양희송 하하, 교수님은 여전히 원의 중심에 교회의 우선성을 부여하시는군요.

강영안 그래요. 교회와 목회자는 신자의 삶에 매우 중요해요.

양희송 그렇다면 한 발 더 나아가 보고 싶습니다. 우리가 일상에 의미를 부여하거나, 모든 영역을 하나님 세상으로 받아들이기 힘든 이유가 바로 '구원' 때문이 아닐까요. 즉 교회가 구원에 있어 결정적인 매개 역할을 한다면, 교회는 특별한 지위에 있는 거죠. 일상에 대한 긍정 이전에 성속이원론이 쉽게 발달하고, 그것을 교회 내에서 은근히 묵인하고 조장하는 것은 결국 구원에 있어 교회의 역할에 대한 이해 때문이 아닐까요?

강영안 좁은 의미의 구원론이 문제입니다. 성속이원론과 연관되는 것이 또 영육이원론이거든요. 영靈과 육肉을 이분화해서 영혼 구원만 구원이라고 보는 것입니다. 영혼 구원이란 성경적 사상이 아니에요. 기독교가 발전하면서 고대 그리스 전통이 흘러 들어와 소위 '영혼 구원'이 확립되었는데, 그것을 성경적이라고 너무 당연시하게 됐죠. '영혼 구원'은 육신이 구원과 직접적인 관계가 없다는 말이에요. 앞서 소크라테스를 이야기했잖아요. 육신은 '나의 나 됨'과 본질적인essential 관계가 없고, 우연적인accidental 의미만 있다고 보죠. 그런데 성경을 보면 육신이 연약하고 힘도 없고 못생겼지만 나의 나 됨, 인간이 인간 됨의 본질적인 특성essential property이거든요. 성경은 영의 부활을 이야기하지 않고 육신의 부활을 이야기합니다. 영과 육은 구별할 수는 있지만 분리할 수는 없습니다. 매우 어려운 문제이고 많이 논의해야 할 문제입니다. 이 단계에서 성속이원론과 영육이원론을 극복해야 구원이 신체와도 관련 있음을 이야기할 수 있지요. 우리의 신체는 물리적인 존재만이 아니거든요. 신체로 경제 활동도 하고, 육아 활동도 하고, 사람들을 가르치고 문화 활동도 하며, 그림도 그리고 연주도 하지요. 그야말로 신체와 일상적 삶은 밀접하게 연결되어 있어요. 일상적 삶을 사는 주체가 바로 신체적 자아죠. 영혼만 있는 자아가 아니라 신체적 자아 말입니다. 일정한 시간, 일정한 장소, 일정한 자리에 처해 있는 신체를 가진 사람이 주어진 시간과 공간 가운데서 타인과 함께 영위하는 삶이 일상적 삶이죠.

　　　앞서 일상이란 하루가 늘 같은 삶이라고 했지요. 그 말뜻만 가지고 이야기했는데 이제 우리 논의가 진전된 상황에서 다시 일상적 삶을 정의해 보면, 그것은 신체를 가진 내가 동일한 신체를 가진 타인들과 일정한 시간과 공간 속에서 빚어 가는 삶입니다. 물론 함께 빚어 가는 삶도 제한적이기는 합니다. 예술을 통해, 경제를 통해, 어떤 경우는 가정과 직장에서 서로 만나고 교류하는 삶이 일상적 삶입니다. 구원이란 예수 그리스도를 통해 죄 사함을 받고, 예수 그리스도를 통해 하나님과의 관계를 회복하는 것이지요. 이렇게 예수 그리스도를 통해 온전하게 치유되는 것, 회복되는 것, 온전한 사람이 되는 것이 구원이라면 정치 활동이나 경제 문제 등 소위 세속적·일상적 활동이란 성도들의 삶과 무관하다고 할 수 없지요. 오히려 세속적·일상적 활동이 성도들의 삶과 연관되어 있고, 성도들의 삶이란 일상을 떠난 삶이 아니라 일상을 거룩하게 바치는 삶이겠죠. 일상에서 하나님의 이름을 거룩하게 한다는 말입니다. 이것이 일상의 구원이고, 일상의 회복이며, 이 일상이 하나님의 통치와 다스림을 받는다면 그곳에 하나님 나라가 이루어집니다. 앞서 내가 그렸던 원을 가지고 이야기한다면 안에 들어 있는 작은 원이 '교회'이고 그것을 에워싼 넓은 원이 '하나님의 나라'입니다. 하나님의 나라는 온 세상, 온 만물을 포함합니다.

　　　양희송 '삶 전체가 예배다'라는 측면은 잘 살펴보았는데, 이제 반대로 소위 '공예배' 이야기를 해보면 좋겠습니다. 성도들이 예배에 참여하는 수준은 어떻게 정할 수 있을까요? 대표적으로 '평신도'가 설교를 하는 것이 가능하냐, 바람직하냐는 논란도 있었지요?

강영안 중요한 질문입니다. 목회와 일상의 관계를 내가 설명한 방식으로 이해한다면, 평신도 사역자가 말씀으로 섬기는 일, 특히 전문적인 이슈를 가지고 설교하거나, 성경공부를 하거나, 교육을 하는 일에 참여하는 것은 당연합니다. 목사님들은 그리스도의 성품이 어떠하며, 하나님 나라가 어떤 방식으로 임하고, 성경의 가르침이 무엇인지 포괄적 내용만 다루어도 상당한 영향을 미칠 수 있어요. 좀더 세부적인 영역, 그러니까 정치, 경제, 사회, 문화 등의 세부 영역은 평신도 사역자가 섬길 수 있게 목회자들이 그들에게 섬길 공간을 주어야 합니다. 그런데 교회 안에서나 바깥에서나 평신도 사역자들이 적극적인 역할을 잘 못하고 있어요. 물론 일부 그런 전문가들이 있기는 하죠. 경제나 정치, 통일 문제에 충분한 지식을 갖춘, 그야말로 전문가적인 동시에 기독교적인 시각으로 이야기할 수 있는 전문가들이 있어요. 그 사람들이 적극적으로 목회 영역에 들어와야 해요. 목회 영역에 들어와서 일반 성도들을 함께 훈련해야 합니다.

한국 교회 교육 체제는 모든 것이 설교 중심으로, 예배 중심으로 돌아간다는 데 문제가 있습니다. 설교는 감화와 감동은 주지만 인식의 변화까지는 주지 못해요. 분명한 인식의 변화, 생각과 앎의 변화 없이 사람이 힘 있게 행동하지 못합니다. 그런데 인식의 변화를 가져오기에는 설교의 형식도 문제고 설교 시간도 문제예요. 설교가 구체적인 영역까지 침투하기에는 시간이 너무 짧아요. 성경공부, 제자훈련, 강의 형식 등 각 전문 영역 사역과 관련해서 시간을 투자해야 합니다. 제자훈련 방식이 가장 좋은 것 같아요. 기본적인 제자훈련이 끝나면 그 사람을 각 전문 직업, 각자 처한 삶의 자리와 관련해서 훈련시킬 필요가 있어요. 그렇다면 그런 훈련을 할 수 있는 사람을 양성해야 합니다. 그리고 무엇보다 목회자가 그런 생각을 품고 있어야 해요. 평신도 사역자를 협력 사역자로 인정하고 목회에 통합할 수 있는 사고 말입니다.

양희송 목회자가 그런 생각을 갖도록 격려와 자극이 많이 필요할 텐데, 이를 개인의 각성에만 맡겨 둘 문제는 아니지 않겠습니까?

강영안 목회자는 신학교에서 일상적 삶과 관련된 지식을 얻고, 그런 방식으로 성도들을 훈련시킬 수 있도록 훈련받아야 해요. 적어도 총론적인 훈련은 받아야 합니다. 그런데 말씀드리기 민망하지만 제가 아는 한 이런 훈련을 하는 신학교가 한국에 한 군데도 없어요. 전통적인 신학 분류 방식에 따른 교육이 아직도 신학교 교육을 지배하고 있어요. 기독교 신앙이 세상의 사상과 문화, 과학과 예술, 정치, 경제와 어떤 관련이 있는지, 폭넓게 읽고 생각하고 공부할 수 있는 신학교가 없습니다.

신학 교수조차도 이야기를 나눠 보면 기독교 세계관으로 통합적 사고를 못하는 사람들이 많아요. 신학 교수들은 전공을 벗어나 통합적으로 세계를 바라보면서 각 학문과 삶과 신앙을 연결시키는 사고를 해야 할 텐데, 그렇지 못한 것이 현실이 아닌가 해요. 그렇기 때문에 신약을 가르쳐도, 구약을 가르쳐도, 교회사를 가르쳐도 단편적이고 일면적인 것만 가르칩니다. 예를 들어 교회사는 교리사 중심이거나 교회 사건사 중심에 그치거든요. 주로 교회 지도자 중심이고요. 그렇게 가르치니까 교회사에서 노동자의 역할이 뭐고, 의사의 역할이 뭐고, 간호사의 역할이 무엇인지, 그런 직업이 언제 생겨났고, 왜 생겨났는지, 왜 화가들은 근대에 와서 일상적 삶의 세계를 그리게 되었는지 관심이 없지요. 왜 공회나, 교황이나, 사건이나, 지도자만 중심에 놓고 교회사를 가르쳐야 합니까?

사실 이 내용을 가지고 2007년 5월 〈목회와 신학〉 대담 때 풀러신학교 총장인 리처드 마우Richard Mouw에게 물은 적이 있습니다. 평신도 사역을 위한 커리큘럼을 어떻게 운영하느냐 물었더니 풀러신학교에는 '평신도 사역 연구소'가 있다고 하더군요. 그래서 그곳에서 연구한 것이 커리큘럼에 반영되는지도 물었어요. 실상 그렇지 않다고 하더군요. 전통적인 네 가지 분야, 즉 성경신학, 조직신학, 역사신학, 실천신학이 주류를 이룬다는 뜻이에요. 이런 분류는 현대신학의 아버지로 불리는 슐라이어마허F. Schleiermacher가 도입한 방식입니다. 겨우 200년의 역사를 가진 방식인데, 지금은 거기에 '기독교 윤리학', '기독교 상담학' 등을 좀 더 붙여서 신학교를 운영하는 것이죠. 사실 이건 학문적인 분류 방식이지, 목회자를 양성하는 신학교 커리큘럼 분류로는 적당하지 않아요.

한국에 있는 대부분의 신학교는 대학에 있는 신학대학, 곧 'Divinity School' 또는 'School of Theology'가 아니라, 그야말로 각 교파의 신학교 곧 세미나리Seminary인데, 단어 뜻을 보십시오. '세미나리'는 라틴어 세미나리움Seminarium, 곧 '모판'에서 온 말이에요. 세멘Semen은 씨를 뜻하지요. 볍씨나 고추씨를 뿌려서 키워 내는 모판, 이것이 세미나리의 어원이에요. 신학교는 이렇게 보면 일종의 '양성소'예요. 목회자를 키워 내는 양성소. 그런데 이걸 '신학대학원'이라 부르니 무슨 대단한 학문을 하는 곳으로 착각하는 거지요. 그런데 보십시오. 슐라이어마허 이후 근대 신학교육은 마치 학자를 키워 내는 것으로 오해하게 되었습니다. 커리큘럼을 그렇게 짰지요. 신학 교육의 목적, 방법, 과정을 전적으로 바꾸지 않으면 성도들이 그리스도의 키만큼 성숙한 사람, 온전한 사람(엡 4:13)으로 자라가고 그리스도의 일꾼으로 섬기도록 훈련할 수 없습니다.

양희송 그런 면에서 학자를 양성하는 신학대학, 목회자를 양성하는 교단 신학교 외에 평신도 기독전문인을 키울 수 있는 기독교 대학원Graduate School of Christian Studies이 꼭 필요하다고 생각하는데 어떠신지요? 기독 인문학적 교양과 전문 분야에서 기독교적 사고를 발전시킬 수 있는 커리큘럼을 갖춘 교육기관이 절실하다고 생각합니다.

강영안 목회자나 평신도 모두에게 필요하지요. 양쪽 다 훈련이 필요해요. 하나는 목회자들을 훈련시켜서 평신도를 훈련하는 것이죠. 그런 훈련 목회, 다른 말로 '구비 목회equipping ministry'를 할 수 있도록 훈련하는 커리큘럼이 필요해요. 전문 영역에서 활동하는 평신도 사역자들을 훈련시킬 훈련 센터도 있으면 좋겠어요. 현재 개신교인이 전체 인구의 20퍼센트밖에 안 되니 기독교 발전 단계에서는 여전히 전도 활동이 필요하다고 봅니다. 동시에 이미 예수 그리스도를 주님으로 고백하는 사람들이 주 되심을 교회에서뿐 아니라 내면적 삶과 일상에서도 실천하도록 해야 한다고 봅니다. 이것이 한국 교회가 현 단계에서 해야 할 일입니다.

함께 있을 수 없는 자,

사람들은 일상보다는 이상, 혹은 비상非常한 삶을 추구합니다. 이성적 삶을 이루려면 일상적으로 살면 안 된다고 생각하지요. 특별히 종교는 일상적이지 않고 비상하고 특별하다는 생각이 지배적이죠.

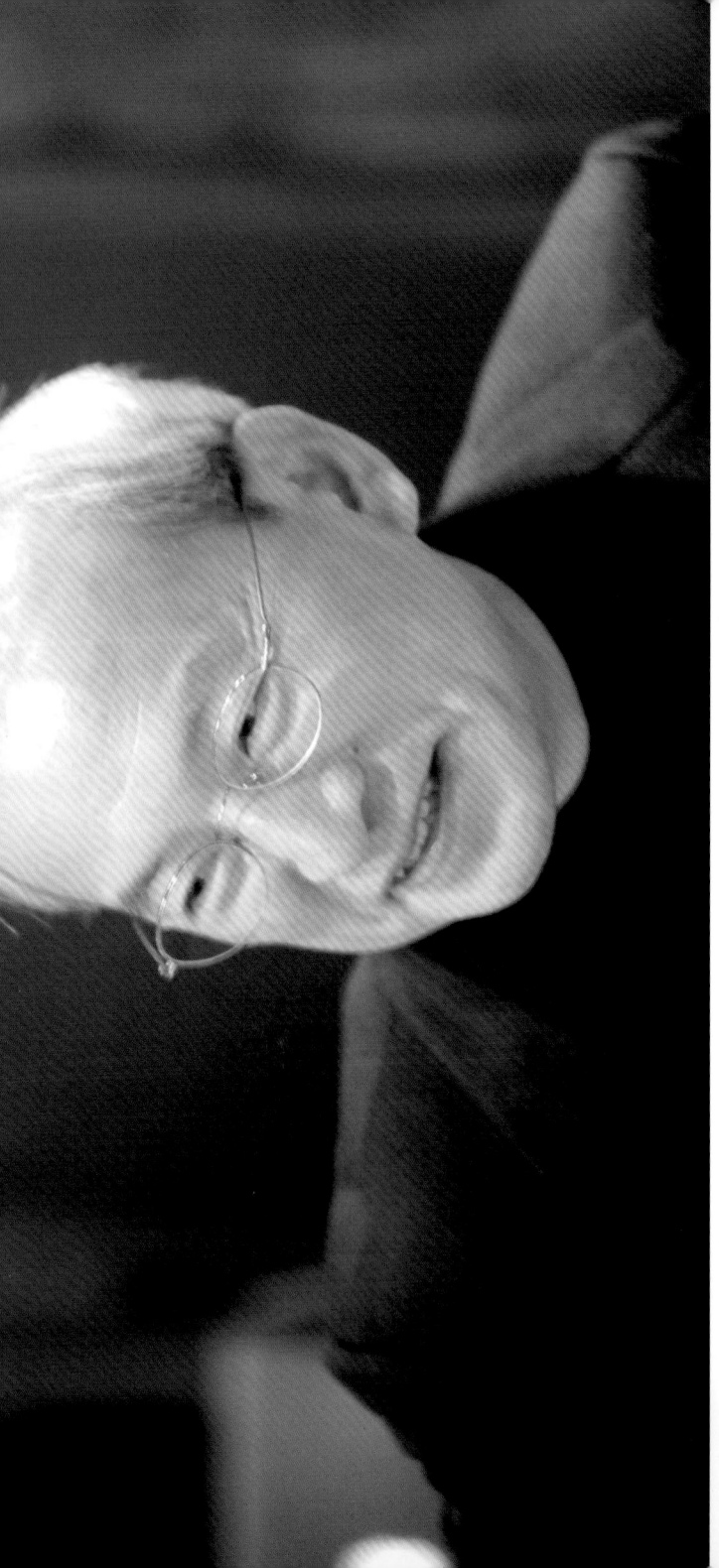

우리에게는 종교가 마치 비일상이고 초일상인 것처럼 생각되는 부분이 강하지요.

그런데 과연 그런가 물어보아지요.

종교를 생각하기 전에 일상을 먼저 생각해 보아야 할 것 같아요.

도대체 일상日常이란 무엇인가?

일상은 어떻게 돌아가는가?

일상은 무엇으로 구성되는가?

일상이란 가장 순쉽게 이야기하자면 '늘 같은 하루', '그날이 그날 같은 날', '늘 같은 삶'이지요.

이 일상은 몇 가지 특징이 있어요.

철학자들은 죽음을 어떻게 이해하나요? 한없이 다양할까요, 어느 정도 수렴된다고 볼 수 있을까요?

크게 두 가지로 볼 수 있습니다.

소크라테스의 죽음이나 공자나 노자의 죽음에서 볼 수 있는 죽음 이해가 하나이고,

다른 하나는 예수 그리스도의 죽음에서 보이는 이해입니다.

두 가지 죽음이 아주 대조됩니다.

2007년 중반에 병으로 몇 달 동안 치료를 받고 활동을 많이 줄여 한두 해를 쉬며 지내셨는데, 그 과정을 겪으면서 어떤 생각을 하셨나요?

신체적 질병이라 해도 정신적 고통이 더 클 수 있다는 걸 경험했어요.

신체적 고통은 마취제를 쓴다든지, 관심을 돌린다든지 해서 어느 정도 망각이 가능해요.

하지만 정신적 고통은 벗어나기가 쉽지 않아요.

정신적 고통이 보잘은 내 경험으로는 단절, 끊어짐이었어요.

관계의 끊어짐이지요.

철저하게 홀로 되는 경험 말입니다.

저는 '교계church society' 패러다임에서 '기독교 사회christian society' 패러다임으로 넘어가야 한다고 생각합니다. 목회자는 기독교 사회를 이루는 다양한 영역과 그룹의 한 부분이고, 이들은 목회 전문가로서 분명한 입지가 있습니다. 그러나 한국 교회가 교육 문제를 다루어야 한다면, 교육 전문가, 사학 운영자, 교사 집단, 학부모 집단 등 한국 개신교 사회를 구성하는 다양한 그룹 중에서 교육과 관련 있는 이들의 발언을 먼저 경청해야 한다고 봅니다.

얼마 전에 방송국에서 기독교에 비판적인 프로그램을 방영한 적이 있어요. 한기총을 중심으로 거세게 항의했더니, 방송국에서 그 프로그램 마지막에 한기총 대표의 의견을 이야기하도록 했다고 해요. 그런데 나오지 않는 것이 더 나았겠다는 의견을 들었어요. 전혀 설득력 없는 이야기였다지요. 그런 상황을 보면서 "목사님들이 다 선수가 됐구나"라는 생각이 떠올랐어요. 목사님들이 모두 선수가 되어 공도 차고, 운동장을 누빈다는 말입니다. 한국 사회에서 기독교적 목소리를 내는 주요 역할을 목사님들이 맡으려 해요. 마치 현장에서 뛰는 선수처럼. 대단한 착각입니다. 목사님들은 선수가 아니라 성도들을 키워 내고 양육하는 코치 역할을 해야 합니다. 축구로 말하자면 벤치에 앉아서 코치 일을 보아야 해요. 선수로 뛰는 것은 성도들이에요. 경제나 정치나 문화 영역은 그 분야의 전문 지식을 갖춘 성도들이 해야 합니다.

'삶 전체가 예배다'라는 측면은 잘 살펴보았는데, 이제 반대로 소위 '공예배' 이야기를 해보면 좋겠습니다. 성도들이 예배에 참여하는 수준은 어떻게 정할 수 있을까요? 대표적으로 '평신도'가 설교를 하는 것이 가능하냐, 바람직하냐는 논란도 있었지요.

중요한 질문입니다. 목회와 일상의 관계를 내가 설명한 방식으로 이해한다면, 평신도 사역자가 말씀으로 섬기는 일, 특히 전문적인 이슈를 가지고 설교하거나, 성경공부를 하거나, 교육을 하는 일에 참여하는 것은 당연합니다. 목사님들은 그리스도의 성품이 어떠하며, 하나님 나라가 어떤 방식으로 임하고, 성경의 가르침이 무엇인지 포괄적 내용만 다루어도 상당한 영향을 미칠 수 있어요. 좀더 세부적인 영역, 그러니까 정치, 경제, 사회, 문화 등의 세부 영역은 평신도 사역자가 섬길 수 있게 목회자들이 그들에게 섬김 공간을 주어야 합니다.

1970년대 이후 한국 개신교가 급속하게 규모를 키우던 때의 전형적인 전도 방법이나 집회 방식은 한 가지 모델을 반드듯 늘리거나 강도를 높이면서 반복적으로 사용하는 것이었습니다. <사영리> 같은 전도 책자로 단순하고 정형화된 내용을 복음의 핵심으로 전도해 왔고, 대형 집회나 부흥회 등은 주로 사람들을 압도하는 스케일로 개최하고 정서적 임재감이 강하게 고양되도록 했지요. 그런 것이 반복적으로 오랜 기간 축적되어 오늘날 복음주의 내 대중 정서의 밑바탕을 이룰 뿐 아니라, 공동체 내부를 규율하는 방식과 바깥을 대하는 태도에 뿌리 내린 것이 아닌가 싶습니다. 만약 이런 진단이 틀리지 않다면 어떻게 기독교 신앙 안에서 개체성을 중요한 특질로 재발견하고 그것을 고양시킬까 하는 질문이 아주 크게 다가옵니다.

시간 순서로 보면 개체성 확립이 우선입니다. 그러나 그 개체는 개체로 머물지 않고 공동체의 일원으로 성장해 가야 합니다. 공동체의 일원이 된다는 것이 개체를 성장시켜 주는 요소이기도 하구요. 이렇게 본다면 개체성 강조에만 머물 게 아니라 공동체의 일원으로 행동하고 사고하는 데까지 성장하도록 도와야죠.

홀로 있을 수 없다.

6장_ 교회

개인인가 공동체인가

양희송 기독교 신앙의 중심은 '개인'입니까, '공동체'입니까?

강영안 둘 다죠. 개인도 중심이고 공동체도 중심이죠. 하나님과 나의 관계에서 보면 개인이 먼저라고 할 텐데, 이때 개인은 하나님 앞에 선 개인이에요. 리처드 마우가 《명령하시는 하나님The God Who Commands》이란 책에서 '발가벗은 자신naked self'이라 부른 개인이지요. 그런데 '발가벗은 자신'은 언제나 하나님 백성의 공동체인 교회 공동체의 일원으로 부름 받아요. 교회 공동체는 언제나 '나'보다 선행해요. 철학에서 자주 쓰는 라틴어로 하자면 아프리오리a priori하게, 선험적으로 존재하는 것이 교회 공동체라고 봅니다. 그런데 교회 공동체 안에서 나는 아무런 구별이 안 되는 존재가 아니라 독특한 개인으로 고유성을 가진다고 봐야죠. 몸과 관련해서 바울이 사용하는 메타포나 여러 은사들을 보면 공동체 안에서의 유기적 관계와 개인의 독특성, 고유성 모두 중요하다고 할 수밖에 없죠.

양희송 너무 무난한 대답이십니다. (웃음) 제가 겪은 사례를 하나 말씀드리죠. 1996년 미국에서 한 선교대회에 참석했는데, 한국인 참가자 모임에서 있었던 일입니다. 흔히 하듯 쭉 돌아가면서 자기소개를 하는데 한 여학생이 말없이 그냥 넘어가려고 하더군요. 다들 소개하라고 부추겼지요. 그런데 영어로 딱 한마디 하고 고개를 푹 떨구는 겁니다. "I'm saturated with Christianity나는 기독교로 포화 상태다." 순간 분위기가 얼어붙었습니다. 나중에 말을 걸어 보니 부모님은 교회 일 열심히 하시는 신실한 그리스도인이고, 자녀를 신앙으로 키우려고 이런 수련회에도 보내는데 자신은 전혀 내면화되지 않아 질식할 것 같다는 것입니다. 이 친구는 종교적인 가정 분위기와 부모님의 기대에 맞추려고 노력할수록 더 위선적인 사람이 되는 고통 가운데 있었던 거죠. 기독교로 포화 상태라고 느낄 정도로 '기독교 문화', '기독교 공동체' 안에 살고 있지만 자신에게 정직하려고 하면 오히려 그 안에서 이질감을 느끼고 있었습니다. 기독교 신앙은 개인에서 출발하는가, 공동체에서 출발하는가 하는 질문이 이런 곳에서 제기됩니다.

또 하나 사례는 키에르케고어입니다. 덴마크라는 '기독교국가Christendom'에 살지만 자기 눈에는 이 사회와 국가가 전혀 기독교적이지 않다고 느끼는 이율배반적 상황에 있습니다. 이런 경우 한 개인으로서 참된 기독교 신앙을 유지하려면 주변의 모든 집단과 문화에 대해, 설령 그것이 기독교의 이름을 내건 사회와 문화라 하더라도, 투쟁을 벌이게 됩니다. 본회퍼가 그랬고 키에르케고어가 그랬습니다. 이런 상황을 파고들어 가면 결국 하나님 앞에 개인으로 서는 것이 우선이냐, 공동체가 우선이냐는 질문이 충돌하면서 드러날 수밖에 없습니다. 한국 교회에서 젊은 세대를 비롯해 많은 이들이 점점 신앙 공동체의 논리에 동의하지 못하는 이유는 어느새 우리가 공동체가 개인에 우선한다는 입장, 어찌 보면 '교회 밖에 구원 없다'는 중세교회적 구호를 상기시키는 상황에 있어서 그렇지 않은가 싶습니다.

강영안 '개인'과 '공동체'는 여러 의미로 쓰일 수 있어요. 예로 든 여학생이 '나는 기독교로 너무 꽉 찼다. 내 주변 친구들이나 부모에게 완전히 포위되어서 진절머리가 난다'라고 했을 때, 자신을 에워싼 기독교, 나아가서 사회는 자신의 정체성을 세우고 충분히 자기성을 발휘할 수 없는 집단으로서의 공동체가 아닐까 해요. 여기서 개인은 전체의 한 부분에 지나지 않아 전체와 따로 노는 느낌을 갖게 되죠. 키에르케고어가 싸운 덴마크의 국가 교회는 신앙의 진정성을 잃어버린 교회였어요. 이런 교회는 양심 있는 개인들의 유기적 공동체가 아니라 개별성을 잃어버린 전체 집단이지요. 교회가 일종의 '익명의 집단', 혹은 전체성totality의 기관이 되어 버린 거죠. 전체성은 진정한 개체에게 의미를 주지 않습니다. 그래서 진정한 개체를 키에르케고어는 '단독자'란 이름으로 구별하고자 했습니다. 단독자, 외톨이는 무엇보다 하나님과 일대일 관계에서 존재 의미를 얻는 존재죠. 이러한 개인은 철저하게 자각적이고, 반성적이며, 철저하게 자기 자신에게 거짓 없이 진실한 존재, 영어로 하자면 'authentic being', 진정한 존재입니다. "대중/집단은 비진리이고 오직 주체성만이 진리다"라는 키에르케고어의 말을 이런 배경에서 이해할 수 있습니다.

양희송 제 질문은 결국 그 '전체성'을 종종 '기독교'라고 착각하지 않느냐 하는 것입니다.

강영안 현재 한국 교회의 부정적인 측면을 많이 보기 때문에 개인과 공동체를 구별해서 개인으로 목소리를 내고 싶은 욕구가 교회 안의 젊은이들에게 있다고 생각합니다. 그런데 이때의 개인은 '하나님 앞에 선 단독자'라기보다는 '사회적 개인'이 아닐까 생각해요. 이러한 개인은 마우가 칼뱅과 관련해서 말한 '발가벗은 자신'과는 구별된다고 봐요. 본회퍼의 《신도의 공동생활 Gemeinsames Leben》을 보면 이런 말이 있습니다. "홀로 있을 수 없는 자는 함께 있을 수 없고, 함께 있을 수 없는 자는 홀로 있을 수 없다." 대학 시절에 이 책을 읽었는데 다른 말은 다 잊고 이 말만 뇌리에 깊이 박혔어요. 사람이 홀로 하나님 앞에 설 수 있어야, 홀로 하나님 앞에 엎드릴 수 있어야 형제자매와 공동체를 형성할 수 있는 조건이 되죠. 동시에, 형제자매와 공동체에서 함께 있다는 것이 하나님 앞에 홀로 엎드리는 조건이기도 합니다. 그런 의미에서 신앙이 개인적이냐 공동체적이냐 하는 것은 상황에 따라 이해해야 합니다. 요컨대 개인과 공동체 사이에는 상호관계가 존재한다고 다시 말할 수밖에 없네요.

양희송 제가 기독교는 개인에서 출발하는가, 공동체에서 출발하는가 하는 질문을 던졌습니다만, 그 까닭은 요즘 들어 교회에서 공동체를 강조하는데 그리 흔쾌히 받아들여지지 않기 때문입니다. 기독교 전통에는 '개인주의'라고 부를 만한 요소, 즉 개인을 집단의 부분이나 구성 요소로 환원하지 않고 그 자체로 완결된 존재로 여기는 독특성이 있지요.

강영안 맞습니다. 나는 그 점이 사실상 기독교 문화가 다른 문화나 종교와 다른 가장 독특한 지점이라고 생각합니다. 우리 신앙이 개인성 혹은 인격성에 뿌리를 둔 것은 이 때문이겠지요. '개인성'이나 '인격성'은 하나님의 속성을 대변하거든요. 하나님은 만유를 지으시고 만유를 품으신 분이시고 만유 가운데서도 만유이시지만 그럼에도 홀로 계시는 분이고 인격적 분이라고 고백하지 않나요? 하나님이 인격적이란 말은 의지가 있고 지성이 있으며 대화할 수 있는, 그분 나름의 공간을 가지고 있고 당신의 판단과 생각에 따라 함께 대화할 수 있는 분이라는 말이죠. 인간이 하나님을 닮은 점이라고 저는 생각해요. 그렇기 때문에 우리는 개인의 개인성과 인격성을 존중할 수 있습니다.

양희송 부정적 의미의 개인주의로 흐를 수도 있지만 개인성은 기독교에서 늘 본질적인 위치를 차지해 왔다고 생각합니다. 그런데 기독교의 아주 독특한 면이라고 표현하신 개인성을 인정하면서 공동체를 강조하기보다, 무비판적인 '집단주의'라고 불러야 할 것을

'공동체'라고 강변하는 경우가 많아지는 것 같습니다. 이런 상황은 교회 공동체가 규모와 존재감을 갖게 되면 언제나 일어나는 것 같습니다. 중세에도 그랬고, 한국 개신교도 완전한 하위문화로 자리 잡아, 태어나서 죽을 때까지 주요한 삶의 필요(교육, 직업, 결혼, 문화 등)를 그 집단 바깥으로 나가지 않고도 거의 다 해결할 수 있는 상황이 되었습니다. 기독교 간판을 내건 집단 문화에 불가항력적으로 노출될 때, 이런 흐름을 거스를 수 없기에 편승할 것인가, 아니면 키에르케고어같이 단독자를 선택해야 하는가 묻게 됩니다. 압도적 수의 열세 앞에서도 옳고 그름은 하나님 앞에서 홀로 판단 받는다는 처절한 신앙고백과 자기인식이 지금 필요하지 않은가 싶습니다. 교회의 문화, 관행, 숫자에 굴복할 것이 아니라, 개인성에 대한 기독교 고유의 강조점을 급진적으로 재발견하고 회복해야 한다는 생각이 듭니다.

강영안 유교의 경우, 집단의 기본 단위는 가정이에요. 부모, 자식, 남편, 아내가 있는 집단을 상정하지요. 거기에 근거해서 부부 관계를 규정하고, 형과 아우 사이를 구별하지요. 그래서 유교에서 "부모님께 효도하고 형제간에 우애를 나누는" 효제孝悌가 중요합니다. 이것이 확장되면 "국가에 충성하고 이웃 간에는 신뢰를 보이는" 충신忠信이 나옵니다. 효제충신은 유교에서 가장 기본적인 삶의 방식입니다. 유교에 수기修己 개념이 있지요. 자신己을 닦는修 것이지요. 되돌아 자신을 살펴보는 것이 중요해요. 반성反省은 이를 두고 하는 말이지요. 그리고 수기 가운데서도 신독愼獨이 매우 중요해요. 홀로 있을 때, 하나님을 마주한 것처럼對越上帝 생각하고 자신의 몸가짐에 조심해야 한다는 것이지요. 그러나 역시 유교의 '자기'는 가족관계와 사회관계의 연관에 있기 때문에 기독교에서 '하나님 앞에 선 단독자로서 자기' 개념을 가지고 개인성과 인격성을 말하는 것보다는 약해요. 불교에서는 모든 사물을 연기緣起적 존재, 즉 원인과 결과로 얽힌 관계로 보기 때문에 엄밀한 의미에서 개별성이나 인격성을 말하기가 힘들어요.

그에 반해 기독교 전통에서는 하나님의 본성 자체를 반영하는 의미에서 개별성, 개인성이 강조되는 동시에 공동체에도 의미를 부여해 왔습니다. 고린도전서 12장에 보면 그리스도의 공동체를 몸에 비유합니다. 몸을 떠나서 지체가 존재할 수 없는 것처럼 교회라는 공동체에 속한 사람들은 상호연관 관계에 있다는 것이지요. 그럼에도 교회는 개인성, 개별성, 또는 개인의 책임성 위에서 형성되는 것이지, 그런 것이 아직 형성되지 않은 상황에서는 성숙한 공동체란 불가능합니다. 왜냐하면 그것은 일종의 집단성이기 때문입니다.

집단성collectivity은 공동체community와 구분해야 합니다. 한국 교회는 신앙의 공동체성이 강조되는가, 개인성이 강조되는가 묻는다면, 물론 추정할 수밖에 없겠지만 기독교 전래 초기에는 개인성을 강조했던 반면 갈수록 공동체성을 강조한다고 생각해요. 여기에는 시대적 맥락이 있다고 봐요. 유교적 공동체 중심주의로 개인이 희생당하는 상황에서 복음이 들어왔는데, 기독교는 한 사람의 개인성을 중요하게 생각하고 강조했지요. 특히 여성의 경우 가정에 매인 존재가 아니라 하나의 인격으로 그들의 개별성이 강조되었습니다. 반대로 오늘날에는 자본주의가 삶의 양식으로 자리 잡으면서 개인주의가 우리 삶을 위협하는 경험을 하는 것이지요. 이런 상황에서 사회나 교회나 공동체성을 다시 강조한다고 볼 수 있어요. 이러한 시대적 맥락을 고려해야 합니다. 공동체를 강조하다가 미성숙한 인간을 대량 생산한다든지, 각 개인이 단독자로 '코람데오coram Deo', 즉 '하나님 앞에서' 사는 데 무관심해지는 상황을 초래한다면 저항해야지요.

양희송 서구적 개인주의에 대한 반동으로 공동체 강조가 쉽게 정당화되는 것은 사실입니다. 성경적 근거도 쉽게 찾을 수 있고요. 그러나 그런 이야기에서 늘 간과하는 지점이 있는 것 같습니다. 만약 개체성이 중요하다는 인식이 살아남아 있었다면, 서로 다른 것을 포용해 주는 태도인 '관용', 요즘 똘레랑스tolerance라고 부르는 그것이 교회의 주요한 특징으로 나타나야 마땅합니다. 그런데 공동체 이야기를 하면 '다양성'보다는 '동질성'만 잔뜩 강조하고, 포용력이나 인내심은 점점 잃어 가는 것 아닌가 싶습니다.

강영안 재미난 지적입니다. 그것은 공동체성의 변질이라고 봐야겠지요. 성숙한 개인성이 전제되어 있어야 진정한 의미의 공동체이지, 그것이 없으면 그냥 집단이지요. 동질성을 강조할수록 집단성이 강화됩니다. 타자성他者性이, 심지어는 이질성異質性이 어우러져서 색깔을 낼 때라야 진정한 공동체가 가능합니다. 기독교 신앙으로 제한해서 이야기하자면, 에베소서에서 강조하듯, 한 하나님, 한 성령, 한 주님을 고백하면서도 색깔의 차이는 존재할 수 있다는 것입니다. 관심이나 직업이나 처한 상황은, 죄가 아닌 한 '선의 씨앗seed of goodness'이 될 수 있고, 선을 확장할 수 있는 매개체가 된다면 공동체의 한 부분으로 수용해야 진정한 의미에서 공동체입니다. 다른 색깔이나 다른 모양을 배제해 버리고 완전히 동질화한다면 그것은 폭력이지요. 사실 그런 의미의 공동체는 생명을 자라고 번성하게 하기보다는 질식시키고 죽인다고 봐요. 공동체의 강조는 살림의 방향으로 나아가야지 죽임의 방향으로 나아갈 수는 없지 않겠어요?

양희송 1970년대 이후 한국 개신교가 급속하게 규모를 키우던 때의 전형적인 전도 방법이나 집회 방식은 한 가지 모델을 빈도를 늘리거나 강도를 높이면서 반복적으로 사용하는 것이었습니다. 〈사영리〉 같은 전도 책자로 단순하고 정형화된 내용을 복음의 핵심으로 전도해 왔고, 대형 집회나 부흥회 등은 주로 사람들을 압도하는 스케일로 개최하고 정서적 일체감이 강하게 고양되도록 했지요. 그런 것이 반복적으로 오랜 기간 축적되어 오늘날 복음주의 내 대중 정서의 밑바탕을 이룰 뿐 아니라, 공동체 내부를 규율하는 방식과 바깥을 대하는 태도에 뿌리 내린 것 아닌가 싶습니다. 만약 이런 진단이 틀리지 않다면 어떻게 기독교 신앙 안에서 개체성을 중요한 특질로 재발견하고 그것을 고양시킬까 하는 질문이 아주 크게 다가옵니다.

강영안 시간 순서로 보면 개체성 확립이 우선입니다. 그러나 그 개체는 개체로 머물지 않고 공동체의 일원으로 성장해 가야 합니다. 공동체의 일원이 된다는 것이 개체를 성장시켜 주는 요소이기도 하구요. 이렇게 본다면 개체성 강조에만 머물 게 아니라 공동체의 일원으로 행동하고 사고하는 데까지 성장하도록 도와야죠. 그런데 개체성도 여러 색깔, 여러 모양이 있고 여러 위치에 있을 수 있지요. 그런 것이 어우러져서 하나의 공동체를 이룰 텐데 그것을 가능하게 하는 것은 하나의 신앙고백이죠.

그런 의미에서 공동체에서 가장 중요한 것은 신앙고백이라고 생각해요. 예를 들어 공산주의자에게 '공산주의 선언Communist Manifesto'이 있다면, 그리스도인에게는 '신경信經, creed' 즉 신앙고백이 있어요. 모든 기독교 전통을 하나로 묶어 주는 공동의 신앙고백으로 '사도신경Apostles' Creed', '아타나시우스 신경Athanasian Creed', '니케아-콘스탄티노플 신경Nicene-Constantinople Creed'이 있습니다. 다 같은 신앙고백을 하면서도 기독교에는 여러 갈래가 있습니다. 가톨릭도 있고, 그리스 정교회도 있고, 프로테스탄트 교회도 있습니다. 프로테스탄트 교회 안에도 여러 갈래가 있습니다. 칼뱅을 따르는 개혁파Reformed 교회가 있고, 루터교, 침례교, 감리교, 오순절 교회도 있지요. 서로 다르지만 이 모든 교회를 하나로 묶는 공통의 요소는 신앙고백입니다. 신앙고백의 일치로 그리스도의 몸된 교회가 서로 다르게 형성되고 성장했지만 하나의 교회로 설 수 있다고 생각합니다.

양희송 신앙고백의 중요성은 인정합니다. 그러나 그것이 말처럼 쉽지 않더라는 것이 교회사의 증거이기도 합니다. 신앙고백은 같은 듯하나 구체적인 사안에서 입장이 달라지면 힘들어하는 경우가 많이 생깁니다. 정치적 사안이나 문화적 취향에서 견해가 갈라지면 차이를 인정하는 것이 아니라 바로 '예수를 믿는다면서 어떻게 그럴 수가 있는가?'로 비약하고 맙니다. 그래서 종종 "우리는 서로 다른 예수를 믿는 것 아닌가?" 하고 반문하게 됩니다.

강영안 지역이나 상황에 따라 서로 다른 전통이 형성된 것, 색깔이 다르거나, 위에 있거나 아래에 있거나, 오른쪽에 있거나 왼쪽에 있거나 누구든 공동체의 일원으로서 형제와 자매로 받아들여야 합니다. 그런 면에서 가톨릭에 대해, 정교회에 대해 형제자매라 이야기해야 하지요. 그런데 현실을 돌아보면 우울한 일들을 많이 봅니다. 한 교회 안에서도 최근 몇 년 사이 여러 문제에 대해 입장의 양극화를 경험했잖아요. 이라크 파병을 할 것이냐, 노무현 정부를 어떻게 봐야 하느냐, 이명박 정부는 어떻게 봐야 할 거냐, 촛불시위에 관해 어떤 입장을 취하느냐 등, 아주 구체적인 문제에 대해 교회 안에서 심한 양극화를 보였습니다. 한 공동체라고 하면서 구체적 사안에서 의견 차이가 발생할 때 어떻게 해야 하는가? 전통적으로는 교회에 의견 차이가 생기면 공의회Council를 열었습니다. 초대교회에서는 니케아 공의회, 콘스탄티노플 공의회, 칼케돈 공의회 등을 열어서 의견 차이를 조정하고 하나의 교회로 나아가는 절차를 밟았습니다.

그런데 우리의 현실은 너무나 다릅니다. 사회적으로, 신앙적으로 심각한 문제에 부딪힐 때 함께 심사숙고할 자리가 없습니다. 노회와 총회는 사실상 일반 성도와 무관한 회의가 되었거든요. 목사와 장로들 모임이고, 성도들이 관심 두고 묻는 물음은 안건으로 올라가지 않아요. 어떤 교회도 그리스도인이 어떻게 생각하며 어떻게 행동해야 할지 교회 입장을 정리하기 위해 숙고하고 결정하지 않아요. 한국 교회가 안고 있는 큰 난관이나 결함이 바로 이 점이 아닐까 생각해요. 내가 '공교회성catholicity' 회복이 필요하다고 보는 까닭이지요. 공교회성은 내가 속한 지역교회만 아니라 이 교회와 저 교회가 다 주 안에서 하나의 교회라는 거죠. 나는 장로교 고신교단에 속하는데, 장로교 통합, 장로교 합동 등 국내의 여러 장로교단 간에 공동의 문제를 놓고 숙고할 수 있는 채널이 없습니다. 연합체가 없는 건 아니에요. 그렇지만 공교회성의 관점을 가지고 연합체들이 활동을 하는 건 아니에요. 한국처럼 복잡한 일이 자주 일어나는 나라에서 성도들이 어떤 입장을 취할지 방향 제시 가능성이 차단되어 있다는 의미입니다. 공교회적인 의견을 모으고 행동을 유도하는 절차가 없기 때문에 이라크 파병이라든지 촛불시위 등을 접하면서 교회 안에서 젊은이들과 기성세대의 견해 차이가 생각보다 훨씬 커지지 않았나 해요.

양희송 공교회성과 관련해서 제가 흥미롭게 생각하는 것이, 공교회성은 내부적으로는 전체 교회를 대표하는 체제를 어떻게 만들 것인가로 집약되고, 대외적으로는 '공적 책임public responsibility'을 어떻게 감당할 것인가로 귀결된다고 보는데, 교구체제parish system를 '공간으로 분할하는 경우'와 '사람으로 분할하는 경우'에서 공적 책임을 이해하는 방식이 꽤 차이 나는 것 같습니다. 공간에 따라 교구를 분할하고, 구심력이 강한 감독제Episcopal를 택하는 가톨릭, 성공회, 감리교 등은 목회활동 외에 교구 안에서 벌어지는 모든 일이 목회적 관심 범위에 포함된다고 생각하는 경향이 강한 것 같습니다. 그에 반해 회중교회congregationalism 전통인 침례교, 오순절 등을 비롯한 대부분의 복음주의 교회가 가진 교회론은 '신자들의 공동체'에 해당합니다. 이들은 교회에 출석하는 사람만을 목회의 대상으로 간주합니다. 이러다 보니 교단 난립 문제도 가세해서 한 건물에 교회가 서너 개 들어오는 경우도 생깁니다. 여기서는 어떤 그리스도인이 교회 바로 옆에 산다 해도 우리 교회에 나오는 사람이 아니면 목회 대상으로 삼으면 안 되지요. 혹은 아무리 멀리 살아도 우리 교회에 출석하면 목회 대상이 되는 것입니다.

회중교회적 전통에서는 '교회 안'과 '교회 바깥'이라는 구분이 가톨릭과는 다른 의미에서 뿌리 깊게 존재합니다. 이들이 '교회 바깥'에 관심을 표명하는 방법은 언제나 '멤버십 확장', 즉 '선교' 아니면 '전도'로 정당화되어야 하는 양상을 보입니다. 그것이 '구제' 또는 '사회봉사'도 종종 '선교'의 일환으로 행해지는 이유입니다. 그러니까 사회적 관심, 정치 참여 등을 놓고 이것이 '선교냐, 아니냐'라는 논란이 나옵니다. '공교회성의 회복'이 모든 교단이나 교회에서 동일한 의미로 받아들여지지 않는다는 이야기입니다.

강영안 기본적으로 개신교는 종교개혁 이후 무수한 분열을 통해, 엄밀한 의미의 공교회성을 상실했다고 봐야겠죠. 저는 여러 점에서 종교개혁을 지지하고 그 전통 안에 계속 머물러 있습니다. 하지만 이러한 분열이 개신교의 최대 비극이라 생각해요. 그런데 한국 교회를 보세요. 각 교단 총회와 교단 연합기구인 한기총이니 NCC 등이 있습니다. 그런데 한기총이나 NCC에서 공교회성의 의미를 찾아볼 수 있습니까? 그렇지 못하다는 점을 분명히 인식해야 해요. 칼뱅은 '보이는 교회'와 '보이지 않는 교회'를 나눌 때 보편성을 갖는 교회는 비가시적 교회, 즉 눈에 보이지 않는 교회라고 생각했거든요. 과거에서 미래에 걸쳐 있고, 전 세계에 확대되어 있는 모든 교회가 결국은 하나의 공교회라는 의미를 갖는 것이죠. 그런데 공교회성을 가톨릭에서는 '교황을 중심으로 한 주교체제'로 의미를 부여하지만 사실 '공교회성'은 '우리가 한 분 주님을 모신다'는 것이 가장 기본입니다. 장로교회든, 루터교회든, 순복음교회든 '한 주님을 모시는 하나의 그리스도의 몸이다'라는 의식이 현재 한국 개신교회에 결여되어 있고 부족하다고 봐야 하지 않을까 싶습니다.

7장_ 개인

개인인가
공동체인가
2

양희송 '개인'과 '공동체'라는 주제를 좀 집요하게 다루어야 할 것 같은데요, 먼저 '개인'에 대한 서구의 전통적 이해는 어떻게 형성되어 있습니까?

강영안 '개인individual'의 어원은 라틴어 '인디비디움individi-um'입니다. '더 이상 쪼갤 수 없다'는 뜻이지요. 이것과 같은 뜻으로 흔히 '원자'로 번역되는 '에이톰atom'이 있지요. 희랍어의 아a와 템네인temnein, 즉 '쪼갤 수 없다'는 말에서 왔지요. 그래서 쪼개고 쪼개다 보면 더 이상 쪼갤 수 없는, '사물을 형성하는 가장 작은 단위'라는 뜻으로 이해한 거죠. 물리적인 실체로서의 우주의 가장 작은 단위를 이야기할 때 '에이톰atom'을 쓴다면, 사회를 구성하는 가장 작은 단위, 즉 더 이상 쪼갤 수 없는 단위를 말할 때 '개체', '개인'이라는 말을 씁니다. 뜻은 같으나 하나는 라틴어에서, 다른 하나는 희랍어에서 왔다는 차이밖에 없어요. '개체', '개인'이란 말을 본격적으로 쓰고 수용한 것은 르네상스 시대라고 보며 그 사상을 싹틔운 것은 히브리 전통, 성경의 전통이라고 볼 수 있습니다.

양희송 성경에서 구체적인 기원이나 용어를 찾을 수 있을까요?

강영안 성경 전통이라고 한다면 인간은 한 개체로서 '하나님의 형상imago Dei'으로 지음 받았다는 데까지 거슬러 올라갑니다. '아담Adam' 또는 히브리어로 '하-아담Ha-Adam'은 '인간'이라는 뜻이지요. 하나님이 인간을 창조하실 때 집합체의 한 부분으로 세우신 것이 아니라, 하나의 완벽한 개체로 당신의 모습대로 빚으셨지요. 무엇과도 뒤섞을 수 없는, 무엇과도 혼동할 수 없는 독특한 개체성을 인간이 가진다는 것이고, 그 개체성의 원천이 바로 하나님 자신이라는 말입니다.

양희송 그 말씀을 되짚어 보면, 그런 개체성을 위반하는 행위는 인간의 본성에도 위배되고 기독교적인 인간 이해에도 위배된다고 할 수 있겠네요?

강영안 그렇죠. 개체성을 위반하는 가장 구체적인 행위가 불의를 행하는 것입니다. 가난한 사람을 억누른다든지, 외국인을 홀대한다든지, 과부의 권리를 무시한다든지 하는 것입니다. 거짓말이나 도적질, 살인이 포함될 수 있겠지만, 이때 피해자들에 대해 하나님이 관심을 보였어요. 성경에는 네 부류의 사람들, 곧 고아와 과부, 가난한 이와 외국인(나그네)이 항상 거론되잖아요. 이 사람들에게 불의를 행하는 게 하나님의 형상으로 지음 받은 인간을 짓밟는 행위가 되는 것이죠. 사실상 엄밀한 의미의 개체성이 존중될 수 있어야 불의의 반대편인 '정의'가 존중될 수 있어요.

교회사 전통에서 이런 의미의 정의를 분명하게 강조한 사람이 '황금의 입'이란 별명이 있는 설교가 요하네스 크리소스토무스Johannes Chrysostomus, 그리고 후대에는 칼뱅이에요. '가난한 자나 고아나 과부에게 불의를 행하는 것은 하나님께 불의를 행하는 것'이라는 게 그들의 공통된 주장입니다. 기독교 정의 개념은 처음부터 '사회 정의'예요. 그리스 전통에서 '정의'라고 할 때는—이들은 신약성경에 '의'로 번역된 디카이오수네dikaiosune라는 단어를 썼습니다만—'올바른 질서'라는 개념이 있어요. '질서order'에는 균형과 조화, 주어진 위치나 자리, 배치 가운데 적절한 몫, 이런 것들이 중요합니다. 얼굴로 비유하자면 도드라질 것은 도드라지고 들어갈 것은 들어가서 균형 있게 질서가 잡힌 상태를 '올바른 질서right order'라고 부를 수 있습니다. 이런 질서를 그리스 사람들은 '디카이오수네dikaiosune', 곧 '정의'란 말로 표현했습니다.

성경의 정의 개념은 두 갈래로 나뉘지 않을까 해요. 일정한 기준을 충족하는 경우와 그렇지 못한 경우 정의와 불의를 이야기할 수 있겠지요. 예컨대 도둑질하지 말라는 법이 있다고 합시다. 이때 법은 기준 역할을 하지요. 이 기준을 어기면 불의가 되고 지키면 정의가 되죠. 그런데 돈 있는 사람은 봐주고 돈 없는 사람은 엄격하게 법을 적용한다면 불의를 행하는 것이죠. 또 다른 정의 개념은 약자의 권리를 보호하고 그들의 억울함을 옹호하는 것과 관련됩니다. 첫 번째 의미와 물론 밀접하게 연관된다고 보아야겠지요. 가난한 자와 고아를 압제하고 그들의 권리를 박탈하는 경우 부자와 권력자에게 이익이 돌아가는 수가 많으므로 두 번째 의미의 정의와 첫 번째 의미의 정의를 결코 분리해서 볼 수 없겠습니다. 여기서 중요한 것은 성경의 정의 개념은 결코 인격과 무관하게 적용되지 않는다는 점입니다. 정의에서 기준이 중요하지만 이 기준은 인격적인 하나님의 뜻에 바탕을 두기 때문에 무조건 기준을 적용하고 법을 시행하는 것과 정의를 실질적으로 세우는 것 사이에 거리가 있지요. 기계적인 적용이 들어설 자리가 없습니다. 언제나 숙고하고, 약자와 피해자의 고통을 고려하는 것이 중요합니다. 이렇게 보면 정의는 하나님과의 관계, 이웃과의 관계에서 실행되고, 옹호되고, 추구된다고 보아야 할 것입니다.

양희송 그런데 역사적으로 보면, 관계성보다는 질서를 옹호하기 위해 신적 기원을 강조하는 경우가 훨씬 두드러지지 않았습니까?

강영안 그렇죠. 오용되었죠. 방금 이야기한 각 개인의 고유성을 인정한다는 것이 권리 개념 아니겠어요? 권리 개념은 집합체에서 분리된 고유한 존재 의미를 인정하지 않으면 형성될 수 없습니다. 로크나 루소, 칸트 같은 자연권natural right 학자들 배후에는 성경적인 권리 개념이 자리 잡고 있어요. 과부, 가난한 자, 나그네처럼 사회에서 소외된 사람들조차도 하나님이 고유한 인격을 부여했고 그렇기 때문에 소외될 수 없는 개개인의 권리가 있는 것이죠. 이 점은 최근에 나온 월터스토프의 《정의: 바른 것들과 틀린 것들 Justice: Rights and Wrongs》의 주제가 되고 있습니다.

양희송 그런데 '개인'의 발견은 중세가 아니라, 르네상스나 계몽주의의 업적이라는 것이 일반 역사나 문화사의 인식인 것 같습니다. 기독교가 제패한 중세에는 개인이 죽고, 반대로 기독교가 비판당하던 시기에 개인이 살아나는 역전이 일어난 이유는 어떻게 이해해야 할까요?

강영안 개체 개념의 성립, 개인의 권리 인정, 인간의 존엄성 인식 등은 르네상스와 계몽주의 덕분이라고 흔히들 말합니다만 관점을 바로잡아야 합니다. 중세를 흔히 '암흑시대'라고 하지만 생각보다는 훨씬 밝고 혁신적인 시대였어요. 사회 제도의 변화, 과학 기술의 발전에서 보면 중세는 뒤진 시대가 아니에요. 르네상스도 생각보다 중세 전통과의 연속성이 있을 뿐 아니라 종교개혁과도 긴밀한 관계가 있습니다. 종교개혁자들 가운데 르네상스의 학문에서 영향을 받지 않은 사람이 없어요. 중요한 것은 '아드 폰테스ad fontes', 즉 '근원, 원천으로 돌아가자'는 사상이에요.

그리스·로마 문화를 보면 인간을 도덕적 존재로 그리는 사상이 있죠. 로마법 전통에서 페르소나persona, 즉 '인격'이라는 개념이 형성돼요. '페르소나'는 일종의 역할 개념입니다. 연극으로 치면 배우 개념이고, 법정에서는 행위에 책임을 지는 인격체 개념으로 발전됩니다. 한 개체가 타인과 구별해서 자기 자신의 행위와 사고에 책임질 수 있는 주체라는 개념이 그리스·로마 전통에서도 생겨난 것이지요. 이런 배경에서 에라스무스의 기독교적 인문주의 운동이 일어납니다. 나중에는 비판하지만 루터나 칼뱅도 에라스무스의 영향을 받았지요. 루터가 진정한 인간을 '코람 데오'의 존재, 곧 하나님 앞에 선 존재로 본 것, 마우가 강조하듯이 칼뱅이 인간을 '발가벗은 자기'로 본 것은 고중세 인문주의 전통에서 자극받은 후 성경을 통해 한 걸음 더 나아가 하나님 앞에 인간을 세워 본 것이 아닌가 생각해요.

양희송 요약하자면, 개인성의 재발견이란 맥락에서 본다면 중세에는 큰 각성이 없었으나 르네상스 시대로 접어들면서 흔히 세속사상이라고 간주하는 그리스·로마 전통의 자극을 통해 기독교 내에서 성경적 정신을 회복하는 흐름이 보였다는 말씀인가요?

강영안 어떻게 보면 하나님의 말씀에 더 충실하게 생각하고 살려는 개혁자들을 르네상스 학문과 문화가 촉발하고 자극했다고 할 수 있겠지요. 개인과 공동체, 인격성의 발견뿐만 아니라 자연과학의 발전, 기술 발전에도 적용되는 이야기예요. 과학기술 가운데 중요한 것들이 중세에 많이 발명되었어요. 풍차, 안경, 지도, 나침반, 시계는 중세의 산물입니다. 그렇지만 자연과학을 연구하는 태도, 자연을 보는 관점은 종교개혁 이후부터 본격적으로 '근대과학'을 성립시키는 방향으로 자리 잡기 시작하지요. 중세까지만 해도 자연을 보는 관점이 인간 중심이고 의인론anthropomorphism의 방식이었어요. 이른바 '기계론적인 자연관'으로 변한 것은 르네상스부터인데, 우트레흐트 대학교에서 과학사를 가르쳤던 호이카스 Reijer Hooykaas 교수가 《종교와 근대과학의 출현 Religion and Rise of Modern Science》에서 그 문제를 장황하게 논증하고 있죠. 그런데 그런 변화가 있게 한 지적 전통은 그리스적 전통이지요. 대신 자연을 전체적으로 이해하는 세계관이나 자연을 연구하는 동기나 배경에는 기독교 정신이 영향을 미쳤다고 할 수 있어요. 가령 베이컨 F. Bacon은, 자연을 '정복의 대상'으로 삼은 철학자라 해서 데카르트와 더불어 오늘날 환경론자들의 비난을 받고 있습니다.《신기관 Novum Organum》(한길사, 2001)에서 베이컨은 "자연은 순종하지 않으면 정복되지 않는다 Natura non nisi parendo vincitur"라고 해요. 여기서 순종한다는 것은 자연 법칙을 발견해서 그 법칙을 따르는 것입니다. 그래야 자연을 정복할 수 있다는 말이지요. 그런데 자연을 연구하고 탐구하고, 심지어 정복하는 동기는 '사랑의 실천'에 있다고 베이컨이 강조해요. 무슨 말이냐면 자연을 개발하고 물질의 풍요를 가져오는 것은 부富에다 부를 첨가한다는 뜻보다는 가난한 사람들을 가난에서 해방시키고 병자들을 병에서 벗어나게 한다는 의미가 있었어요. 그러니까 베이컨이 사랑의 실천을 과학 연구를 추동하는 힘으로 보았다고 호이카스가 지적해요. 자연과학과 기술이 발전하면서 기독교적 동기는 사라지고 인간의 세속적인 욕망만 뒤에 남았다고 해야겠지요.

양희송 서구 지성사에 기독교의 영향은 긍정적이든, 부정적이든 언제나 확인 가능하군요. 그러나 기독교적 배경이나 자취가 충분히 있다는 것만으로는, 시대마다 필수불가결한 대응과 역할을 하지 못했다 해서 기독교를 변호하기에 불충분할 것 같습니다만······.

강영안 그렇지요. 겸손할 필요가 있어요. 앞서 이야기한 대로 개인의 발견, 개인 인권의 중요성을 인식하려면 올바른 질서 유지라는 의미의 정의보다는 권리 개념에 근거한 정의 개념이 필요했지요. 인간을 하나님의 형상으로 지음 받은 존재라고 할 때 이런 의미의 정의는 하나님의 본성에 근거를 둔 개념이지요. 그런데 이러한 정의 개념의 발견조차도 그리스·로마의 지적 전통과 만나면서 가능했다고 해야 옳아요. 이 점은 중요한 교훈을 준다고 생각해요. 그러니까 기독교적 권리 개념, 정의 개념, 인간관, 자연관이 문화와 사회에 영향을 미치고 풍부한 원천과 에너지로서 발동하는 데는 그리스·로마 전통과의 만남이 필요했지요. 오늘날도 성경의 전통과 다른 지적 전통이 만날 때, 내치거나, 세속적이거나 이교도적이라고 판단해서는 안 된다는 교훈을 여기서 얻어야 한다고 생각해요. 성경과는 다른 생각이나 전통과의 만남을 통해 때로는 대결하고 때로는 대화하죠. 그러면서 성경적인 사상은 참을 깨닫게 하고 선과 아름다움을 추구하게 합니다. 결국 모든 세계는 하나님의 세계이고, 모든 진리는 하나님의 진리입니다. 그런데 만일 어디서 참된 것, 선한 것, 아름다운 것, 성스러운 것이 발견된다면 그 원천은 결국 삼위일체 하나님이지, 사탄에게서 올 수 없다는 생각을 해야 되지 않겠어요?

양희송 지금까지 말씀하신 역사적 교훈을 되새겨 보면, 현존하는 기독교 문화나 교회 안에도 기독교의 원래적인 가르침을 억압하거나 가리는 경우가 충분히 있겠다는 생각이 듭니다. 교회나 교회 전통을 절대시하기보다는 늘 비판적으로 검토하는 작업이 필요할 것 같은데요.

강영안 교회 전통을 제대로 보는 데는 시간 거리가 필요합니다. '시간 거리Zeitabstand'는 철학자 가다머Hans-Georg Gadamer에 따르면 무엇을 제대로 이해하기 위한 조건입니다. 나사렛 사람들은 예수를 더 잘 알 것 같지만 실은 그렇지 않았거든요. 예수의 가르침과 능력을 보고서는 어디서 왔는가 물음을 던졌지만 곧장 누구의 형제, 누구의 오빠가 아닌가 하면서 자기 속에 갇히고 말았습니다. 예수가 누군지는 십자가 죽음과 부활 사건 이후에야 사람들이 알 수 있었습니다. 어떤 의미에서 2,000년이 지난 지금, 오히려 예수를 더 잘 알 수 있습니다. 우리가 몸담은 현실, 교회 현실은 정말 상상력으로 거리 두기를 하지 않으면 제대로 보기 힘들 거예요. 상상력이 없는 사람은 비판적 관점을 가질 수 없습니다. 지식인에게 소명이 있다면 무엇보다도 동시대와 시대적 거리 두기가 아닌가 해요. 그렇지 않고서는 볼 수 없어요.

　　동시대와의 거리 두기가 어떤 의미인지 좀더 얘기해 보지요. 포스트모더니즘 논의가 시작되면서 우리는 비로소 근대를 다시 보게 되었어요. 그 이전에는 극히 소수만이 근대의 문제를 깨달았어요. 데카르트나 칸트를 보면 근대를 형성한 사람이면서도 근대의 문제를 동시에 본 철학자들이 아닌가 해요. 독특한 경우입니다. 그러니 그들을 큰 철학자라고 할 수 있지요. 근대를 형성하면서 그 한계를 벗어날 다른 면을 드러내지요. 그렇게 본다는 것이 쉽지 않아요.

양희송 현실의 교회 구조에서 일차적으로 거리두기는 누구의 역할일까요?

강영안 신학자들이지요. 목회자는 현장에 워낙 깊숙이 투입되었기 때문에 동시대와 거리 두기가 거의 불가능하다고 봐요. 떨어져 있으면 볼 수 있는데 그렇게 못하는 거지요. 목회자들이 마음을 다해 성경을 읽고 기도한다면 상상력의 눈이 열리고 현실 상황을 비판적으로 보는 눈이 열린다고 생각합니다. 목회자와 달리 신학자는 교회의 구체적 상황에서 한 걸음 물러선 사람들입니다. 적어도 이론적으로는 신학자들이 전체를 더 잘 볼 수 있어요. 그러나 현실 교회에서 받는 이익에 너무 익숙해져 버리면 그런 눈을 잃어 버려요. 안타까운 일이지만 이게 현실이 아닌가 해요.

양희송 우리 현실에서 그 과제가 만족스럽게 수행되지 않는다면 구조적인 원인이랄까, 그 이유를 지적할 수 있을까요?

강영안 글쎄요, 그것이 뭘까요? 신학자의 경우에는 두 가지가 있을 것 같아요. 첫 번째는 신학자들이 대부분 교단 신학자라는 점이에요. 교단의 목사를 양성하는 일에 시간과 정력을 쏟고 있고 그로 인해 금전적인 이득이나 영향력을 행사하는 한편 교회 정치로부터 희생되는 것을 두려워하기 때문에 한 발을 빼고 볼 여유가 없는 것이지요. 그러다 보니, 아예 관심을 갖지 않는 경우도 있겠지요. 두 번째는 신학자라는 본질적인 위치와 관계가 있습니다. 칸트가 지적하는 점인데 신학자들은 철학자들, 인문학자들과 달리 한 '기관'에 관련된 사람들이거든요. 그 기관이 교회인데, 일반 교인들과 교인들을 가르치는 목사와는 떼려야 뗄 수 없는 관계에 있어요. 칸트는 지적했지요. 대중은 각자의 이익을 추구하고 목회자들은 가능한 한 그런 이익을 충족시키는 방향으로 일하기에 자신들이 원하는 수단이나 충고를 신학자들에게 기대한다고 말이죠. 신학자들의 연구나 발언도 교회 현실이나 사회문화적 현실과 거리를 두고 비판적으로 관조하고 발언하기보다는, 교인들이나 목회자들이 듣고 싶어 하는 이야기를 할 가능성이 상당히 높죠. 이것이 칸트의 진단이에요.

양희송 신학자들은 매우 불행한 위치에 놓여 있군요? (웃음)

강영안 신학자만 그런 것이 아니라 칸트가 지적한 또 다른 두 직업, 의대 교수와 법대 교수도 동일한 범주에 들어갑니다. 의과 대학 교수들은 의사들을 양성하는데, 의사들은 환자들과 연관되어 있잖아요. 마찬가지로 법대 교수들은 변호사나 판사를 키워 내고, 변호사나 판사는 고객의 요구를 만족시켜야 한단 말이죠. 중세 대학의 세 중심 대학, 중심 학부 faculty인 신학부, 법학부, 의학부는 각각 영혼의 질병, 사회 질병, 신체적 질병, 이렇게 모두 질병과 관련되어 있어요. 그러니 대중의 이익과 이해관계를 반영할 수밖에 없어요. 칸트는 이제 그런 비판적 역할을 좁게는 철학자들이, 넓게는 인문학자들이 감당해야 한다고 봐요. 칸트가 말년에 저술한 《학부 간의 논쟁 Streit der Fakultäten》에서 이런 얘기를 하고 있습니다.

양희송 상당히 재미있는데요. 한 가지 흥미로운 부분은 법학이나 의학은 여전히 전문가 집단으로서 사회의 공적 역할 수행자로 여겨지는데, 신학은 종교 분과 혹은 특정 종교의 성직자 양성기관으로 축소되면서 그만큼 공적 영역에서 사라지고 있잖아요.

강영안 배제되었죠. 그건 계몽주의 문화의 소산이에요. 사실 계몽주의 이전까지만 해도, 아니, 계몽주의가 한참 유행할 때만 해도 유럽에서는 공적 역할을 목사들과 신학자들이 했거든요. 정치나 경제, 사회, 문화 각 분야에서 그들의 목소리가 높았고 먹혀 들어갔습니다. 칸트가 활동한 18세기 말만 해도 프로이센 제국에서 경건주의파 출신 목사들의 목소리가 엄청 컸어요. 빌헬름 2세 F. Wilhelm II 치하에 종교 검열이 생기고 종교 문제에 심한 억압이 있었지요. 지금은 신학자나 목회자들의 역할이 공적 영역에서는 거의 없어졌습니다. 중요한 문제에 대해서는 전문가들이나 언론인의 의견이 더 중요해졌지요. 영적 문제, 정신적인 문제는 대부분 심리적인 문제로 환원되고 정신의학자나 정신분석가, 심리상담가가 신학자나 목회자의 역할을 하게 된 것이지요. 서양의 상황에서 보면 이런 것들은 기독교의 세속화가 초래한 현상입니다.

양희송 공적 영역에서 사회적 비판과 방향 제시 기능을 하려면, 교단 신학자들이 공공의 영역으로 돌아오도록 해야 할까요, 아니면 주로 종교적 영역에 관심사를 국한시키고, 기독 철학자나 기독 인문학자들이 공적 영역에 기독교 담론을 제공하는 구조로 힘을 기울여야 할까요?

강영안 둘 다 가능하리라고 생각해요. 현실적으로 넓은 의미에서 기독 인문학자들과 기독 사회과학자들이 목소리를 내는 것, 좀더 확대한다면 기독 학자들이 교회와 사회와 문화 전반에 목소리를 낼 필요가 있습니다. 그 목소리는 기독교 전통과 세속 문화 전통을 모두 고려한 뒤 나오는 온당한 목소리여야 할 것입니다. 다른 하나는 교단에 소속되지 않은 신학교가 필요하다고 할 수 있는데, 교단에 소속되지 않은 연세대나 이화여대 같은 대학 신학부가 있거든요. 그 경우 왜 교회에 영향력 있는 목소리를 내지 못하는가? 이 경우에는 교회와 너무 동떨어져 있는 것이 또 문제입니다. 교단 신학의 경우, 교회와 너무 밀착해서 동시대와 거리 두기가 불가능하고, 교단 신학과 관계없는 일반 대학의 신학자들의 경우, 교회와 너무 멀리 있기 때문에 설득력을 발휘할 공동의 바탕common basis를 잃어버리지 않았나 해요.

꽤 오래전입니다. 이화여대, 홍대, 서강대 교수들 몇이 모여 《주역周易》을 같이 읽은 적이 있어요. 그때 참여한 교수 가운데 지금은 미국 유니온 신학대로 간 정현경 교수가 있었어요. 몇 번 이야기를 나눈 적이 있는데 나는 그분에게 교회 속으로 좀 깊숙이 들어가라고 했습니다. 교회를 설득할 수 있는 공동의 목소리, 교회의 언어, 공통의 언어common language를 찾을 필요가 있다고 말했어요. 그때 이야기할 때는 수긍했는데, 사실 쉬운 일은 아니었어요. 국내의 복음주의 교회는 성경을 텍스트로 생각하고 성경을 에워싼 역사와 우리 현실을 컨텍스트로 생각하는 반면, 정현경 교수는 삶을 텍스트로 생각하고 성경은 삶을 읽어 내는 데 도움을 주는 컨텍스트로 생각하니까 서로 대화 가능한 공통의 언어, 공통의 바탕을 찾기가 불가능하죠. 교회의 일원으로 말하기보다 처음부터 거리를 두고 교회를 대하기 때문에 목소리가 청취될 가능성이 없었던 것입니다. 동시대와 거리를 두려면 교회에 문제가 있더라도 교회에 몸을 담아야 해요. 그리스도의 몸의 일원이고 공동체의 일원이라는 의식이 분명히 있으면서, 동시에 거리 두기를 해야 현실 교회를 제대로 볼 수 있고 말씀에 합당한 교회를 위해 몸부림 칠 수 있죠. 그렇지 않으면 빈들의 소리에 그치겠지요.

신학자나 기독 학자들은 삶의 전반적인 문제를 끊임없이 성찰해야 한다고 믿어요. 삶 전반에 대한 신학적 검토나 철학적 논의를 시도한 예를 지난 세기에서 찾자면 두 전통이 있어요. 하나는 19세기 후반에 일어난 카이퍼 전통Kuyper tradition이에요. 아브라함 카이퍼Abraham Kuyper와 네덜란드를 중심으로 한 이 전통에서는 정치, 경제, 사회, 문화, 과학 등 삶의 모든 분야를 기독교적 관점으로 논했어요. 카이퍼 이후 암스테르담 자유대학교를 중심으로 도이어베이르트H. Dooyeweerd와 폴른호븐Th. Vollenhoven과 그 후예들이 이 작업을 했어요. 경제학 분야에서는 봅 하웃즈바르트Bob Goudzwaard, 기술철학 분야에서는 반 리슨Hendrik Van Riessen과 스후르만Egbert Schuurman, 예술 분야에서는 한스 로크마크르Hans Rookmaaker 등을 들 수 있을 거예요.

다른 하나는 영국에서 등장한 '급진정통주의Radical Orthodoxy'를 들 수 있겠지요. 그레이엄 워드Graham Ward나 존 밀뱅크 John Milbank 등이 대표적인 학자입니다. 이들이 내건 기치는 주목할 만합니다. 카이퍼나 도이어베이르트 전통은 사실 철학을 중심으로 경제학, 미술, 기술철학 등 삶의 모든 문제를 기독교적으로 성찰하자는 것이고, 신학이 토대가 아니에요. 오히려 철학이 토대에 있죠. 그런데 급진정통주의는 신학 자체가 모든 영역을 성찰해야 한다고 봐요. 그러니까 성경 연구나 기독교 전통 연구에 머물 것이 아니라 정치, 경제, 사회, 문화, 예술, 영성 등 전통적으로 신학적 성찰에서 제외된 영역 전체를 성찰해야 한다고 생각하죠. 이 점에서 카이퍼 전통과 급진정통주의는 비슷한 데가 있어요.

미국 칼빈대학에서 철학을 가르치는 제이미 스미스James K. A. Smith가 2004년에 급진 정통주의에 관한 책을 썼습니다.《급진 정통주의 신학Introducing Radical Orthodoxy: Mapping a Post-secular Theology》(CLC, 2011)이란 제목의 번역서도 나와 있는데요. 한국의 기독교 지성인이나 기독학자들에게 이런 기독교 철학적 교양, 신학적 교양이 전문 학문에 아주 유용한 기본적 교양이 될 수 있다고 생각합니다. 정치학을 하든, 경제학을 하든, 어떤 분야를 하든지 기독교 철학과 신학 공부는 좋은 바탕이 될 수 있습니다.

8장_ 공동체

극단은 왜 서로 통하는가

양희송 개인 쪽의 극단은 개인주의, 공동체의 극단은 일종의 집단주의collectivism입니다. 기독교적 대답이 어느 한쪽 극단에서 나올 수는 없다는 생각이 드는데요.

강영안 그렇죠. 개인주의냐 집단주의냐, 양 극단은 기독교와 거리가 멀다고 생각합니다. 기독교 사상은 개인주의에 빠지지 않으면서도 개인의 고유성을 존중하고, 국가주의나 민족주의, 전체주의나 집단주의에 빠지지 않으면서 공동체를 소중하게 생각합니다. 개인과 공동체의 고유성과 자립성을 확보하면서 동시에 상호성을 중시하는 것이 기독교적 사고에 가깝다고 할 수 있죠.

그런데 이 질문을 한 까닭이 있겠지요. 오늘날 교회에서 공동체 얘기를 많이 하는데, 신자 한 사람 한 사람의 자각과 반성이 결여된 것 아닌가 하는 우려 때문이겠지요. 오늘의 교회는 개인성,

인격성에 대한 성찰 없이 집단주의에 빠졌다는 혐의를 갖죠. 그런 의미에서 개인주의 쪽으로 진자振子를 옮겨 가고 싶은 생각이 이 질문에 담겨 있지 않았나요?

양희송 교수님께서 쓰신 《주체는 죽었는가》도 이런 고민의 일단이 아닌가 싶은데요. 개인주의를 도덕적 차원에서 이기주의라고 하면 충분치 않을 것 같습니다. 결국 근대적 '주체의 발견'은 이기적으로 보일지 모르나, 개인의 위치를 확립하면서 이루어진 것 아니겠습니까?

강영안 근대사상을 이야기할 때 흔히 '주체의 발견'이라는 말을 씁니다. 르네상스와 관련하여 개인을 이야기할 때 주체는 '세계의 중심으로서의 주체'를 뜻합니다. '주체'라고 할 때 서양 철학에서 갖는 의미는 두 가지입니다. 첫째는 '모든 것의 기초가 된다', 즉 모든 것의 기반이 된다는 뜻이죠. 둘째는 '그 기반이 되는 중심이 곧 자아다'라는 것입니다. 어떤 것의 기반을 찾아가는 사고 자체를 주체사상이라고 볼 수는 없습니다. 그것은 일종의 형이상학적 사상이지요. 예를 들어 눈에 보이는 것들이 있다면 그것을 가능케 한 원인이 있지 않겠습니까? 그렇게 해서 계속 소급해 가면 궁극적인 원인을 찾게 되겠지요. 이것을 '제1원인causa prima'이라고 하는데 그것을 제1질료prima materia, 즉 '원물질'에서 찾을 수도 있고 신에게서 찾을 수도 있어요. 어디서 찾든지 일종의 형이상학적 사고에서 나온 것이죠. 눈에 보이는 것, 주어진 것, 원인을 추적할 수 있는 것들의 '아래에 깔려 있는 것'이 무엇인지 물으면서 비롯된 것입니다. '아래 깔려 있는 것', '아래 놓여 있는 것', 이것을 희랍철학은 '히포케이메논hypokeimenon'이라 불렀습니다. 이 단어는 라틴어로 수브이엑툼subiectum으로 번역되었습니다.

그런데 이 수브이엑툼, 곧 사물에 깔려 있고 모든 것을 떠받쳐 주는 것이 무엇인지 우리가 생각하고 안다고 할 때, 그것의 근거, 바탕, 기초, 기반을 데카르트는 "나는 생각한다, 그러므로 나는 존재한다"라는 명제로 보았습니다. 이것이 근대적 의미의 주체 사상의 출발입니다. 주체의 발견이라는 것은 '기초'나 '기반'이 다름 아닌 '사유하는 자아'라는 말입니다. 사유하는 자아가 중심에 서고, 자아 아닌 모든 것은 주변을 형성하는 것이지요. 주변은 자아를 통해 존재 의미를 부여받거나 발견되거나 인식되기 때문에, 인식과 존재에서 자아 아닌 것들은 자아에 의존할 수밖에 없습니다. 이런 방식으로 보면 타인들, 탁자나 건물이나 컵 같은 타자들, 내가 아닌 다른 것들은 나와 관계해야 나의 상대자로 존재의미를 갖게 됩니다. 내가 다룰 수 있고 처분 가능한 것들이 되죠. 개체성은 강조되지만, 타자를 주변화하는 결과를 가져옵니다. 물론 이것은 형이상학의 차원에서 하는 말입니다. 그러나 이러한 사고는 형이상학에 머물지 않고 윤리학과 사회철학과 관련해서 일정한 결과를 가져옵니다.

양희송 결국 주체가 강조되는 순간, 필연적으로 중심과 주변으로 위계가 생겨날 수밖에 없고, 공동체에 원초적인 문제를 만들어 내게 되겠군요?

강영안 네, 사유의 차원에서 존재의 위계질서가 생기지요. 그렇게 되면 각각이 세계의 중심인 삶의 양식이 만들어지고, 내가 아닌 다른 존재자들을 타자화, 주변화시킬 수밖에 없습니다. 예를 들어 토마스 홉스Thomas Hobbes의 국가 개념을 보십시오. 홉스 철학의 중심 개념 가운데 하나가 '코나투스conatus'입니다. '노력'이라는 뜻이에요. '존재하고자 하는 노력endeavor to be', 이것이 물체뿐만 아니라 인간과 신이 존재 모두를 움직이는 근본 동인입니다. 존재하는 것은 어떤 것이나 자기 존재를 유지하려 애쓴다는 말이지요. 그 결과가 운동motion입니다. '삶은 곧 운동Life is motion'이라고 홉스는 봅니다. 이 운동이 개체 유지의 노력에서 비롯됩니다. 개체의 존재 유지 노력에서 보면 다른 존재자들은 존재 유지에 도움이 되거나 방해가 되는 것들입니다. 나 아닌 다른 것들이 방해가 되면 싸워야 하고, 도움이 되면 이용해야 합니다. 홉스는 이런 원칙 아래 인간 개개인에게 자신의 존재를 주장할 권리가 있다고 보았습니다. 이것이 '자연권natural right'입니다. 쉽게 말하면 '생존권'이죠.

모든 존재가 자기 존재를 유지하려 노력하는데, 이렇게 노력할 수 있는 권리가 자연권입니다. 누구나 생존을 위해서 투쟁할 권리가 있기 때문에 인간은 타인에 대해 늑대Homo homini lupus일 수밖에 없습니다. 이러한 상태, 곧 자연권을 발휘할 수 있는 상태를 홉스는 '자연상태'라 불렀습니다. 만인이 만인에 대항해서 싸우는 전쟁상태bellum omnium contra omnes입니다. 그런데 이성적으로 생각해 보면 이런 상태에서는 살 수 없지 않습니까? 이때 이성은 계산하는 능력입니다. 계산을 해보면 만인의 만인에 대한 전쟁 상태에서는 생존이 불가능하다는 것을 알지요. 그래서 이성으로 만든 것이 '자연법natural law'입니다. 자연법에서 가장 중요한 원칙이 상호성reciprocity이에요. 나도 칼을 뽑지 않을 테니 너도 칼을 뽑지 마라. 그래서 전쟁하지 말고 평화를 유지하자는 것입니다. 그런데 이 평화는 성경에서 말하는 샬롬, 곧 모든 사람이 갖고 있는 기본적인 능력이나 재량이 발휘되어서 풍성한 삶을 산다는 의미에서의 평화가 아닙니다. '전쟁의 부재absence of war'라는 의미에서 평화입니다.

양희송 '벌거벗은 생존naked survival'이네요. (웃음)

강영안 생존survival의 법적 장치가 '국가'죠. 내가 가진 자연권을 국가 권력에 이양함으로써 내 생존을 유지하는 방식이 홉스가 그린 '국가'입니다. 국가 안에서 개인이 안전하고 평화롭게 살 수 있는 방식은 생존권을 주권자에게 완전히 이양하는 것입니다.

양희송 사실상 매우 경찰국가적police state인 발상이 될 것 같습니다.

강영안 그렇게 보이지요. 공포와 두려움이 국가 조직을 형성하는 데 가장 기본적인 정서입니다. 홉스는 철저한 개인주의에서 출발하지만 결과는 국가주의에 도달하는 것으로 나타났습니다. 하나의 극단이 또 다른 극단을 부른 셈이지요.

양희송 그래서 홉스의 책이 《리바이어던, 혹은 교회 및 세속적 공동체의 질료와 형상 및 권력 Leviathan, or The Matter, Forme and Power of a Common-Wealth Ecclesiastical and Civil》인가 봅니다.

강영안 그 리바이어던이 바로 '국가'죠. 그리고 그 국가 이름이 성경에서 말하는 큰 괴물 이름입니다. 성경에 나오는 괴물 '리워야단leviathan'입니다.

양희송 거부할 수도 없고, 환영할 수도 없는 존재가 국가네요?

강영안 근대 국가에서 개인의 생존권을 극단적으로 인정하는 홉스가 체계를 구성하는 방식은 세 단계입니다. 모든 존재는 물리적인physical 것이고 그 물리적인 것의 가장 기본적인 존재 방식은 'endeavor to be', '존재하고자 하는 노력'입니다. 두 번째는 인간학적인 조건에서 '인간은 자기에게 이익이 되는 것은 취하고, 손해가 되는 것은 피한다'입니다. 자기에게 이익이 되면 선이고 고통을 주면 무엇이나 악이 됩니다. 인간은 이익과 손해를 계산하고 선택하는 능력이 있는데, 다름 아니라 이성입니다. 세 번째는 이 두 가지를 토대로 해서 결국 생존을 위해 자기가 가진 것을 포기하고 리바이어던이라는 아주 폭력적인, 그러니까 작은 폭력을 피하기 위해 국가라는 큰 폭력을 도입하게 된 것이죠.

양희송 말씀하신 것을 요약해 보죠. 요컨대 개인성 인정이 중요하지만 그것이 실제 발현될 때 발생할 문제는 주체를 중심에 놓고 벌어지는 타자화, 주변화, 위계화, 만인에 대한 만인의 투쟁상태 등입니다. 결국 이 딜레마를 풀기 위해 홉스 같은 이들은 국가기구를 통한 평화(?)를 제안한 것인데, 이는 개인성을 극단적으로 수용한 것이지만, 역설적으로 강력한 집단주의를 불러들이는 결과를 낳는다는 말씀이네요. 그렇다면 결국 우리의 물음은 기독교 신앙이 이 문제, '개인과 집단의 딜레마'를 어떻게 초월적 가치의 매개를 거쳐 해소하는가가 되겠는데요?

강영안 중요한 물음입니다. 개개 그리스도인이 누구인가, 그리스도인이 몸을 이룬다는 말은 무슨 의미인가, 공동체성은 도대체 무엇인가, 우리가 공동체에 몸담은 이유는 무엇인가, 믿지 않는 사람들과 어울려 지상의 국가나 사회와 어떤 관계를 맺을 것인가 등. 이런 물음은 우리 눈에는 보이지 않지만 이미 왔다고 예수께서 선언하시고invisible and already come but not yet completely established 완성을 기대하는 하나님의 통치The Reign of God를 생각하면 중요합니다.

홉스를 거론한 이유는 데카르트의 '사유하는 자아'와 달리 홉스는 '욕망하는 자아', 곧 철저한 근대적 개인주의의 정치철학을 내세웠기 때문이에요. 그러한 개인주의가 결국 국가주의로 치닫는 모습을 보인다면 주체를 어떻게 드러낼지가 중요해져요. 제가 레비나스E. Levinas에 주목한 이유가 이 물음과 연관 있어요. 레비나스 철학은 모든 것의 기반이 되고 모든 것을 떠받쳐 주는 근거foundation, 중심center으로서 주체가 아니라 타인을, 타자를, 세계를 '아래에서 떠받쳐 주는' 주체, 짐으로 짊어지는 주체를 말하기 때문입니다. 모든 것의 토대가 되고 근거가 되고 중심이 되기 때문에 주체가 아니라, 부름 받고 그렇게 지음 받았기 때문에 아래에서 떠받쳐 준다는 의미에서 주체란 말입니다. 이런 의미의 주체는 차라리 '종從'이라고 부르는 게 옳을 거예요.

양희송 '아래에 서다'는 말을 들으니 'understand'가 바로 떠오릅니다. (웃음)

강영안 관련이 있지요. 모든 것의 존재론적 기반이라기보다는 대신해서 오히려 종이 되어 남의 짐을 짊어지는 주체, 타인의 고통과 세계의 고통을 대신 떠안아서 짊어지는 대속자, 대리자의 주체 개념을 내세웠다는 점에서 레비나스 철학은 아주 중요한 의미를 갖습니다. 이러한 주체 개념은 타인과 타자를 배제하지 않습니다. 오히려 타인과의 관계를 통해 내 삶을 살아가는, 내가 내 삶의 중심이 아니라 타인을 섬기는 것이 삶의 중심이 되는, 패러다임 전환을 가져온다는 점에서 레비나스 철학의 중요성을 이야기할 수 있죠. 이런 관점에서 보면 국가 조직은 아주 애매합니다. 인간의 생존 때문에 국가의 필요성을 인정하더라도, 레비나스에 따르면 국가는 이질적인 것을 허용하지 않으려 하고, 타자를 배제하고 동질화를 추구하는 존재 방식을 가집니다. 국가와 국가 간, 민족과 민족 간 전쟁 상태가 이것을 무엇보다 잘 보여 줍니다. 이 문제를 주제로 삼은 신학자가 예일대 신학대학원 교수인 미로슬라브 볼프Miroslav Volf인데 그의 《배제와 포용Exclusuion and Embrace》은 이 문제를 다룬 탁월한 책이에요. 크로아티아 사람으로서 보스니아 사태를 직접 겪었거든요.

레비나스는 이렇게 말해요. "국가와 공무원이 모르는 눈물이 있다." 아무리 조직화하고 체계화하고 관료화해도 조직이나 체계가 볼 수 없는 삶의 차원이 있다는 말이죠. 기독교 사상이 레비나스 철학을 수용할 수 있는 지점이 여기가 아닌가 생각해요. 개인주의와 전체주의 사이의 변증법적인 운동을 벗어나는 방법은 '초월'의 가능성을 찾는 거죠. 개인이나 공동체 하나만 중심에 놓고 생각하지 않고, 개인성과 공동체성을 동시에 살려 내는 방식이 있습니다.

구체적으로 이야기하면, 예수 그리스도의 성육신과 지상에서의 삶, 하나님 나라의 선포, 십자가를 짊, 그리고 부활. 이러한 예수 그리스도 사건은 개체의 고유성을 충분히 인정하고 존중하고, 충분한 양분을 제공하는 사건입니다. 동시에 예수 그리스도 사건은 공동체를 이루는 사건이에요. 예수의 죽음은 죽음 자체로만 보면 개체의 죽음입니다. 하나님이자 사람이신 분이 십자가에 매달려 돌아가신 사건이지요. 그 사건에 우리가 초대받아서 예수와 함께 죽고 예수와 함께 사는 행위를 상징하는 것이 바로 세례입니다(롬 6장 참조). 예수 그리스도와 함께 죽고 함께 사는 것을 경험하는 주체는 우선 철저히 개체예요. 그런데 이 개체가 경험하는 세례는 예수 그리스도의 죽음과 부활로 형성된 공동체 공간에서 발생합니다. 세례를 통해 내가 그리스도와 함께 죽고 함께 사는 경험을 하지만 세례는 한 공동체의 일원으로 수용되는 사건입니다. 이미 앞서 세례를 받은 자들로 형성된 교회 공동체가 세례에 앞서 있습니다. 예수 그리스도의 죽음과 부활을 통해 생겨난 공동체죠.

예수 그리스도 사건을 개인의 개체성을 확립하는 사건이자 공동체를 세우는 사건으로 본다면 개인과 공동체는 각각 그 고유성을 인정받을 수밖에 없습니다. 개인은 공동체가 될 수 없고 공동체는 개인으로 환원될 수 없는, 다시 말해 비환원적 관계이면서도 예수 그리스도의 죽음과 부활 안에서 하나가 되는 존재 방식이 그리스도인의 존재와 교회의 존재 방식의 특성이 아닌가 해요. 이렇게 본다면 그리스도 안에서의 참된 교회의 모습은 참된 국가, 참된 사회의 모델입니다.

양희송 개인과 공동체를 자리매김하고, 그 안에서 벌어지는 수많은 이슈에 답을 구하는 것은 그리스도인뿐만 아니라 모든 인간이 씨름하는 바 아니겠습니까. 세상 속에서 개인이나 집단 어느 한쪽에 쏠리지 않는 독특한 지점을 찾아내고 그것을 초월과 매개시키는 것이 교회의 본질적인 존재 양식이란 말씀을 하셨습니다. 그런데 이런 노력이나 싸움을 제대로 하지 못한다거나 아예 실패한다는 점이 오늘날 교회가 가장 심하게 비판받는 까닭이 아닌가요?

강영안 미국의 복음주의자 로날드 사이더Ronald Sider가 《그리스도인의 양심 선언Scandal of Evangelical Conscience》(IVP, 2005)에서 이야기하는 것을 보면 한국의 현실과 흡사합니다. 책 제목이 마크 놀Mark Noll의 《복음주의 지성의 스캔들Scandal of Evangelical Mind》(IVP, 2010)과 비슷한데, 놀의 책은 복음주의가 지성 세계에서 어떻게 실패했는가를 보여 줍니다. 반면 사이더는 자칭 '거듭난 그리스도인born again Christian'이 돈과 섹스와 결혼 생활에서 세상과 다를 바 없는 결과를 보인다는 사실을 거론합니다. 일반인들보다 오히려 이혼율이 이른바 '거듭난 그리스도인' 가운데 더 많다는 통계도 있습니다. 한국 교회뿐만 아니라 복음주의 교회 전반이 문제에 봉착해 있습니다. 그런데 이것은 신앙을 개인주의적인 관점에서 보기 때문에 생기는 문제라고 할 수 있어요. 필요할 때는 집단의 이익을 위해 소리를 높이고요. 2002년 초 부시가 이라크에 선전포고를 하고 전쟁을 시작할 때 '남침례교회Southern Baptist Church'는 부시를 지지했습니다. 부시가 소속된 '연합감리교회United Methodist' 같은 경우는 오히려 공식적으로 반대했습니다. 미국의 복음주의자들 중 가장 많은 수가 침례교도입니다. 그들은 집단으로서의 자기 이익을 위해 목소리를 냈지만, 신앙과 관련해서 지극히 개인주의적 선택을 했다고 볼 수 있어요.

양희송 왜 그랬을까요? 미국 복음주의의 행적을 한국 교회가 많이 쫓아가지 않습니까? 한국의 문제는 미국을 쫓아가느라 생기는 건가요?

강영안 한국 교회를 보면 개인주의가 미국보다 덜하다 하겠죠. 그러나 양적으로는 어떨지 몰라도 질적으로는 동일한 상황입니다. 개인주의나 개교회주의가 팽배하지요. 타인에 대해서는 무관심하고, 오직 자신에게만 관심이 있어요. 타인의 가정이나 몸담고 있는 사회에는 무관심하고 자신과 자신의 가정, 특히 내 자식에 대한 관심이 압도적이에요. 구역예배나 공예배에서 기도 제목을 내라고 하면 자기 남편이나 아내, 자식 문제를 가장 많이 내놓거든요. 기도가 그런 식입니다. 기도는 절대자 하나님과 가장 기본적인 관계를 맺는 것인데 '하나님 나라가 이루어지기 원한다'든지, '하나님이 내 주님이 되길 원한다'든지, '하나님을 제대로 알기 원한다'든지보다는, 내 자식 취직 잘되고 시집 장가 잘 가기를 원하는 철저히 개인주의적인 성향이 나타나죠. 반면 교회 이익과 관련된 기도를 할 때는 집단의 이익을 당연시하면서 표출해요. 시청 광장에서 보수적인 기독교인들이 모여 시위하고, 기도회하는 행동은 공동체적 관심보다는 집단적 관심의 표출로 보입니다. 극단적 개인주의는 극단적 집단주의와 공존합니다.

양희송 개인주의와 집단주의가 기묘한 공모관계를 형성했다는 말씀이군요. 어디서부터 문제의 기원을 찾아야 할까요?

강영안 단적으로 이야기하자면 나는 십자가가 없어서 그렇다고 봅니다. 그리스도의 성육신과 그분의 지상의 삶과 고통, 십자가와 부활……. 역사적으로 유일무이한 그리스도 사건이 갖는 의미를 심각하게 받아들이고, 그리스도의 능력을 체험하고, 그분과 함께 살아가지 못하기 때문입니다. 다시 반문할 수 있습니다. 우리가 왜 그렇게 살지 못하냐, 예수 그리스도를 주主로 고백하고 죄 용서를 받으며 살지 않느냐고 되물을 수 있죠. 나는 우리가 십자가의 능력을 체험했고, 더 이상 심판의 두려움에 떨지 않고, 이제는 지옥에 가지 않고 천국에 갈 것이며, 구원받았고 거듭났다는 말을 백 퍼센트 믿어요. 그런데 그것이 복음의 전부일까요? 물론 복음에는 죄 용서도 있고 천국의 약속도 있지만, 복음의 근본은 그리스도와 함께 죽고 그리스도와 함께 사는 것입니다. 예수님은 각자 십자가를 지고 당신을 따르라고 하셨잖아요. 이것을 '제자도discipleship'라고 합니다. 제자도에는 필연적으로 따르는 것이 있습니다. 바로 고난과 고통이에요. '고난이 없는, 고통을 겪지 않는 기독교'가 어느새 형성되고 말았어요. 처음부터 그랬던 것은 아니라고 생각해요. 기독교가 처음 들어왔을 때나 일제 치하에서 예수님을 믿는다는 것은 그 자체가 고난의 대상이 되는 것이었지요. 핍박을 받았고 죽음까지 감수해야 했어요. 그러나 1970년대 이후 경제적으로 잘살게 되고, 우리 사회가 기독교를 별 문제 없이 포용하게 되고, 기독교가 종교 인구에서 다수를 차지한 이후부터 고난 없는 기독교, 십자가 없는 기독교가 생겼어요. 그래서 어느 사이에 제자도와 상관없는 기독교로 변하면서 복음의 능력이 상실되어 버렸다고 생각해요.

양희송 '자기 십자가를 지는 것'을 잃어버리면 개인주의로 흐른다는 것은 쉽게 납득이 됩니다. 그런데 그것이 집단주의와 연결되는 고리는 어떻게 봐야 합니까?

강영안 앞서 이야기했던 홉스나 한국 교회의 경우 개인주의와 집단주의가 동시에 나타나는 이유가 무엇일까요? 철저한 개인주의가 철저한 국가주의가 되는 근본적인 이유는 개인의 존재 방식을 본질적으로 '존재하고자 하는 노력endeavor to be'에서 찾았기 때문입니다. 그 존재는 자기 존재이고, 자기 존재를 유지하려는 노력을 극대화하다 보면 개인주의에 빠질 수 있습니다. 그리고 이 개인주의는 '타자', 즉 자기 존재 외에는 다 배제하려고 합니다. 이러한 개인주의에 빠진 개인들이 모이면 자기를 유지하려는 경향이 극대화된 집단을 이루고, 그 집단의 유지를 위해 모든 것을 수단화하는 집단주의를 가져옵니다.

  집단주의의 극명한 유형으로 20세기에 나치즘nazism, 파시즘fascism이 있었습니다. 나치즘과 파시즘에서는 엄밀한 의미의 개인은 존재하지 않습니다. 오직 민족만이 있고 민족의 생존을 위해 다른 민족을 제거하는 것이 선입니다. 한두 명 제거가 아니라 '완전 제거total exclusion', 이것이 나치즘이 추구한 가치였죠. 나치즘은 '유대인 문제의 최종 해결the final solution of the Jewish question'을 목표로 삼았지요. 한나 아렌트의 《예루살렘의 아이히만Eichman in Jerusalem》이 그 과정을 생생히 보여줍니다. 요컨대 개인주의와 집단주의는 같은 존재론적 기반 위에서 움직일 수밖에 없습니다. 나는 그것은 복음의 핵심과는 철저하게 거리가 있다고 봅니다. 왜냐하면 예수 그리스도 사건은 존재의 근본 원리가 자기 존재 유지가 아니라 '타자를 위한 존재'라는 점을 근본적으로 드러내기 때문입니다. 나는 그 점 때문에 레비나스를 주목했고 신학자 가운데는 본회퍼가 이것을 누구보다 잘 보았다고 생각해요. 본회퍼는 예수를 일컬어 "타자를 위한 존재"라고 했습니다. 예수 그리스도뿐 아니라 예수 그리스도를 따르는 제자들, 예수 그리스도의 교회도 그런 존재라는 말입니다.

  왜 한국 교회가 이런 곤경에 처했나요? 예수 그리스도 사건, 그분의 초청과 명령과는 무관한 신앙 양태가 교회를 형성하도록 버려둔 것이 근본적인 이유죠. 이 맥락에서 본회퍼가 이야기한 것이 '값싼 은혜billige Gnade'입니다. '값싼 은혜'와 대비되는 개념이 '값비싼 은혜teure Gnade'입니다. '값싼 은혜'란 쉽게 하나님의 용서를 받아들이고 하나님이 죄를 용서하셨다고 하면서도 정작 고난은 수용하지 않는, 제자도의 초청에는 응하지 않는 삶을 일컫습니다. 1930년대에 본회퍼가 외친 경고는 당시 독일 교회뿐 아니라 현재 복음주의 교회, 특히 한국 교회를 향한 경고의 의미도 있습니다.

9장_ 십자가

하나님은 무無와
비움 속에 계시는가

양희송 지금 한국 기독교를 냉정하게 바라보면, 세상에서 겪는 문제를 초월적인 영역에 호소해서 푸는 하나의 슬로건 혹은 수사rhetoric로 만족하는 게 신앙이 아닌가 느낄 때가 많습니다.

강영안 종교에는 두 가지 측면이 있죠. 하나는 현실 초월 욕구입니다. '여기가 아닌 저기', 이쪽이 아닌 저쪽으로 초월하려는 욕구가 종교의 한 핵을 이룹니다. 다른 하나는 나의 필요, 나의 현실적 욕구를 초월을 통해 충족시키려는 욕구입니다. 종교를 다른 방식으로 서술할 수도 있지만 욕구의 측면에서 보자면 '여기를 초월해 저기로, 지금을 초월해 영원으로' 넘어가려는 욕구의 표현이자 현재의 필요를 충족시키는 방식으로 종교가 자리 잡습니다. 기독교도 하나의 종교가 되었죠. 만일 이것이 전부라면 이 속에서 세상과 구별되는 삶을 기대할 수 없겠지요.

기독교인도 세상 사람들과 동일한 신체적, 사회적, 문화적 조건에 처해 있기 때문에 많은 점에서 주위 사람들과 공유하는 삶을 살 수밖에 없습니다. 그러나 복음은 삶의 방식에서 세상과 차이를 요구합니다. 어떻게 먹는가, 어떻게 노동하는가, 어떻게 사는가, 무엇을 위하여 사는가, 이 점에서 기독교인은 근본적인 차이가 있습니다. 그럼에도 종교가 된 기독교는 나의 욕구와 나의 필요를 충족시키는 수단이 되어 버렸습니다. 따라서 신앙생활 방식은 기독교인이나 불교인의 차이가 없어 보입니다. 이 땅에 기독교가 들어오기 이전, 그리고 들어온 뒤에도, 예컨대 불교 신자가 신앙 생활하는 방식과 비슷하지 않나 생각됩니다. 숭배 대상이 부처님에서 하나님으로, 예배하는 자리가 절에서 교회로 바뀌었을 뿐, 신앙 행위와 내용은 비슷하지 않은가 하는 거지요. 하나의 종교가 된 기독교는 복음이 요구하는 철저한 삶의 변화를 가져오지 못합니다. 예수처럼, 예수 따라 사는 삶은 종교 생활하듯 하면 찾기가 힘듭니다.

양희송 말씀 들으면서 떠오른 흥미로운 사건이 있습니다. 1970년대 이래 그런 식으로 개인의 욕구를 충족시키는 기독교를 대중들이 봤는데, 그것을 아주 낯설게 그려낸 것이 이창동 감독의 영화 〈밀양密陽〉입니다. 기독교 신앙이 문제를 만들어 내는 상황을 그린 영화입니다. 신학적인 질문이 많이 깔린 것인데, 많은 분들이 단순한 반기독교 영화로 읽었거든요. 그런데 저는 그 영화가 지금 우리가 아는 방식과 다르게 존재하는 또 다른 기독교의 존재 양식을 잘 포착했다는 생각이 들었습니다.

마침 저희가 머무는 이곳 모새골 예배당 벽에 십자가가 음각으로 되어 있는데요. 사실 그것은 재료를 깎아서 십자가를 '만들어 낸' 것이 아니고 벽을 파서 벽면의 빈 공간이 십자가를 '형성하도록' 한 것입니다. '부재를 통한 임재 Presence by Absence'라고나 할까요. 신학 전통에도 '부정의 신학 via negativa'이 있지요. '하나님은 하나님 자체를 통해 드러나지 않고, 하나님 아닌 것을 언급하는 방식으로 드러난다 God is known not through what God is, but through what God is not'죠. 신학적으로나 역사적으로 굉장히 중요한 전통임에도 우리가 〈밀양〉을 이런 방식으로 읽어 내는 시도를 하지 못하고 단순히 반기독교적이라고 반응한 것은 아쉬운 점입니다.

강영안 하하, 이창동 감독이 자신의 영화를 기독교에 대한 음각 영화라고 이야기할지도 모르겠네요. 어떤 의미에서 실존적 물음을 다시 묻게 하는 영화죠. 미국에서 활동한 소설가 리처드 김, 그러니까 김은국 씨의 《순교당한 사람들 the Martyred》(1964)이라는 작품이 있었지요. 우리나라에서는 몇몇 출판사에서 《순교자》로 출간되었습니다. 원제 그대로 보자면 '순교당한 사람들'이죠. 적극적으로가 아니라 그야말로 원하지 않는 순교를 살육당하듯이 죽은 사람…….

양희송 아, '순교자'가 아니라 '순교당한 사람'이었군요.

강영안 영어 제목이 'The Martyred', '순교당한 사람'입니다. 죽고 싶은 마음이 없었지만 죽은 사람들이에요. 이 소설을 유현목 감독이 1965년에 영화로 만들어 발표했지요. 순교자들을 개같이 목숨을 구걸하면서 죽은 사람들로 그리고 있다며, 당시 언론을 보면 교회들이 반기독교 영화라고 들고일어나서 야단이 났었죠. 하나님의 침묵 가운데 오히려 신앙을 저버리지 않고 굳건하게 지킨 신목사는 살아남고, 신앙이 있다고 했으나 사실은 신앙을 저버리고 목숨을 구걸한 지도자들은 순교를 당한 것으로 그려졌지요. 사실 그 영화는 기독 신앙의 의미를 다시 생각하게 만들어요. 〈밀양〉도 그런 의미가 있는 것 같아요. 왜냐면 용서와 고통과 하나님의 부재에 대해 근본적인 물음을 묻거든요. 그런데 말이죠, 사람들이 왜 〈밀양〉을 반기독교적인 영화로 봤을까요?

양희송 문제가 해결되지 않으니까요. 한국의 기독교는 문제를 해결해 주고 해피엔딩으로 이끌고 사람들을 기쁘게 해야 한다는 강박관념이 있습니다. 그러나 〈밀양〉은 주인공이 행복해지지도 않고 불행이 해소되지도 않을 뿐더러 죄의 용서라는 것도 주인공이 가장 받아들일 수 없는 방식으로 제시되고 있어요. 그렇다면 이것은 하나님에 대해 아무것도 말하지 않는 것 아닌가, 기독교를 조롱하는 것 아닌가, 사람들에게 그렇게 읽히는 것 같아요.

강영안 사실 성경의 하나님은 어디에나 현존現存하시면서 때로는 부재不在하는 하나님으로 경험되죠. 시편에 이 면이 드러나지요. 시편 73편 아삽의 시에서도 하나님의 부재 경험이 있고 심지어 시편 23편에서도 하나님의 부재 경험이 배경으로 깔려 있다고 봐요. "내가 사망의 음침한 골짜기로 다닐지라도 해를 두려워하지 않을 것은 주께서 나와 함께하심이라"고 다윗은 말합니다. 하나님의 부재를 경험한 자만이 표현할 수 있는 말이라고 생각해요. 지독한 고통 가운데, 예기치 못한 어두움 속에서 '하나님은 어디 계시는가', '하나님은 왜 나를 버리는가' 의문을 가졌던 사람이, 그 터널을 통과한 다음, 그 가운데서도 하나님이 함께하셨다는 고백을 하게 됩니다.

루이스C. S. Lewis는 아내가 죽고 나서 쓴 《헤아려 본 슬픔A Grief Observed》(홍성사, 2004)에서 이렇게 토로하지요. "일이 잘되어 갈 때는 하나님은 마치 장군처럼 군림하시더니 정작 필요할 때는 침묵하신다"라고 말이지요. 침묵하시는 하나님, 도무지 당신을 '드러내 주시지 않는 하나님', '숨어 계시는 하나님' 말입니다. 이것은 성경에서 보여 주는 아주 중요한 주제죠. 그런데 이 주제를 우리는 견디지 못합니다. 말씀하시는 하나님은 익숙한데, 말씀하지 않으시는 하나님, 침묵하시는 하나님은 낯설지요. 고통을 주시기보다는 좋은 것을 주시는 분, 행복만을 주시는 분이라고 하나님을 생각해 왔기 때문에 신앙에 깊은 골이 생기지 않아요. 그러니까 양각으로만 봐 왔지, 음각으로 깊이 팬 그림자, 그림자를 깊이 안은 하나님을 체험하지 못하는 거지요.

양희송 음각 십자가가 의미가 있는 것은, 십자가를 구성하는 본질적으로 성스러운 재료는 없기 때문입니다. 모든 것이 속된 재료들이지요. 그런데 그것들이 모여서 십자가를 보여 주더라는 겁니다. 반기독교적이고 비기독교적으로 보이는 세속적 삶과 사건들이 얽히고설켜서 하나님의 존재감을 드러내고 있습니다. 십자가는 재료 그 자체의 재질 때문에 드러나지는 않는다는 이야기죠.

강영안 우리에게 주어진 성경이나 교회는 말하자면 양각이에요. 그것은 분명히 새겨져 있고, 듣고 싶으면 펼쳐 읽을 수 있고, 참여하고 싶으면 참여할 수 있어요. 눈에 보이는 교회와 달리, 자연이나 역사 속에서 일어나는 사건들은 쉽게 보이지는 않지만 추적할 수 있고 볼 수 있는 방식으로 주어져요. 그런데 자연과 역사가 빚어 낸 것 가운데 그 자체는 성질이 없으면서, 음각처럼 주어진 사건의 의미가 있지요. 볼 수 있는 사람만이 볼 수 있는 얼굴일 거예요. 십자가 사건도 이런 의미에서 음각이 아닐까 싶어요. 역사적으로 보면 예수는 유대인의 왕으로 몰려 빌라도에 의해 정치범으로 죽었어요. 그런데 그 사건 속에 그야말로 아무 소재도 사용하지 않고서 뚫려 있는 공간이, 세상 사람은 의미를 볼 수 없는 예수 그리스도의 십자가와 부활 사건이 아닐까 해요. 볼 수 있는 사람만이 그 얼굴을 보고, 그 가운데서 하나님의 무한한 사랑을 읽어 낼 수 있지요.

읽어 낸다는 것은 이성의 문제가 아니라 일차적으로 감수성의 문제예요. 역사 속에 나타나신 하나님, 자연 속에 나타나신 하나님의 관심과 사랑은 음각처럼 새겨져 있기 때문에 대부분 스쳐 지나가죠. 그런데 예수 그리스도를 따르는 사람들은 문자로 새겨진 하나님의 말씀을 통해서, 존재하는 공동체를 통해서, 역사와 자연 속에서 하나님이 만든 음각을 확연히 드러내고 그 의미를 명확하게 읽어 내야겠죠. 예수 그리스도는 '숨어 계시는 하나님'을 보여 주는 아이콘이에요. 골로새서 1장 15절에 그리스도를 일컬어 "보이지 않는 하나님의 형상"이라고 말하잖아요. 이때 '형상'이 희랍어로 에이콘eikon, 영어로 아이콘icon이에요. 볼 수 없는 하나님을 볼 수 있게 하시는 분이 예수 그리스도라는 말이죠. 그런데 아이콘은 아이돌idol과는 달라요. 아이돌은 희랍어 에이돌론eidolon, '보이는 것'이란 말에서 나왔는데, 여기에는 보고 싶고 손아귀에 넣고 싶고 지배하고 싶은 욕망이 투사되어 있어요. 예수는 하나님을 보여 줄 뿐 손에 잡히지 않는 분이에요. 그런데 사람들은 예수를 아이돌(우상)로 만들려고 하지요. 내 욕망을 충족시키는 수단으로 삼으려 하죠. 십자가를 양각으로 만들어서 손아귀에 넣어 조종하고자 하는 거죠.

양희송 두 가지 질문을 드리고 싶습니다. 앞서 개인과 공동체의 맥락 속에서 교회는 타자를 환영하는 존재 양식을 가져야 한다고 하셨습니다. 그렇다면 주체가 부각되고 우리의 목소리가 전면에 드러나는 방식이 아닌, '음각으로서의 신앙'이 자기를 비우고 타자를 불러들이고 초청하는 기독교를 더 잘 드러내는 존재 양식이 아닌가 하는 질문을 먼저 던지고 싶습니다. 두 번째는 '음각적 기독교가 진정한 십자가 신앙이다'라고는 하지 않더라도 이런 측면이 발현되지 못하는 이유, 혹은 우리 안의 걸림돌은 무엇일까요?

강영안 첫 번째 질문에 먼저 답하자면 하나님의 창조 자체가 음각적이라고 할 수 있어요. 성경 언어로 이야기하자면 '케노시스kenosis', 즉 '비움'이라고 할 수 있죠. 현대 우주론은 이 세계가

150억 년 전에 빅뱅으로 시작되었다는 가설을 내세웁니다. 그런데 빅뱅 이전에는 도대체 무엇이었을까요? 그때는 하나님 홀로 존재하셨지요. 상대할 타자가 없이 홀로 존재하시는 하나님이 우주를 창조하셨다는 것은, 당신의 공간을 그만큼 비우는 것, 그만큼 내어 주신 것이에요. 독일 관념론 철학자들이 좋아한 '헨 카이 판hen kai pan'이란 표현이 있어요. 영어로 'one and all'이고, 우리말로 번역하면 '하나인 동시에 모두'죠. 이를 원용하면 창조 이전의 하나님은 '하나인 동시에 모두이신 하나님'이지요. 이 하나님이 우주를 창조하셨으니 하나님이 우주에 당신의 공간을 내어 주셨다는 것이에요. 그야말로 스스로 비우심이죠.

　　빌립보서 2장 5절 이하를 보면 하나님이 자기를 비우고 낮아져서 사람의 형상을 입으시고 이 땅에 오셔서 십자가를 지셨다는 말이 있잖아요? 이 '비우심'을 케노시스라고 하지요. '자기 비움의 기독론kenotic Christology'인 셈이지요. 요한복음의 언어로 말하자면 말씀이 육신이 된 사건, 곧 성육신incarnation 사건이지요. 하나님의 창조 자체가 비우심이고 말씀이 육신이 되어 예수로 태어나신 것도 하나님의 비우심입니다. 창조와 구속에서 하나님의 비우심은 하나님 자신이 '자기를 위한 존재'가 아니라 '타자를 위한 존재'가 되셨다는 뜻입니다.

　　삼위일체의 세 번째 위격으로 말하는 성령님을 보십시오. 성령 하나님은 우리에게 예수를 알게 하시고 거룩하시고 '능력 주시는empowering' 분이십니다. 그럼에도 성령님은 자신의 얼굴을 드러내지 않습니다. 자신을 감추시고 오직 아들과 아버지를 드러낼 뿐입니다. 그러면서 우리가 숨 쉬고 움직일 수 있도록 해주시고 타인과 일상을 살게 해주시는 분입니다. 우리의 생명을 가능케 하신다는 점에서, 아들과 아버지를 위해 자신의 존재를 내세우지 않는 점에서 성령님도 자기를 비우시고 온전히 '타자를 위한 존재'로 계신다고 할 수 있습니다.

이렇듯이 삼위일체 하나님의 존재 방식이 자신을 드러내고 주장하고 소유하고 지배하기보다는 비우고 내어 주어 피조물에게 자유의 공간을 확보해 주는 것 아닐까요. 이런 의미에서 보면 하나님이 허락하신 우리의 존재 방식은 하나님 안에서 종이 아니라 자유인으로 사는 것입니다. 우리 발로 단단히 서도록 공간을 내어 주신 것입니다. 그런데 이 자유는 창조주의 창조행위에 대한 응답response에서 나온 자유이므로 응답과 무관하게 사용하면 하나님이 내어 주신 공간을 오용하게 됩니다. 응답할 수 있는 능력 responsibility, 곧 책임은 인간에게 주신 자유의 근거입니다. 이런 의미에서 응답할 수 있는 능력, 곧 책임이 자유에 앞섭니다. 그리스·로마 전통은 이 관계를 바꾸었습니다. 자유가 책임의 근거라고 보는 것이지요. 다시 말해 자유가 책임에 선행한다고 보는 것이지요. 오늘의 법률, 그 가운데 형법은 바로 이 터전에 서 있습니다. 약물이나 강제나 외부의 영향에서 자유롭지 못했다면 어떤 행위에 대해 책임질 이유가 없다고 보지요. 이렇게 보면 책임이 배제되는 일이 많이 생깁니다.

다시 비움의 주제로 돌아가 보죠. 하나님이 우리에게 기대하는 존재 방식은 '가지고, 소유하고, 지배하고, 차지하는' 방식보다는, 당신을 본받아 '비워 주고, 내어 주는' 방식입니다. 양각을 만들기보다 끊임없이 음각을 만들기를 바라시죠. 음각은 만들고 싶다고 되는 것이 아니라 하나씩 비워 가면서 만들어지는 것입니다. 자신을 주장하지 않기 때문에, 지배하거나 소유하지 않기 때문에 발생하는 공간이 음각의 공간이에요. 그렇게 보면 기독교는 너무 활동 중심이에요. 자신을 비운 하나님께 자리를 주지 않고 우리가 다 차지해 버리는 기독교가 정착했다고 할 수 있겠어요. 양각 없이는 음각도 존재하지 않고, 음각 없이는 양각도 존재하지 않는 것처럼, 무엇을 하기보다는 하지 않음으로, 비움으로 타자가 그곳에 들어오고 하나님이 들어서는 신앙 형태가 필요하지 않을까 합니다. 영성 운동을 하는 분들뿐만 아니라 일상을 사는 그리스도인도 관심을 가져야 하리라 생각해요.

양희송 두 번째 질문인 왜 비움이 안 되는가, 왜 음각이 안 되는가는 활동성을 지나치게 강조하는 데 이유가 있다고 보면 될까요?

강영안 그렇겠지요. 역사적으로 이야기해 보자면, 동아시아에서 비움을 요구해 온 것은 불교와 노장사상입니다. 이 두 전통은 줄곧 비움을 이야기해 왔어요. 불교 전통에서 '비움'을 여러 가지 측면에서 이야기하는데 '공空'이라는 의미로 일괄할 수 있습니다. '空(비다)'을 쓰는 이유는, 그러니까 '비움'은 모든 사물은 독자적으로 존재할 수 없고 서로 기대어 존재한다는 의미에서의 비움입니다. 독자적 존재를 불교에서는 '자성自性'이라고 부르는데, 존재하는 것들에는 '자성'은 없다, 모두 서로 의존해서 존재한다고 보는 것이지요. 이게 연기설緣起說입니다. 연기설을 뒤집으면 공空 사상이 되고 공 사상을 뒤집으면 연기설이 됩니다. 앞에서도 얘기했듯이 엄밀한 의미에서의 개체성이 들어설 자리가 없습니다. 비움은 이렇게 보면 엄청나게 얽혀 있는 그물 같은 빈 공간입니다. 모든 것이 모든 것에 대해 얽혀 있는, 엄청난 얽힘의 공간이 곧 불교적인 비움이라 저는 이해합니다.

노장사상에서는 '무無'를 이야기합니다. 이때 '무'는 유有 이전의 무입니다. '무'는 '유'를 낳고, '유'는 또 '유'를 낳습니다. '무'는 만물의 근원을 말합니다. '무'가 뭐냐에 대해 크게 두 가지 논란이 있어요. 하나는 '무라고 하는 본질이 있다'고 보는 본질론적 해석이에요. 예를 들어 '태극太極은 무극無極'이라고 보는 방식입니다. 무라는 실체가 있고 거기서 유가 나온다고 보는 것이지요. 다른 하나는 상관론적 해석입니다. 높은 것이 있으면 낮은 것이 있고, 큰 것이 있으면 작은 것이 있으며, 아름다운 것이 있으면 추한 것이 있다는 것처럼 모든 것을 대대待對적으로 보는 해석입니다. 대대적 존재 방식이 일종의 무라고 할 수 있습니다.

서양에서는 부정신학과 관련된 신비주의 전통에서 '무'와 '비움'을 이야기해 왔습니다. 예컨대 마이스터 에크하르트는 "하나님은 무Gott is Nichts"라고 하지요. 그러니까 지나치게 '있음有'을 강조하는 것에 대해 '말할 수 없는 것unspeakable'을 이야기하는 전통입니다. 이 전통의 회복이 필요합니다. 그러나 양자택일이 필요하다고 생각하지는 않아요. 양각을 이야기할 때 음각을 이야기할 수 있고, 음각을 이야기할 때 양각을 이야기하는 것처럼 말이에요. 활동적인 기독교를 그리면서 또 다른 축으로 '비움의 기독론'을 얘기할 수 있습니다. 오늘날 한국 교회 상황에서는 낮춤과 비움의 기독론을 더 깊이 생각하고 삶으로 끌어들여야 한다는 생각을 갈수록 더 하게 됩니다.

10장_ 한국 교회

언제부터 우리는 이렇게 되었나

양희송 개인, 집단, 공동체 이야기를 하고 있지만 사실상 한국 교회의 상황을 깔고 대화한 것 같습니다. 한국 교회에 십자가가 없다는 말씀도 하셨고, 그 '십자가'는 어떤 내용인지도 살펴보았습니다. 그러면 궁금해지는 것이, 한국 교회에는 언제부터 이런 신앙 양식의 변화가 일어났을까요?

강영안 나는 교회사 학자가 아니기 때문에 이 문제를 교회사적 사건이나 연대를 가지고 차분히 이야기할 처지는 아닙니다. 그러나 상식 차원에서 얘기해 보면 아마 가장 큰 사건은 한국전쟁이었던 같아요. 한국 교회사 연구자인 목원대의 김흥수 교수께서 박사 논문으로 《한국전쟁과 기복신앙 확산 연구》를 썼어요. 많은 점에서 수긍하면서 아주 재미있게 읽었어요. 6·25전쟁을 전후해서 사실상 그 이전까지 우리나라를 지배하던 것은 내세 신앙, 말세 신앙이었어요. 일제치하에서는 충분히 이해할 수 있는 신앙이죠. 우리가 주도적으로 삶의 모습을 만들 수 없는 상황에서 유일한 희망은 예수님의 재림을 기다리고 새 하늘과 새 땅을 기대하는, 이 세상에 일체 의미를 부여하지 않고 내세의 삶을 기대하는 상황이었단 말입니다. 그런 중에 6·25전쟁이 일어났습니다. 이 땅이 초토화되었지요. 도시가 파괴되고 집이 없어지고 전답을 쓸 수 없는 상황이 되었을 뿐 아니라 고향을 잃고, 사회적 관계망이 무너지고 신분제도도 완전히 파괴되는 경험을 했습니다. 물질적으로나 정신적으로나 심리적으로나, 모든 의미에서 '철저한 파괴total destruction'를 경험하고 무엇을 기대할 수 있었을까요? 지금, 당장, 여기서 살아남는 것 외에 무엇이 있겠습니까? 어떻게 보면 역설적이죠. 일제강점기하에서 수십 년 동안 말세 신앙을 키워 왔던 기독교가 급작스럽게 현세 신앙으로 전환되는 엄청난 사건이 6·25전쟁이었다니 말입니다.

저의 경우는 전쟁 통에 태어나서, 버려둔 장갑차와 탱크 위에 올라가서 놀았던 기억이 있어요. 어릴 때 교회를 다니고 설교를 듣는데, 그때는 대개 말세 신앙, 내세 신앙에 관한 설교뿐이었어요. 내가 자란 배경은 장로교 전통인데 1960년대 말까지만 해도 주로 다니엘서, 에스겔서, 요한계시록 같은 내세 신앙에 관한 설교를 많이 들었죠. 그런 상황에서 급격한 현세 신앙으로의 변화를 주도한 것은 순복음교회 조용기 목사, 그의 장모인 최자실 목사였다고 생각해요. 특히 조용기 목사의 설교가 한국 교회에 미친 영향은 엄청났어요. 조용기 목사의 설교 포인트를 요약하면 '지금', '여기' 그리고 '현세구원'입니다. '지금 여기here & now'가 강조됩니다. 내세가 아니라 '지금 여기' 말입니다. 내세 중심에서 완전히 현세 중심으로 전환하는 계기가 조용기 목사의 설교와 설교 방식에서 나타났던 것이죠. 나는 그것이 한국 교회에 미친 영향이 엄청났다고 생각해요.

양희송 저희 아버님도 한동안 병원에 입원해 계신 적이 있었는데, 그때 조용기 목사의 설교 테이프를 늘 들으시던 것을 기억합니다.

강영안 조용기 목사의 설교는 문제 해결의 설교라 부를 수 있습니다. 지금도 실천하고 있는지는 모르겠지만 옛날에는 그랬다더군요. 토요일마다 주일 설교를 준비하면서 기도원에 가서 '이 설교를 듣고 모든 성도의 문제가 해결되도록' 기도했다는 겁니다. 설교는 하나의 메시지지만 각자가 가진 문제는 다 다르잖아요. 어떤 사람은 가정 문제가 있을 테고, 어떤 사람은 질병을 앓고, 어떤 사람은 사업 고민에 빠져 있고, 어떤 사람은 남편 문제를 안고 있고……. 각자 가져온 문제가 같은 설교를 듣고 각각의 방식으로 해결되도록 그렇게 기도를 한 것이죠. 그래서 조용기 목사를 만나는 교인들이 "아, 나 해결받았어요. 목사님, 이런 문제가 있었는데 해결받았습니다. 응답받았습니다"라고 말하고 가더라는 것입니다. 조용기 목사가 예로 드는 것이 있어요. 마치 수도꼭지를 틀면 물이 콸콸 쏟아지듯이, 자신의 설교가 수도꼭지를 트는 것처럼, 생수를 받아먹는 것처럼 교인들이 문제 해결을 받고 가도록 설교를 준비하고 교인들도 그런 기대를 한다는 것이죠. 그 문제라는 것이 어떤 문제겠어요? 하나님 나라의 문제나, 하나님의 구원이 실현되고 하나님이 주님이심을 인정받는 그런 문제이기보다는 각자가 처해 있는 문제겠죠. 특히 6·25전쟁 이후에는 각자 절박한 생존의 문제를 가지고 교인들이 찾아왔고, 그 문제를 해결해 주는 일종의 해결사 역할을 목회자가 했던 것이지요.

그러면서 소위 '삼박자 구원', '삼박자 축복'을 말하잖아요? 영적인 건강, 신체적 건강, 그리고 물질적 축복 말입니다. 물론 영적인 강건을 현세적인 가치라고 말할 수는 없죠. 초월적 가치에 대한 강조가 분명히 있어요. 그러나 '순복음교회' 하면 항상 떠올리는 것은 신유의 은사입니다. 그리고 그 교회 교인이 되면 '물질의 축복을 받는다, 모든 일이 잘된다'는 식으로 신앙생활을 하게끔 유형을 만들어 놓았잖아요. 1960~70년대 초반만 하더라도 한국 교회가 그것에 반대하는 입장이었지만 은연중에 모든 교회가 그 영향권 아래 들어가 버렸죠. 한국에서는 장로교회가 아직도 주류이지만 신학적인 의미에서만 다수일 뿐입니다. 신앙생활 방식에서 교인들은 대부분 순복음교회적이라고 할 정도로 지난 30~40년 사이에 바뀌었다고 저는 보아요.

양희송 한국 교회 신앙 양태가 순복음교회 스타일을 따라가는 현상을 첫째로 꼽으셨는데, 다른 이유들은 어떤 것이 있을까요?

강영안 전쟁을 경험하면서 내세 중심적 신앙이 급격하게 현세 중심적으로 전환된 것이 문제가 뭐냐면, 결국 현실에서의 중심은 '나', '내 가족', '내가 속한 집단'이 될 수밖에 없다는 것이었죠. 그런 의미에서 지극히 개인적인 신앙이 가족주의, 나아가서 집단주의로 발전했죠. 최근 한국 교회의 문제는 이런 모습이 노출되는 것이라고 볼 수 있어요. 모든 것이 다 파괴된 경험 때문에 내세에 대한 관심보다는 지금 당장 내가 생존 가능한지를 생각하게 되었다는 것이죠.

두 번째로 전통 생활 방식을 여전히 답습했다는 문제가 있어요. 절에 가서 불공을 드리는 방식 그대로 교회에 와서 예배를 드리고, 절에 가서 내 개인과 가족들의 건강이나 부나 출세를 비는 습관을 교회에 와서도 그대로 하고 있지요. 절에서 입시를 위한 법회가 열리는 것처럼, 교회에서도 입시 기도회가 열리죠. 특히 입시철 특별 새벽기도 같은……. 전통적인 신앙의 관습, 신앙의 실천 방식을 교회에서 전혀 의식하지 못하면서 그대로 들여온 것이지요. 신앙의 대상이 부처님에서 하나님으로 바뀌었을 뿐, 신앙생활을 하는 방식은 비슷해요.

세 번째는 우리 삶의 자본주의화와 연관이 있지 않을까 싶어요. 이제 교회조차도 내 필요를 충족시키는 하나의 수단이 되었다는 것을 뜻합니다. 헤겔은 자본주의적인 삶의 질서를 일컬을 때 '욕구의 체계 system of the needs'란 표현을 썼습니다. 여기서 가장 중요한 것은 '욕구 충족'입니다. 욕구 가운데는 물질적 욕구도 있고,

영적 욕구도 있고, 정신적 욕구도 있습니다. 그런 욕구를 충족시키는 수단으로 교회 공동체가 자리 잡고, 교인들의 입장이 예수 그리스도를 본받아 사는 제자라기보다는 소비자로 전환되었다고 볼 수 있지요. 물론 이러한 현상은 1960년대보다는 1970년대 들어와 대형교회가 형성되는 과정과 연결 지어 생각해야 해요.

양희송 한국 교회는 그런 면에서 근대화를 가장 잘 내면화하지 않았나 싶군요. 그런데 그런 사회적 변화에 따른 교회의 변화는 어느 정도 불가피한 측면이 있다는 생각도 듭니다. 대형교회는 그런 내면화의 가장 성공적인 경우라고 보면 될까요?

강영안 한국에서 대형교회가 형성된 이유는 여러 가지가 있겠지만, 앞서 이야기한 한국전쟁이 결정적인 역할을 했던 것 같아요. 가장 두드러진 경우가 이북 피난민이 주로 모였던 영락교회죠. 강남에 세워진 대부분의 대형교회는 1970년대 이후 강남 개발과 더불어 형성된 교회거든요. 대형교회의 형성과 한국의 자본주의 형성, 특히 경제 개발 과정과는 밀접한 연관이 있어요. 그 결과 나타난 것이 대형교회 교인들의 역할이죠. 교회에서 봉사도 하고 직분도 받고 양육도 받으며 훈련도 받지만 결국은 교회를 찾고 자기 욕구를 찾는 일종의 소비자로 전락합니다. 목회자 입장에서 보면 성도들은 소비자나 고객이 되고, 목회자는 고객 만족을 위해 설교도 해야 하고 프로그램도 진행하는 입장으로 전환됩니다. 제자도의 관점에서 보자면, 목회자는 다른 교인들보다 앞서서 하나님의 제자로서 본을 보이고 제자를 훈련시키는 제자입니다. 그렇다면 목회자의 삶과 언행 또한 중요하지요. 만일 이렇게 되면 예수 그리스도를 따라 목회자가 살아가는지, 예수를 따라 사는 성도들이 많이 생기는지, 이것이 목회의 성공 척도가 될 것입니다. 고객 중심, 소비자 중심으로 목회를 하면 목회는 고객 만족을 위한 행위가 되고 말겠죠. 목회자들이 스스로 연예인이나 엔터테이너처럼 생각하면 성도들에게 제자도를 요구할 수 없습니다.

오늘날 교회에서 목회자가 설교 가운데 죄를 책망한다든가, 성도들의 삶의 변화를 요구하는 것이 점점 어려워지는 이유가 무엇입니까? 고객 만족의 차원에서 보면 목회자들은 고객들이 좋아하는 방식으로 설교를 할 수밖에 없습니다. 그렇지 않으면 설교를 듣는 교인들이 곧장 반응을 보이거든요. 한때, 소위 '패는 설교', '까는 설교'가 유행한 적이 있어요. 성도들을 때로는 이름을 지목하면서까지 설교자의 감정을 노출한 적이 있었습니다. 그런데 이제는 극에서 극으로 반전되어 교인들이 듣고 싶은 소리만 하는 설교가 되었습니다. 시골에 내려가면 기독교 TV를 가끔 보게 되는데 거기서 설교하시는 목사님들은 대부분 코미디언 같더군요. 코미디 성격의 설교, 개그맨 같은 목사의 설교를 주로 내보내니……. 이러한 추세는 기독교 TV가 등장하면서 훨씬 강화되고 있어요. 이 전반적인 현상은 앞서 이야기한 자본주의적 삶의 방식에 교회가 영향을 받는 것으로 볼 수 있어요. 이런 상황에서 복음이 요구하는 삶을 어떻게 교인들에게 요구할 수 있겠습니까?

양희송 말씀하신 진단이 옳다면 어떤 처방이 가능할까요?

강영안 삶으로 열매 맺는 신앙을 추구하는 것이지요.

양희송 어떤 열매일까요?

강영안 에베소서 5장 8절과 9절 말씀을 보십시오. '너희가 전에는 어둠이더니 이제는 주 안에서 빛이라, 빛의 자녀들처럼 행하라. 빛의 열매는 모든 착함과 의로움과 진실함에 있느니라.' 성도들에게 요구되는 삶의 열매는 여기서 말하는 '빛의 열매' 입니다. '빛의 열매'는 착함과 의로움과 진실함에 있다고 말하지요. '착함goodness'은 헬라어로 '아가토수네agathosune'입니다. 통상적으로 쓰이는 '착하다, 선하다'라는 뜻이 아니라 '고통 받는 사람과 함께하는 것'을 뜻합니다.

선한 사마리아인을 보십시오(눅 10:29-37). 비유에 나오는 사마리아인은 고통 받는 사람에게 다가가서 그와 함께 아파하고 그 고통을 치유해 주며 자기희생을 치렀습니다. 이것이 '착함', '선함'입니다. 타인의 고통에 공감하고 그 고통과 함께하며 연대하는 것을 뜻하죠. '선한 사마리아인 비유'를 보면 레위인과 제사장, 사마리아인이 나옵니다. 길을 가다 강도 만난 사람을 보았다는 점에서 세 사람은 동일합니다. 그러나 사마리아인만이 그 사람을 보고 불쌍히 여기는 마음(눅 10:33)을 품었지요. 이때 쓰인 희랍어의 뿌리 말이 스플랑크나splanchna예요. 궁휼한 마음, 애간장이 타는 마음, 속이 아파서 견딜 수가 없는 마음입니다. 맹자는 이를 두고 '불인인지심不忍人之心', 사람이나 짐승이 고통 받는 것을 보고는 도무지 참지 못하는 마음이라 했지요. 그런 측은히 여기는 마음, 불쌍히 여기는 마음으로 우리는 고통 받는 사람과 함께해야 합니다. 그런 감정을 품어야 한다는 것이죠. 그 감정적 차원에 뒤따라오는 것이 의지거든요. 그 사람을 돕고 싶어 하는, 실제로 행동하는 의지, 행동을 취하게 하는 의지 말입니다. 그 의지 이전에는 강도 만난 사람을 보고 상황을 인식하는 단계가 있어요. 그러니까 사마리아인을 보면 상황을 알아보는 인지적 행위, 불쌍히 여기는 정서적 태도, 실천하는 의지 행위가 있었던 것을 알 수 있지요. '지성'과 '감정'과 '의지' 세 요소를 합해 인격적 요소라 부릅니다. 이 인격적 요소가 바로 선한 사마리아인으로 하여금 이웃을 사랑하는 선한 일을 하게 한 것이지요. 바울은 이것을 '빛의 열매'라고 불렀어요. 고통 받는 사람과 연대하고 고통에 동참하는 행위 말입니다.

앞서 이야기한 자기중심적인 삶의 태도로는 절대 선한 사마리아인처럼 실천할 수 없어요. 타자를 위한 존재로서 자기 존재를 확립하지 않고는 그렇게 행동할 수 없지요. 선한 사마리아인에게서 예수님의 모습을 보는 것은 우연이 아니에요. 인간을 위해 당신의 몸을 비우시고 낮추시며 죽기까지 내어 주신 예수님. '비우시고, 낮추시고, 내어 주시는' 이 세 동사가 예수님께 적용될 수 있는데, 그 행위가 바로 '빛의 열매' 중 첫 열매로 맺어진 것이라 할 수 있죠.

양희송 선한 사마리아인 이야기는 아이러니하게도 가장 큰 비판이 종교인을 향하고 있잖아요. 원래 종교인들이 긍휼을 가장 잘 행할 것 같은데 오히려 거대한 명분과 정당한 이유를 내세워 닥친 상황에 눈을 감고 외면하는 것으로 나타난단 말이죠.

강영안 그런 것이 바로 종교죠. 종교인 자신들의 종교적 실천, 자신들의 종교 행위가 선한 일을 하는 데 걸림돌이 된 것이죠.

양희송 어쩌면 오늘날에도 우리 그리스도인들이 선을 실천하는 데 제일 많이 실패하지 않을까요. 정당한 이유를 내세워 그것을 가로막고 눈멀게 하는 것이 우리의 종교성, 종교적 행동 양식이 아닐까요.

강영안 어떤 경우에는 종교가 행동을 가능하게 해주는 동기로 작용하기도 하죠. 행동을 실천하는 좋은 수단, 좋은 방편vehicle이 될 수 있어요. 그런데 종교는 실천을 방해하는 '방해물obstacle'이 될 수도 있어요. 자기비판 없이는 거기서 빠져 나오는 게 거의 불가능해요. 종교적 실천에 완전히 빠져 거기에 눈감고 있는 한, 빠져 나올 가능성이 거의 없죠. 많은 사람들이 종교 때문에 오히려 선한 일을 못하는 면이 있어요. 종교적 이유 때문에 인종주의나 민족주의, 계급주의에 빠질 수 있죠. 종교가 선한 삶의 방편이나 수단이 되기보다는 '방해물'이 되는 거지요.

양희송 저는 기독교가 다른 종교에 비해 자기성찰이 강한, 스스로 죄인이라고 말할 수 있고, 자신의 잘못과 오류 가능성을 언제나 인정하는 종교라고 생각해 왔습니다. 그런데 오늘날 한국 교회 현실에 비추어 보면 자기성찰이 작동할 수 있는 메커니즘을 잃어버렸거나, 거의 작동하지 않는 것으로 보입니다. 기독교가 자기성찰을 하면서 자신을 교정할 수 있는 메커니즘을 어떻게 확보할 수 있을까요?

강영안 자기성찰을 상실하는 이유는 죄에 대한 인식의 결핍 때문이라고 생각합니다. 사실 미국 복음주의 교회나 우리 교회들에서 죄에 대한 엄격하고 깊은 인식이 과거에 비해 부족해졌음은 자명합니다. 즉 오류 가능성에 대한 절실한 깨달음이 없다는 것입니다. 교회는 거룩한 이들, 성도의 모임이기 때문에 스스로 의롭다고 생각하는, 소위 '자기의self-righteousness'에 빠져 있다는 생각이 들거든요.

네덜란드 레이든 대학에서 오랫동안 가르쳤던 헨드리쿠스 베르크호프Hendrikus Berkhof라는 신학자가 있습니다. 그분은《기독교신앙Christelijk Geloof》이란 책에서 교회가 '죄의식과 자기비판을 진정으로 훈련하는 학교de ware oefenschool van schuldbesef en zelfkritiek'가 되어야 한다고 주장합니다. 생각해 보세요. 교회는 하나님이 불러서 의롭다고 해주신 사람들이 모였지만 그런데 실제로는 모두 죄인들입니다. 그래서 루터가 그리스도인을 일컬어 '의인인 동시에 죄인simul justus et peccator'이라고 하지 않습니까?

현실 교회에는 끊임없는 갈등과 걱정이 있고, 성화되고자 하는 노력과 씨름이 있을 수밖에 없습니다. 여기서 자기비판은 매우 중요한 역할을 합니다. 만일 교회를 죄인들이 의인으로 제대로 살기 위해 훈련받는 학습 장소로 생각하면, 사회를 바라볼 때도 따뜻한 마음으로 바라볼 수밖에 없지 않겠어요? 의인으로 살고 있으며 이미 천국 티켓을 확보했기 때문에 안심이라고 생각하는 것은 분명 자신감입니다. 그러나 다른 한편으로 우리 자신이 어떤 존재인가를 망각하고 성찰을 가로막는 걸림돌이 된다는 것을 늘 기억했으면 좋겠어요.

양희송 '빛의 열매'의 첫 번째가 '선함'이라고 하셨는데, 나머지 두 가지는 어떤 의미를 담고 있나요?

강영안 두 번째는 의로움입니다. 희랍어로는 '디카이오수네dikaiosune', 영어로는 대부분 'righteousness'로 번역됩니다. 여기서 말하는 의로움은 "하나님을 따라 의와 진리의 거룩함으로 지으심을 받은 새 사람을 입으라" 할 때의 '의'입니다. 하나님의 성품을 표현하지요. 신명기 32장 4절을 보면 모세가 야훼 하나님은 "반석이시니 그가 하신 일은 완전하고 그의 모든 길이 정의롭고 진실하고 거짓이 없으신 하나님이시니 공의로우시고 바르시도다"라고 노래합니다. 이 가운데 "공의로우시고dikaios"라고 번역된 말이 '의로움'과 관련됩니다. 히브리어 형용사로는 '차디크tsadik', 명사로는 '츠다카tsedakah'입니다. 가난한 자, 외국인, 고아와 과부의 억울함을 들어주는 하나님의 성품을 일컫는 말입니다. 억울한 사람의 권리를 옹호하고 그들을 보살피는 것이 의로운 일입니다. 그러자면 무엇보다도 법이 공평하게 집행되어야 하며, 정당한 분배가 실천되어야 합니다.

그러려면 필요한 것이 있습니다. 사적인 판단이나 편견을 떠나서 사실이 무엇인지를 엄밀하게 볼 수 있어야 합니다. 그리고 사실에 근거해서 내게 이익이 되든, 손해가 되든 공정하게 판단할 수 있어야 하고 공정하게 타인을 대해야 합니다. 절차, 결과, 판단 면에서 공정하라는 요구를 그리스도인이 받는 것입니다. 그런데 실제로 과연 그리스도인들이 공정하고 공의로운 모습을 세상 사람들에게 보여 주고 있느냐? 이게 문제입니다. 그리스도인들이 이기적이라는 인상을 주고 있는 것이 현실입니다. 실제는 그렇지 않다 하더라도 그런 인상을 주죠. 공정성, 공의를 되찾을 필요가 있습니다.

'빛의 열매'의 세 번째는 '진실함'입니다. 진실함은 '알레테이아aletheia'입니다. '숨김이 없음', '감춤이 없음'이란 뜻이지요. '정직함'이라고 할 수 있겠죠. 정직의 문제는 한국 사회의 문제이기도 하고 교회의 문제이기도 하잖아요? 목사님들이 설교를 베끼는 것도 정직하지 않은 것이죠. 교회에서 악보라든지, 소프트웨어라든지 불법 카피를 쓰는 것도 부정직한 것이죠. 예수의 제자로 산다는 것은 모든 생활에서 정직하라는 요구를 받는 것입니다. 그런데 우리나라에서는 정직하면 손해 본다는 생각이 사람들의 머릿속에 깊숙이 박혀 있습니다. 손해를 보더라도 진실하고 정직한 기독교인으로 사는 것이 그리스도의 제자 된 삶입니다.

양희송 우리의 비극은 성경은 이런 이야기를 하는데, 정작 교회에서는 이런 이야기를 들을 기회가 드물다는 사실 아닐까요?

강영안 앞서 질문한 내용으로 다시 돌아가서 생각해 보죠. 그리스도의 제자로 산다는 것은 제자도의 삶을 회복하는 것, 즉 빛의 열매를 맺고 사는 것을 말합니다. 참다운 존재의 변화, 존재의 회복을 회복하는 것이 답이겠죠. 그 방법만이 우리가 처한 곤경에서 벗어나는 길입니다. 결국 신앙의 방향성 문제입니다. 천국 가는 티켓을 받은 것으로 만족하면서 내가 받은 티켓 남도 받게 해주겠다는 것이 교회에서 강조하는 전도 아닙니까? 전도해야지요. 그러나 기독교 신앙이 거기에 머무를 수만은 없습니다. 천국 가는 티켓을 받았다면 티켓을 받은 사람에게 요구되는 게 있습니다. '빛의 열매'입니다. 그러나 실제로 존재 전환이 없이 "나는 구원받았다"라는 확신만 가지고 천국 가겠다는 경우가 많지 않은가 생각합니다. 티켓을 손에 쥐고 여전히 이 땅에서 누릴 이득에 관심이 있는 것이 현재 우리 그리스도인의 문제가 아닐까요?

양희송 교회, 특별히 목회의 방향성과 내용 자체가 문제시되지 않을 수 없겠습니다.

강영안 목회도 자본주의 소비문화의 영향을 받는다고 앞서 이야기했습니다. 성도는 설교 소비자, 은혜의 소비자가 되고 목회자는 고객 만족을 위해 불철주야 수고해야 합니다. 이런 상황에서는 진정한 목회가 될 수 없습니다. 에베소서를 보면 하나님이 "어떤 사람은 사도로, 어떤 사람은 선지자로, 어떤 사람은 복음 전하는 자로, 어떤 사람은 목사와 교사로 삼으셨으니 이는 성도를 온전하게 하여 봉사의 일을 하게 하며 그리스도의 몸을 세우려 하심이라"(4:11-12)고 합니다. 여기서 저는 목회의 목적, 목회의 바른 뜻을 읽게 됩니다. 목회는 무엇보다도 '성도를 온전케 하는 일'입니다. 그리하여 봉사하고, 그리스도의 몸을 세우게 하는 것이죠.

'성도를 온전케 한다'라는 말이 무슨 말입니까? '온전케 한다'는 건 헬라어로 '카타르티제인katartizein'입니다. 예수님이 제자들을 부를 때 안드레와 야고보가 그물을 깁고 있었습니다. 그물을 '깁는다'와 성도를 '온전케 한다'가 헬라어로 같은 동사입니다. 무슨 말인고 하니, 성도를 온전케 한다는 것은 마치 떨어지고 해어진 그물을 수선해서 온전하게 고치는 것처럼, 그래서 고기 잡는 도구로 제대로 쓰이게 하는 것처럼 세상에서 깨어지고 상처 난 성도들의 상처를 싸매고 치료하고 회복해서 세상에서 제대로 된 성도로 살 수 있도록 훈련시키고 준비시킨다to equip는 말입니다. 예를 들어, 등산 가는 사람에게는 등산 장비도 중요하지만 우선 기본 체력과 등산 기술이 기본입니다. 그래야 등산이라는 소기의 목적을 안전하게 달성할 수 있습니다. 그와 마찬가지로 성도가 성도로서 교회에서, 세상에서 섬김의 삶diakonia, 봉사의 삶을 살 수 있도록 훈련시키고 준비시키는 일이 하나님이 목사를 세운 목적이라는 말입니다.

자, 그렇다면 성도들의 삶의 장소는 어디일까요? 기본적으로 교회에서 섬김과 그리스도의 몸의 한 지체로 세움 받도록 훈련을 해야 합니다. 그런데 그다음 절에서 뭐라고 합니까? "하나님의 아들을 믿는 것과 아는 일에 하나가 되어 온전한 사람을 이루어 그리스도의 장성한 분량이 충만한 데까지 이르게"(엡 4:13) 한다고 했습니다. 온전한 사람, 그리스도의 성숙함에 도달한 사람이 되어 사는 곳은 세상입니다. 목회의 궁극적인 목적은 성도가 온전한 인간으로 성장하도록 이끄는 것이며, 목회는 그리스도의 성숙함에 이르도록 성장하여 하나님의 소유인 세상을 하나님의 것으로 회복하는 일에 동참하게 하는 것입니다. 목회자의 일터는 교회입니다. 성도들의 일터는 세상입니다.

그러면 목회의 성공 척도는 무엇일까요? 얼마나 많은 영혼이 교회에 모여드는가, 이것이 성공 척도일까요? 중요하지요. 그러나 모여드는 영혼의 수 못지않게, 영혼들이 거룩한 무리로, 그리스도의 성품을 닮은 성도로 세움 받아 얼마나 많이 세상 속에서 살아가느냐에 목회의 성공 여부가 달려 있습니다. 교회에 모인 사람들의 수가 아니라 그리스도인으로서 각자 처한 삶의 자리에서 얼마나 많은 사람들이 예수처럼 사느냐가 중요합니다. 만일 이것이 목회의 척도가 된다면 설교, 교육, 양육 방식에 변화가 있어야 합니다. 예수 그리스도를 입과 마음으로 구주Savior와 주Lord로 고백하는 것이 일차적입니다. 다른 주인을 더 이상 섬기지 않고 오직 예수 그리스도를, 삼위일체 하나님을 주인으로 모시겠다는 삶의 전환이 먼저 일어나야 합니다. 삶의 전환이 일어난 사람은 예수를 선생Teacher으로, 함께 하나님 아버지를 아버지라 부르는 형님Brother으로, 앞서 걸어간 삶의 모범Model으로 삼아 예수를 닮아 예수처럼 세상을 살아갑니다.

하나님께서 그리스도인들을 부르신 것은 삶의 자리가 어디든, 무엇을 하든, 어떤 상황에 처해 있든, 성령께서 주시는 능력과 힘으로 오직 아버지의 뜻을 순종하면서 살아간 예수를 닮아, 예수를 따라, 예수처럼 살아가도록 하기 위한 것입니다. 그러자면 목회자가 앞서고, 장로, 집사들이 앞서야지요. 그렇지 않은 목회, 그렇지 않은 교회는 아무리 많이 있고, 아무리 성공한 듯해도 예수님과 상관 없을 겁니다.

지금까지 소위 '복음주의 목회'는 좁은 개념으로 보면 한 사람이 예수님을 믿게 이끄는 것, 한 사람의 영혼을 구원하는 것, 그 구원받은 한 사람이 다른 사람을 전도해서 구원받도록 하는 것에 국한하였습니다. 나는 이것을 대폭 확장할 필요가 있다고 생각해요. 이제 교회 중심의 신앙에서, 그것을 훨씬 확장하여 세상으로 나아가야 한다고 생각해요. 우리가 '흩어진 교회'라고 말하지만 단순히 '흩어진 교회'라는 표현 이상으로 모든 그리스도인이 삶의 각 자리에서 그리스도인다운 삶, 곧 예수의 삶을 살아야 합니다. 전도뿐만 아니라 이 세계를 가꾸고 회복하는 일이 하나님의 일을 하는 겁니다. 만일 이렇게 본다면 목회의 기본 방향이 완전히 바뀌어야 할 것입니다.

가끔 묻곤 합니다. 왜 우리 그리스도인들이 세상을 못 바꾸는가? 한동대학교의 교훈校訓이 "Why not change the world?"이더군요. '세상을 왜 못 바꾸겠는가? 세상은 바꿀 수 있어! 우리가 나서서 세상을 바꾸어야 돼!' 물음인 동시에 자신감과 사명 확인의 표현으로 이 말을 교훈으로 삼았겠지요? 그런데 이 말은 다르게 들릴 수도 있습니다. '세상을 바꾼다고 했지? 그런데 왜 못 바꾸니? 왜 세상을 못 바꿔?' 만일 이렇게 묻는다면 저는 이렇게 답하고 싶습니다. 나 자신이 바뀌지 않으니까, 우리가 안 바뀌니까, 네가 바뀌지 않으니까, 여전히 말로는 그리스도께서 주인이심을 고백하지만 일상에서는 여전히 내가 주인 노릇을 하니까 세상을 못 바꾸지. 왜? 그게 세상이니까. 밥 먹는 것, 일하는 것, 이 모든 것이 하나님의 세계입니다. 그런데 하나님의 세계에서 일할 수 있도록 우선 나 자신이 바뀌지 않고, 우리가 몸담고 있는 교회가 바뀌지 않고, 교회에서 훈련하는 방식이 바뀌지 않으니까 세상을 바꿀 수 없습니다. 세상을 바꾸려면 근본적으로 나 자신이 바뀌어야 하고, 목회자가 바뀌어야 하고, 교회의 근본 방향이 바뀌어야 합니다. 이렇게 한 뒤에야, 이것들이 선결된 다음에야 자연스럽게 기독교 세계관이나 기독교 지성이 요긴하게 쓰일 수 있습니다. 무엇보다도 삼위일체 하나님, 아버지와 아들과 성령 하나님을 통해, 나 자신이 완전히 새롭게 빚어져 나 중심이 아니라 하나님 중심, 이웃 중심으로 삶의 방향 전환이 일어나지 않고서는, 나, 우리 그리고 교회는 여전히 세상입니다. 그러니까 세상을 못 바꾸는 것이지요.

하나님을 아는 지식은

교실이 아니라 삶에서 드러납니다.

11장_ 지성

지성은 얼마나 필요할까

양희송 제가 갖고 있던 질문 중에 아직 이야기하지 못한 것이 있습니다. '기독교 신앙에서 지성이 얼마만큼 필요한가'인데요. 대개 '지성'을 강조하다 보면 인식론적 측면으로 이야기가 흐르기 쉬운데, 정작 기독교에서 말하는 '믿음, 소망, 사랑'은 인식론보다는 실천하고 행함으로써 확인할 수 있는 것이지요. 이런 면에서 '지성'이란 주제는 기독교 신앙과 틈이 벌어지는 지점이 있는 것 같습니다. 과연 기독교 신앙에서 '지성'이란 필수 불가결한 것일까요?

강영안 신앙이 무엇인가, 지성이 무엇인가를 정확하게 이야기해야 지성이 신앙에 반드시 있어야 하는지, 없어도 되는지 얘기할 수 있겠지요. 그러기 전에, 안셀무스(Anselm of Canterbury, 1033-1109)를 통해 전해 오는 "나는 알기 위해 믿는다Credo ut intelligam"라는 말이나 아우구스티누스의 "너희가 믿지 않으면 알지 못하리라Nisi credideritis, non intelligitis"는 말을 생각해 보세요. 앎이 믿음의 필요조건이 아니라 오히려 믿음이 앎의 필요조건이라는 말입니다. 마이클 폴라니Michael Polanyi는 아우구스티누스의 말을 자신의 과학 지식 이론을 대변하는 일종의 모토로 삼았습니다. 모든 지식은 암묵적인 지식에서 출발하고, 암묵적 지식의 바탕에는 회의와 의심 이전에 인간의 삶과 앎을 가능하게 해주는 믿음이 깔려 있다고 보는 것이지요.

지식에 대해 믿음이 앞서야 한다는 것은 예컨대 "예수 그리스도를 믿습니다"라고 신앙을 고백할 때, 경험이나 이성을 통해 얻은 지식에서 이러한 고백이 파생되지 않는다는 말이지요. 예수께서 구주이심을 먼저 믿고 난 뒤에, 그분이 나의 구주임을 알게 된다는 의미입니다. 이때 앎은 마치 '한국의 수도는 서울이다'라는 정보를 얻는 것처럼 '예수가 구주'라는 정보를 얻는 것이 아니라 그러한 앎을 통해 나의 삶과 삶의 방향과 목적에 근본적인 전환이 오는 것이지요. 믿음을 통해 얻은 앎은 인격적 지식이고, 인격적 지식은 단순한 '정보information' 제공에 그치는 것이 아니라 삶의 '변화transformation'를 가져옵니다. '예수는 세상의 구주'라는 것을 안다면 이 앎은 예수가 누구라는 정보에 그치지 않고 나를 근본적으로 바꾸어 놓습니다. 만일 이 변화, 이 전환이 수반되지 않는다면 안다고 하지만 사실은 알지 못하는 것이지요.

그런데 생각해 보십시오. 만일 지성이 믿음의 필수조건이라면 많이 배우지 못한 사람이나 지적으로 충분히 검토할 수 없는 사람은 믿음을 가질 수 없어야 하겠지요. 그런데 배우지 못한 사람 가운데서도 진실한 믿음을 발견할 수 있습니다. 그렇다면 지식이 믿음의 조건이라고 말할 수 없겠지요. 만일 지성이 믿음의 필수조건이라면 소위 지성인들만이 신앙인이 되겠지요. 그런데 많이 배웠다는 사람 가운데는 신앙이 전혀 없는 사람들이 많거든요. 요컨대 '지성이 신앙의 필수조건, 또는 필요조건이다'라고 할 수 없다는 것입니다.

그러나 방금 이야기한 것에서 한 걸음 물러서서 다시 한 번 생각해 보죠. 삶, 구원, 신의 존재, 만일 신이 존재한다면 나와 어떤 연관성이 있는지를 지성으로 생각한다고 해보세요. 예수 그리스도를 구주로 받아들이기 전에 '삶, 구원, 신의 존재, 나와 신의 연관성' 등의 문제를 지적으로 탐구한 사람들을 생각해 보죠. 역사상 그 대표적인 사례가 아우구스티누스(Augustine of Hippo, 354-430)일 텐데요. 아우구스티누스는 키케로와 플라톤, 마니교에 관심을 두었지요. 그런데 진리를 찾아 끊임없이 탐구한 결과 예수 그리스도를 만나게 되었지요. 물론 전체 과정을 아우구스티누스 자신은 하나님의 은혜로 생각해요. 그러나 지적으로 성실하고 정직하게 끝까지 추구하면, 그로 인해 신앙을 얻지 못한다고 해도 신앙의 문턱 가까이는 다가갈 수 있다고 저는 생각해요. 《고백록》이 생생하게 증언해 주지요. 청년 시절에 몇 번은 읽어야 할 책입니다.

양희송 다른 예는 없습니까?

강영안 G. K. 체스터턴이 있지요. C. S. 루이스와 도로시 세이

어스Dorothy L. Sayers에게 큰 영향을 준 작가이자 저널리스트요 평신도 신학자입니다. 체스터턴은 뒤늦게 세례를 받았지만 그의 지적 여정을 보면 이미 30대 초반에 기독교 신앙이 이론적으로 참임을 스스로 깨닫습니다. 어릴 때부터 당시 유행하던 유물론, 진화론, 과학주의, 회의론, 심지어 인간에게는 오직 삶의 의지, 힘의 의지밖에 없다는 니체주의를 마치 물과 공기처럼 흠뻑 취하도록 먹고 마셨습니다. 그러나 자신을 키워 준 사상이 사실은 삶을 고갈시키고 질식시키는 것임을 이런 사상들의 내적 논리의 귀결을 검토하면서 알게 됩니다. 그래서 쓴 책이 《이단자들Heretics》(1905)과 《정통Orthodoxy》(1908)입니다. 《정통》은 신자든 아니든 정말 며칠을 두고 정독해야 할 책이에요. 정신적 긴장을 풀지 못하게 할 뿐 아니라 심지어 온몸이 떨릴 정도로 감동을 주는 책입니다.

재미있게도 체스터턴은 자신을 기독교 신앙으로 이끌어 준 것은 거리 전도단이나 설교가 아니라 물처럼, 공기처럼 마시고 취했던 반기독교적 모더니즘 사상이었다고 말합니다. 이런 사상은 극단적 선택을 요구합니다. 유물론은 물질을 세계의 원리로 수용하면서 정신을 배제하고, 진화론은 자연선택을 원리로 삼고 초자연적인 섭리나 설계를 배제하는 식으로 말입니다. 이들을 넘어, 사도신경으로 고백하는 기독교 신앙에서 체스터턴은 삶의 원리를 발견하지요. 물질과 정신, 창조와 진화, 신과 인간, 비관과 낙관, 이성과 상상력, 진보와 보수, 이 양단兩端 가운데 어느 것을 선택either-or할 것이 아니라 삼위일체 하나님에 대한 신앙고백 안에서는 양단의 아우름both-and이 가능하다는 것을 발견한 것이지요. 체스터턴의 경우는 예외적이라 할지 몰라요. 지성적으로 삶의 문제를 치밀하고 정직하게 따져 나가면 기독교 신앙이 말이 된다는 결론에 이를 수 있다고 생각해요.

그런데 아우구스티누스나 체스터턴처럼 할 수 있는 사람이 몇이나 되겠어요? 사람들이 그렇게 심각하게 묻지를 않아요. 그렇기 때문에 원칙적으로는 모든 사람에게 가능하지만 실제로는 끝까지 추구하는 경우가 많지 않기 때문에 이들의 경우를 나는 '특수한 경우'라고 봐요. 그런데 한 걸음 물러나 생각해 보세요. 정말 모르고서 믿을 수 있을까요? 앎이 나의 경험이나 논리에서 나오지 않더라도 다른 통로를 통해 나올 수 있는 가능성이 정말 없을까요? 예컨대 성경을 읽으면서 전혀 알지도 못하고 깨닫지도 못하는 것을 알게 되고 깨닫게 됩니다. 이런 앎이 있기에 실은 "예, 제가 믿습니다"라고 말하게 되지 않습니까? 예를 들어 "예수는 우리를 우리 죄에서 건져 주신 분, 곧 구주다"라고 한다면 적어도 이 말이 무슨 뜻인지는 알아야지요. 단어의 뜻이라도 알아야지요. 알지 않고서 어떻게 믿는다고 하겠어요. 주어와 동사의 결합이 놀라운 것이지요. 예수가 구주이심은 나의 경험이나 나의 논리에서 나올 수 없다는 의미에서 내가 알아서 믿는 것은 아니라고 하지만, 적어도 이 말을 알아듣고 이해해야 한다는 점에서는 앎을 배제하고 무조건 믿는다고는 할 수 없다 해야 될 것 같아요. 그럼에도 기독교 신앙에서, 특히 우리 한국의 경우, 지성의 역할을 그리 중요하게 생각하지 않는 것은 사실인 듯해요.

양희송 기독교 신앙에서 지성에 대한 강조가 생각보다 크지 않다면 그것은 다른 종교에 비해 상대적으로 그렇다는 말씀인가요, 아니면 지성에 대한 관심 자체가 절대적으로 적다고 봐야 할까요?

강영안 창세기부터 요한계시록까지, 성경의 전통은 그리스 전통이나 유교 전통이나 인도철학 전통과 비교해서 예컨대 앎이나 지성, 학문에 대한 강조가 두드러지지 않아요. 그리스 전통, 그러니까 파르메니데스Parmenides 철학이나 소크라테스 철학이나 플라톤 철학은 앎을 대단히 강조하거든요. 어떤 의미에서 그리스 전통에서는 앎이 곧 구원이지요. 참다운 지식과 인식에 도달하는 것이 구원이고, 믿음이란 오히려 미망迷妄이고 착각이고 삶의 진실을 제대로 볼 수 없게 한다고 생각했거든요. 철학 개론을 배운 사람들은 플라톤 철학에서 에피스테메(epistēmē, 참된 인식)와 독사(doxa, 의견, 억견)를 구별한 것을 알 거예요. '있는 그대로 사물을 보는 것to see thing as it is'은 에피스테메, 사물을 '그것이 나타나는 바대로 보는 것to see thing as it appears'은 독사지요. '독사'는 '나타나다, 보이다, 생각하다'를 뜻하는 도케인dokein에서 비롯했어요. 성경에서는 '영광glory'이란 뜻으로 주로 쓰이지요. 플라톤은 본질 인식에 도달하지 못하고 눈에 보이는 대로 생각하는 지식을 '독사'라고 불렀어요. 이런 지식을 다르게는 '피스티스pistis', '믿음'이라고도 합니다. 예컨대 영어로 '내가 믿는다I believe'라고 할 때, 믿는다believe는 것은 그럴 것이라고 추정하는 앎이지 '확실한 앎'이 아니죠. 앎to know과 믿음to believe은 위계 질서를 갖는데, 앎이 상위에 있어요. 지식knowledge이란 확실하고 믿을 만한 것이고, 믿음faith이란 확실하지 않고 결정적이지 않은, 그래서 지식에 비하면 2차적 의미를 갖는 것으로 보지요.

지금까지 이야기한 내용을 요약하자면 그리스 전통에서는 '앎'이나 '지성'은 '의견'이나 '믿음'보다 우위에 있고, 그것을 얻는 것이야말로 참된 구원을 얻는 것이지요. 보되 참되게 보는 것, 제대로 보는 것 그 자체가 구원이요 해방입니다. 그렇기 때문에 그리스 전통에서는 '본다'는 것을 아주 많이 강조해요. '본다'는 것은 곧 '안다'는 것이고, '안다'는 것은 곧 '본다'는 것이지요. 영어에서도 '본다to see'는 표현이 '안다to know'는 말과 통하잖아요? 이 표현 밑에는 그리스 전통이 깔려 있어요. 육신의 눈으로 보는 것에는 오류가 발생할 수 있어요. 예를 들어, 네모 난 탑이 있는데 멀리서 볼 때 그것이 둥근 탑으로 보일 수 있단 말이죠. 우리 눈은 착시 현상을 불러올 수 있거든요. 그렇기 때문에 신체의 눈이 아니라 '정신의 눈'으로 보면 사물의 본질을 파악할 수 있다고 믿게 되었지요. 이렇게 해서 얻은 지식이 그노시스gnosis입니다. '정신, 이성, 지성'으로 사물을 파악하는 것이야말로 '깨달음'이고 '구원'이라는 것이지요. 그래서 지적인 활동, 지적 활동 가운데서도 가장 순수한 봄 theoria의 활동—라틴어로는 'contemplatio'인데 여기서 익숙한 번역어인 관상觀想이란 말이 나왔지요—이 인간이 누릴 수 있는 최상의 행복이라고 보았지요. 아리스토텔레스의 《니코마코스 윤리학 Ethica Nicomachea》에 이 정신이 잘 드러나 있습니다. 인간의 궁극적 통찰을 순수한 정신적인 봄에서 찾았다는 점에서 아리스토텔레스는 플라톤보다 훨씬 강한 지성주의자였어요.

  반면 성경 전통에서 보면 우리 인간의 행복은 '사물의 진리를 꿰뚫어 보는 것'에 있지 않고 '하나님을 아는 것knowing God'에 있어요. 히브리어로 '다아트 엘로힘da'at elohim', 곧 '하나님을 아는 앎'은 예컨대 "하나님은 인애로우시고 자비로우시고 노하기를 더디하시고" 할 때처럼 (신학 용어로 말하자면) '하나님의 속성'에 대한 지식을 포함하지만 무엇보다도 하나님을 사랑하고 순종하고 그로 인해 즐거워하는 것이에요. 여기에는 하나님이 원하시고 좋아하시는 것을 삶에서 실천한다는 것이 포함되어 있어요. '안다'란 뜻의 히브리어 '야다yada'는 객관적인 지식보다는 체험적인 지식, 사귐으로서의 지식, 교제로서의 지식을 뜻해요. 흔히들 얘기하듯이 이때의 교제는 특히 '성적性的 교제'를 뜻하지요. 창세기에서 "아담이 그의 아내 하와와 동침하매 하와가 임신하여 가인을 낳고"(창 4:1)라고 할 때, '동침하였다'는 성관계를 가졌다는 말인데, 이때 쓰인 동사가 '야다'이거든요. 신약성경에서도 마찬가지입니다. 천사가 마리아에게 "네가 잉태하여 아들을 낳으리니 그 이름을 예수라 하라"(눅 1:31-34) 하자 마리아가 "나는 남자를 알지 못하니 어찌 이 일이 있으리이까" 하고 반문하지 않습니까? 이 말씀에서 '남자를 알지 못한다'는 것은 남자의 생물학적·신체적 구조를 모른다는 말이 아니라 '남자와 자본 적이 없다'는 뜻이지요. 마리아는 자신이 남자와 동침해 본 적이 없는데 어떻게 아이를 낳을 수 있냐고 말했던 것이지요. 그러니까 '안다는 것'은 교제와 동침과 사귐의 친밀한 관계를 맺는다는 뜻이에요.

특별히 예언자 호세아가 "내 백성이 지식이 없으므로 망하는도다"(호 4:6)라고 할 때 '지식'이란 무슨 과학에 관한 지식이나 경제에 관한 지식이 아니라 하나님을 아는 지식입니다. 이어서 "우리가 여호와를 알자 힘써 여호와를 알자"(호 6:3)라고 할 때도 '하나님을 아는 지식'을 강조하지요. 여호와를 아는 지식, 하나님을 아는 지식이 하나님 백성 사이에 없다고 할 때는, 진실과 정의로움이 없고 거짓과 살인과 악행을 저지르는 것을 보고 그렇게 말하거든요. 그러니까 하나님이 원하시는 실천적 행위, 즉 자비를 베풀고 정의를 세우고 가난한 자와 나그네를 돌보지 않는 것을 두고 한 말이지요. '하나님을 안다'는 것은 이렇듯 이론적 지식이기보다는 실천적 지식, 실천적 앎입니다. 이 세상에서 정의롭고 공정하게 살면서 자비를 베풀고 가난한 자와 나그네들을 생각하며 살라는 뜻입니다.

양희송 그런 맥락에서 이스라엘 백성의 우상 숭배를 '영적 간음'으로 보는 것일까요?

강영안 이스라엘 백성과 하나님의 관계는 마치 남녀의 깊은 사랑처럼 친밀한 관계입니다. 하나님을 섬기지 않고 우상을 섬기는 것은 이 사랑을 배반하는 것입니다. 그러니 간음이라 이야기할 수 있는 것이지요.

양희송 앞서 헬라 문화권에서 '믿음(피스티스)'이란 하나의 의견

opinion에 불과하다는 생각이 편만했다면, 기독교 신앙을 '피스티스'가 아니라 '에피스테메'의 차원으로 제시해야 한다는 강박관념이 초대교회에서는 매우 강하지 않았을까 합니다. 그런 상황이라면, 기독교 신앙을 신령한 지식gnosis으로 제시한 영지주의gnosticism의 매력이 매우 강렬했겠다 싶네요.

강영안 그리스 전통에서 에피스테메와 독사를 구별하는 이분법이 등장하긴 하지만, 그노시스라는 단어는 일상적 용어로 쓰일 수 있는 말이니까 너무 강조할 필요는 없어요. 그리스 철학 전통에서는 '앎'이란 확실한 지식이고 '믿음'이란 불확실한 지식이에요. 그런데 신약성경이 헬라어로 기록되기는 했지만 그 문화적 배경은 그리스 전통보다는 히브리적인 배경이 더 강하거든요. 신약성경에서 '피스티스'란 단어를 쓸 때는 에피스테메에 대립되거나 이차적 중요성을 갖는다는 의미가 아니라, 오히려 구약성경의 '믿다aman'나 '진리emeth', '신뢰emunah' 등에서 의미를 끌어오고 있습니다. 이 단어들은 모두 '튼튼하다, 견고하다'라는 뜻이에요. 히브리 전통에서 '믿음'이란 그리스 전통에서 드러나는 것처럼 본 것에 대한 추측이나 의견이 아니라, 확고하고 믿을 만하고 튼튼하고 충실하고 신뢰할 만한 것을 의미합니다. 시편에서 '하나님은 진실하시다' 이런 표현이 계속 나오는데, 이 뜻은 하나님은 신뢰할 만한 분이시고 반석처럼 견고하시기에 우리를 그분께 맡길 수 있다는 것입니다.

그러니까 구약에서부터 내려오는 '믿음'에 대한 이해가, 비록 헬라어로 쓰였지만 신약에서도 이어지는 것으로 봐야 해요. 이를 단순히 그리스 전통 측면에서만 보고, 믿음이 지식보다 부차적이거나 저급한 것이라고 생각하면 곤란하지요. 믿음이란 '신뢰trust'이고 '맡김commitment'이고 '신실성faithfulness'이에요. 성경 전통에서는 '믿음'을 '앎'과 대립되는 것으로 보지 않았다는 것이 아주 중요합니다. '믿음'을 뜻하는 헬라어 '피스티스'를 단순히 그리스 문화의 어법으로 이야기하기보다는 히브리적 배경에서 이해해야 믿음과 지성, 신앙과 지성이란 이분법에서 벗어날 수 있어요. 나는 이 점에서 마르틴 부버Martin Buber의 관찰이 잘못되었다고 생각해요. 그렇게 잘못 판단하는 데는 물론 불트만Rudolf Bultmann의 영향이 있기는 하지만. 부버는 이스라엘의 믿음, 심지어 복음서에서 예수에게서 볼 수 있는 믿음은 하나님에 대한 절대 신뢰의 삶인 반면, 바울에게서 볼 수 있는 믿음, 곧 기독교화된 믿음은 일종의 명제적인 지식이라고 봐요. 이것을 부버는 '두 가지 신앙 방식zwei Glaubensweisen'이라고 불러요. 저는 그렇지 않다고 생각해요. 기독교의 믿음에는 명제적 내용이 들어 있지만 온전한 믿음은 하나님께 온전히 맡기고 순종하는 삶이에요. 여기서 사랑이 나오고 소망이 나오고 사랑과 소망을 통해서 이 믿음은 더욱 견고해지며 더욱 일관성을 지니는 것이죠.

양희송 요컨대 성경이 말하는 '믿음'은 헬라적 에피스테메보다 열등한 것이 아니라고 정리할 수 있겠군요. 그렇다면 지금 우리가 맞닥뜨리는 문제로 돌아와서, 헬라적 에피스테메를 다루고 있다고 주장하는 철학이나 과학에서 제기하는 질문을 우리는 히브리적 신앙의 관점에서 대답해야 하는 상황이 되는 건데요. 어떤 식으로 대화가 가능할까요?

강영안 그전의 논의로 잠시 돌아가 보면, 성경에서 지성이 강조되느냐를 이야기할 때 제가 사실 좀 부정적인 뉘앙스를 담고 말했습니다. 성경은 지성을 강조하지도 않고, 헬라적 의미의 지식으로 구원을 얻는다고 보지도 않아요. 단순히 학문을 강조하지 않았다기보다는 전도서에 나오는 "내 아들아 또 이것들로부터 경계를 받으라. 많은 책들을 짓는 것은 끝이 없고 많이 공부하는 것은 몸을 피곤하게 하느니라"(전 12:12)라는 구절에서 드러나듯, 책을 짓는 것은 사람을 피곤하게 한다는 경험을 이야기합니다. 우리도 경험으로 익히 알고 있잖아요. 그 말씀은 참 진실하지요. 더욱이 기독교 학문 운동을 하면서 이 문제를 더 생각하게 됩니다.

양희송 그렇다면 성경에 따르자면 공부를 열심히 하라고 하면 안 되겠네요? (웃음)

강영안 당장 그렇게 결론을 내릴 수 있는 것 같지는 않아요. (웃음) 우리 동아시아 전통에서는 '공부工夫'라는 말을 많이 쓰는데, 이 말은 불교 전통에서 온 말이에요. 당나라 불교 전통에서 주로 쓰던 말을 송나라 때 신유학이 일어나면서 '공부'란 말을 즐겨 쓰기 시작했어요. 그래서 마음공부, 글공부, 몸 공부, 이런 말이 생겼지요. '공부한다'의 문자적 의미는 '애쓴다, 땀 흘린다'라는 뜻이에요. 참선 수련할 때 스님들이 '용맹정진勇猛精進'이라는 말을 자주 쓰는데, 공부를 하되 어떻게 해야 하는지를 보여 주는 것이지요. 쿵푸(쿵후)가 '공부'에서 왔다는 것은 상식이지요. 그런데 영어의 '스터디study'도 의미가 비슷해요. 라틴어 '스투디움studium'에서 온 말인데 동사 '스투데오studeo'는 영어로 하자면 'to strive', 'to endeavor', 'to make an effort'란 뜻입니다. 추구하고, 애쓰고, 그야말로 노력한다는 말이지요. 땀 흘리지 않고서는 공부할 수 없다는 말임을 중국어나 라틴어에서 확인할 수 있어요.

성경 전통은 지적 활동을 우위에 두지 않아요. 오히려 실천적인 활동을 우위에 두지요. 우리가 사물을 보고 안다는 것은, 예를 들어 나무가 죽었는지 살았는지, 지금 하늘에 구름이 떠 있는지 없는지 단순히 그런 상태를 아는 것입니다. 요즘 방식으로 이야기하면 과학적 지식이라고 할 텐데, 이러한 지식이 히브리 전통에서 무시당하지는 않았지만 적극적으로 추구하거나 권장되지는 않았어요. 히브리 사람들도 일상적으로 사물을 객관적으로 이해하고 파악했죠. 인지하고 지각하는 활동 없이 어떻게 사람이 살 수 있겠어요. 그러나 사물에 대한 지식을 그 자체로 추구하는 것을 그리 높게 보지 않았어요. 이스라엘 사람들의 지각없음, 지혜 없음을 한탄하는 구절이 성경에 여러 곳 있지만 이때 말하는 지각과 지혜는 대개 사람으로 마땅히 가져야 할 도덕적, 종교적, 일상적 지식이라고 해야 할 거예요.

'하나님을 아는 지식'이 드러나는 곳은 교실이 아니라 실천적인 삶 속입니다. 미가서 6장 8절을 보세요. "사람아 주께서 선한 것이 무엇임을 네게 보이셨나니 여호와께서 네게 구하시는 것은 오직 정의를 행하며 인자를 사랑하며 겸손하게 네 하나님과 함께 행하는 것이 아니냐." 여기서 거론된 것이 세 가지입니다. 정의, 즉 공의를 행하기를 원하시며 인자(자비)를 사랑하기를 바라시며 겸손하게 하나님과 함께 행하기를 바라시지요. 사물의 본질이나 질서, 사물의 진리 파악을 일차적으로 바라시는 것이 아니라, 공의를 행하고 자비를 사랑하고 하나님과 동행하며 살기를 바라신다는 말입니다. 그리고 그렇게 사는 것이 우리 인간에게도 행복입니다. 아리스토텔레스가 관상觀想, 즉 테오리아theōria의 삶을 최상으로 본 것과는 다릅니다. 물론 '테오리아'라는 것은 일종의 '신적 지식'을 갖는 것이고 '신과의 합일'이 테오리아 속에 있지요. 그러나 그것조차도 이론적인 것이고 어떻게 보면 하늘 위에서 누리는 것이에요. 그렇다면 성경에서 이야기하는 행복, 즉 이 땅에서 정의를 행하고 자비를 사랑하고 하나님과 동행하는 것보다 지성이 우위에 있다고 할 수는 없어요.

양희송 지금까지 이야기한 것을 토대로 보면, 도대체 지성이란 것은 신앙의 공간에서는 자리가 없는 것일까요?

강영안 그렇지 않아요. 오히려 그 반대라고 생각해요. 구약의 지혜 문서와 관련해서 여러 얘기를 할 수 있겠지만 신약성경에 국한하여 두 가지만 이야기하고 싶어요. 첫 번째가 예수님의 선포와 관련되어 있어요. 예수님의 메시지가 무엇입니까? "하나님의 나라가 가까이 왔으니 회개하고 복음을 믿으라"(막 1:15)는 것이었어요.

'회개하라repent'는 헬라어로 '메타노에이테metanoeite'이지요. 직역하면 '지성을 완전히 바꾸라'는 말입니다. 지성의 변화 없이 하나님의 나라에 들어갈 수 없다는 것 아니겠어요? 이때 지성은 지성 따로, 영성 따로, 덕성 따로의 지성이 아닐 거예요. 구체적인 삶과 행동을 제어하고 방향을 제시하는 마음의 태도, 삶의 태도, 생각의 방식을 모두 총칭하는 말이라고 보면 크게 틀리지 않습니다. 생각의 변화, 사고방식의 변화 없이는 참된 회개가 없어요. 결국 이것은 삶의 구체적 실천을 통해 드러나고 증명되는 것이지요. 내 지갑을 열고, 내 몸이 피곤하더라도 이웃에게 유익하면 나서고, 사람보다는 하나님을 먼저 두려워하는 것이 지성의 변화, 생각의 변화를 보여 주는 증거가 아닐까요?

두 번째는 바울의 가르침입니다. 로마서 12장 2절을 보면 바울은 "너희는 이 세대를 본받지 말고 오직 마음을 새롭게 함으로 변화를 받아 하나님의 선하시고 기뻐하시고 온전하신 뜻이 무엇인지 분별하도록 하라"(롬 12:2)고 말합니다. 여기서 마음은 헬라어로 '누스nous'입니다. 앎의 능력을 뜻합니다. 그러니까 이 말씀은 지성, 생각하는 능력을 바꾸어서 하나님의 선하시고 기뻐하시고 온전하신 뜻이 무엇인지를 분별하고 알라는 것입니다. 지적 변화, 지성의 변화를 요구하는 것이지요. 고린도전서를 보면 생각하는 데에서는 어른이 되라(고전 14:20)고 하잖아요? 방언에 대해서는 방언으로 천 마디 기도하는 것보다 오히려 지적으로 알고 파악하고 이해하고서 서너 마디 기도하는 것이 더 낫다고 바울은 말합니다.

이상을 종합해 보면 '믿는다'는 것과 '지성을 갖는다'는 것이 그리스 전통처럼 별개의 관계이거나 우열 관계가 아니라 믿음 속에 지성이 늘 있다고 할 수 있지 않을까 생각해요. 믿음이란 추측이나 의견이 아니라 '지적인 이해와 지적인 변화가 수반된 확고한 신뢰'입니다. 이야기를 시작할 때 '지성은 믿음의 필요조건이 아니다'라고 한 것을 이제 수정해야 할 것 같아요. '믿음은 지성을 수반한다'고 말이지요. 내가 앞서 '지성은 믿음의 필요조건이 아니다'라고 했을 때 그 '지성'은 이제부터 그리스 사람이 이해했던 의미라고 봅시다. 그리고 하나님에 대한 확고한 신뢰를 '믿음'으로 본다면 여기에는 의지와 더불어 지성이 개입될 수밖에 없어요. 객관적 앎은 아니라 할지라도 인격적 앎 없이 신뢰가 생기지 않을 뿐더러 지탱될 수 없지요. 지성의 변화가 수반되지 않는 믿음은 신약적 의미의 믿음이 아닙니다. 그러니까 신약성경에서 말하는 '지성'이란 대학을 졸업하고 학자로 사는 사람들의 지성이 아니라 학교 교육을 받지 못한 사람도 가지고 있는 지적 능력, 지각 능력을 뜻한다고 보아야겠지요. 이른바 지성인들, 많이 배운 사람들에게만 지성이 있는 것이 아니예요. 사람이면 누구나 알고 깨닫는 지성이 있어요. 그러므로 못 배운 사람, 학력이 전혀 없는 사람도 하나님의 말씀을 깨닫고 믿고 훌륭한 믿음의 사람이 될 수 있는 것이지요.

양희송 성경 전통에서는 지성과 신앙의 조화가 그리 어렵지 않게 연결되는 것 같습니다. 그런데 왜 우리는 지성과 신앙을 분리시켜 놓는 이야기가 더 익숙한 것일까요?

강영안 한국 교회를 돌아보면 언제부터인지는 모르나 어떤 문제에 대해서든 따져 생각해 보거나 질문하지 말고 '무조건 믿으라'는 분위기가 지배적입니다. 이런 분위기를 교회에서도 당연시하고 교회 바깥사람들도 기독교인들은 무조건 믿으라고만 한다고 생각하지요. 교회에서는 신앙에 대해 따져 보는 것을 부정적인 태도로 생각하는 것 같아요. 그것은 우리가 말하는 '믿음', 즉 신약성경적 의미의 '믿음'을 잘못 이해하기 때문이에요. 믿음이란 하나님께 우리를 전적으로 위탁하는 것이고 하나님을 전적으로 신뢰하는 것입니다. 이때 '신뢰'란 하나님은 어떤 분이시고 하나님이 우리에게 무엇을 원하시며 이 세계는 어떤 세계고 인간은 무엇인지 등 인간과 하나님의 관계, 이 세계와 하나님의 관계에 대한 인식의 토대 위에 전적으로 하나님을 신뢰하고 전적으로 그분께 맡기는 행위지요.

앞에서도 언급했듯 안셀무스는 '지성을 추구하는 신앙', 즉 '앎을 추구하는 신앙 Fides quaerens intellectum, Faith seeking understanding'이라는 표현을 썼습니다. 풀어서 이야기하자면 '신앙은 앎을 추구한다'는 말이지요. 우리가 하나님을 신뢰하고 성경이 하나님의 말씀이란 것을 믿는다면 이제 믿음의 내용을 알려고 노력해야 한다는 뜻입니다. 안셀무스의 이런 언급에는 그리스적인 배경이 깔려 있어요. 히브리 전통에서 본다면 믿음이란 '통합적이고 확고한 것에 대한 믿음'이자 우리 '하나님을 향한 신뢰'이고 '하나님께 우리 자신을 전적으로 맡기는 행위'입니다. 이것이 바로 성경에서 말하는 '믿음' 또는 '신앙'인데, 히브리 전통이 그리스 전통과 만나면서 생각하고 말하는 방식에 변화가 생긴 것이지요. 왜냐하면 그리스적 사고와 언어법에 따르면 무엇이라 생각하고, 추측하고, 어떤 의견을 갖는 단계와 확실하게 이해하고 파악하고 인식하는 단계가 구별된다고 보는 것이지요. 앞 단계가 믿음의 단계라면 두 번째 단계가 앎, 곧 인식의 단계입니다. 이런 배경에서 보면 믿음은 앎에 선행하는 것이지요. 아우구스티누스나 안셀무스가 앎에 대해 믿음의 선행성을 얘기하는 것을 이런 배경에서 볼 수 있을 겁니다. 그러나 일단 믿었으면, 그다음에는 분명하게 알려고 해야 한다는 생각을 이어서 하게 됩니다. 왜냐하면 사람은 지각이 있는 존재이고 지각 없이는 믿은 것을 제대로 실천할 수 없는 것이니까요. 이 점이 한국 교회에서는 별로 강조되지 않는 것인데, 크게 관심을 가져야 할 부분이에요.

여담입니다만 프린스턴 신학교 다니엘 밀리오레Daniel L. Migliore 교수가 조직신학 입문서를 출간했는데, 그 제목이 바로 《지성을 추구하는 믿음Faith Seeking Understanding》입니다. 밀리오레는 신학을 이렇게 이해합니다. 신학이야말로 이해를, 지성을 추구하는 믿음이라는 것이지요. 이런 의미에서 우리 한국 교회 교인들도 신학을 좀 공부할 필요가 있어요. 교회에서는 성경공부, 그리고 이제는 희귀해졌습니다만 교리공부까지는 하는데, 믿는 것을 성찰하는 신학공부까지는 나아가지 못하고 있습니다. 교회를 무슨 학교처럼 만드는 것에 저는 부정적이지만 공부를 너무 안하는 것은 생각할수록 기가 차요. 전문적인 지식은 수년간 공부하고 훈련하는데 하나님의 사람으로 자신을 빚어가는 데 필요한 지식을 습득하고 생각과 삶을 변화시켜 가는 데는 너무 무관심한 것 같아요.

서구 지성사에 기독교의 영향은 긍정적이든, 부정적이든 언제나 확인 가능하군요.

그러나 기독교적 배경이나 자취가 충분히 있다는 것만으로는,

시대마다 필수불가결한 대응과 역할을 하지 못했다 해서

기독교를 변호하기에 불충분할 것 같습니다만…….

그렇지요. 겸손할 필요가 있어요. 앞서 이야기한 대로

개인의 발견, 개인 인권의 중요성을 인식하려면 올바른 질서 유지라는 의미의

정의보다는 권리 개념에 근거한 정의 개념이 필요했지요.

인간을 하나님의 형상으로 지음 받은 존재라고 할 때

이런 의미의 정의는 하나님의 본성에 근거를 둔 개념이지요.

그런데 이러한 정의 개념의 발견조차도 그리스·로마의 지적 전통과 만나면서

가능했다고 해야 옳아요. 이 점은 중요한 교훈을 준다고 생각해요.

개인, 집단, 공동체 이야기를 하고 있지만

사실상 한국 교회의 상황을 깔고 대화한 것 같습니다.

한국 교회에 십자가가 없다는 말씀도 하셨고,

그 '십자가'는 어떤 내용인지도 살펴보았습니다.

그러면 궁금해지는 것이, 한국 교회에는 언제부터

이런 신앙 양식의 변화가 일어났을까요?

나는 교회사 학자가 아니기 때문에 이 문제를

교회사적 사건이나 연대를 가지고 차분히 이야기할 처지는 아닙니다.

그러나 상식 차원에서 얘기해 보면 아마 가장 큰 사건은 한국전쟁이었던 같아요.

…물질적으로나 정신적으로나 심리적으로나, 모든 의미에서

'철저한 파괴total destruction'를 경험하고 무엇을 기대할 수 있었을까요?

지금, 당장, 여기서 살아남는 것 외에 무엇이 있겠습니까?

어떻게 보면 역설적이죠.

한국 교회는 그런 면에서 근대화를 가장 잘 내면화하지 않았나 싶군요.

그런데 그런 사회적 변화에 따른 교회의 변화는

어느 정도 불가피한 측면이 있다는 생각도 듭니다.

대형교회는 그런 내면화의 가장 성공적인 경우라고 보면 될까요?

한국에서 대형교회가 형성된 이유는 여러 가지가 있겠지만,

앞서 이야기한 한국전쟁이 결정적인 역할을 했던 것 같아요.

가장 두드러진 경우가 이북 피난민이 주로 모였던 영락교회죠.

강남에 세워진 대부분의 대형교회는

1970년대 이후 강남 개발과 더불어 형성된 교회거든요.

대형교회의 형성과 한국의 자본주의 형성,

특히 경제 개발 과정과는 밀접한 연관이 있어요.

그 결과 나타난 것이 대형교회 교인들의 역할이죠.

교회에서 봉사도 하고 직분도 받고 양육도 받으며 훈련도 받지만

결국은 교회를 찾고 자기 욕구를 찾는 일종의 소비자로 전락합니다.

목회자 입장에서 보면 성도들은 소비자나 고객이 되고,

목회자는 고객 만족을 위해 설교도 해야 하고

프로그램도 진행하는 입장으로 전환됩니다.

어쩌면 오늘날에도 우리 그리스도인이 선을 실천하는 데

제일 많이 실패하지 않을까요.

정당한 이유를 내세워 그것을 가로막고 눈멀게 하는 것이

우리의 종교성, 종교적 행동 양식이 아닐까요.

어떤 경우에는 종교가 행동을 가능하게 해주는 동기로 작용하기도 하죠.

행동을 실천하는 좋은 수단, 좋은 방편vehicle이 될 수 있어요.

그런데 종교는 실천을 방해하는 '방해물obstacle'이 될 수도 있어요.

자기비판 없이는 거기서 빠져나오는 게 거의 불가능해요.

우리가 살아가는 포스트모던postmodern 시대에

기독교는 거대한 진리 주장을 하고 있지 않습니까?

그런데 이런 기독교적 '신뢰'가 근대적modern인 '회의'와 '의심'의 비판을

진지하게 거치면서 이를 넘어서는 것이 아니라,

순진무구한 전근대premodern로 돌아가 있는 것은 아닌지

어떻게 알 수 있을까요?

어떤 의미에서 아주 경건한 사람의 목소리보다는

경건치 못한 사람의 절망 속에서 우러난 진실한 비판이

오히려 우리의 신앙을 성숙케 하는 데 훨씬 중요한 역할을 합니다.

그러니까 우리 그리스도인들은 진심에서 우러나오는 비판이라면

심각하게 귀 기울이고 받아들여야 합니다.

12장_ 과학

모든 진리가 하나님의 진리라면

양희송 그리스 철학 전통에서는 '확고한 지식'을 에피스테메라 부르며 철학의 핵심적 추구 대상으로 삼았습니다. 반면, 믿음은 독사라 부르며 '의견'이나 '억견'(편견)이라고 평가절하했습니다. 그런데 오늘날 확실한 지식 추구는 과학에게 맡겨진 역할이라고 보편적으로 여기는 것 같습니다. 과학과 철학이 이렇게 확고한 지식의 지위를 주장하는데 그리스도인은 어떻게 보아야 할까요?

강영안 사실 그것이 갈등을 불러오지요. 유럽 전통을 보면 기독교와 그리스 철학이 만나면서 갈등이 생겨났습니다. 예를 들어, 유스티누스Iustinus Martyr, 오리게네스Origenes 등 초대 교부들과 그레고리우스Gregory of Nyssa, 바실리우스Basil of Caesaeria 등 카파도키아 교부들Cappadocian Fathers이 보였던 태도를 봅시다. 그리스 철학을 알고 있던 그들은 복음을 접하자 '복음이야말로 진정한 철학이자 참된 지식'이라고 생각하게 되었죠. 유스티누스나 오리게네스 등 초대 교부들은 그리스 철학 전통을 오늘처럼 대학에서 교육하고 연구하는 이론적인 학문으로 이해하기보다는 영혼 구원을 추구하는 실천적 활동으로 보았어요. 철학의 지향점은 영적 구원이었어요. 그런데 초대 교부들이 보기에 영적 구원, 참된 구원은 그리스 철학이 아니라 그리스도의 복음에서 얻는다는 확신을 갖게 되었지요. 그래서 그리스도 복음이 진리요 구원이라 주장할 수 있었어요. 예컨대 알렉산드리아의 클레멘스나 니사의 그레고리우스 같은 사람은 기독교 신앙이야말로 '참된 철학'이라 가르쳤지요.

양희송 기독교를 '참된 철학'으로 이해했기 때문에, 그리스 철학이 그와 대비되는 '사변적 철학'이라거나, '헛된 속임수'라는 식의 비판도 가능했겠군요. 그러면 우리가 지금 당연시하는 철학과 신학의 대립 관계는 언제부터 두드러진다고 볼 수 있을까요?

강영안 초대 교부 때부터 시작되었지요. 예컨대 테르툴리아누스는 분명히 철학을 거부했어요. 철학은 모든 이단의 온상이라 보았기 때문이지요. 물론 그 자신은 매우 철학적이고 논증적이었어요. 누구보다 탁월하게 논리를 전개하는 능력이 있는 사람이었거든요. 그런데 철학과 신학이 본격적으로 이분화된 것은 근대 이후의 현상이라 보는 것이 옳을 거예요. 그러나 그 씨는 이미 중세 대학이 설립되면서 뿌려지고 있었다고 보아야겠지요. 12세기에 유럽에 대학이 시작되면서 철학, 수사학, 역사 같은 인문학 분야와 법학, 의학, 신학 같은 직업 관련 학문 분야가 연구되고 교육되기 시작했지요. 그런데 대학 설립 당시 주도권을 가진 사람들이 그리스도인이었고, 교회가 대학을 설립하고 운영하는 주체였기 때문에 모든 학문 연구에는 창조주 하나님에 대한 신앙고백이 깔려 있었어요.

앞서 우리는 자연natura과 은혜gratia를 분리하여 생각하는 이분법에 대해 생각해 보았습니다만, 중세 사상의 절정에 도달했던 토마스 아퀴나스의 경우에도 어떤 영역도 하나님과 관계없는 영역이란 없다고 생각했어요. 하나님께서는 인간에게 지적 능력을 주셔서 하나님의 창조 세계를 탐구하는 것은 모두 하나님께서 주신 은혜요 선물이라는 의식이 있었어요. 학문 연구 전통이 기독교 안에서 성립되면서 하나님을 무엇보다도 지적인 분intellectual being으로 보는 생각이 자리 잡습니다. 인간의 지적 활동은 이렇게 보면 하나님이 하시는 지적 활동의 모방으로 볼 수 있게 되는 거지요. 하나님은 말하자면 '원형 지성intellectus architypus'이고 인간의 지성은 이 지성의 모방intellectus ectypus이라는 개념이 생깁니다. 여기서 지식과 관련해서 하나의 구도가 형성되지요. 사람이 탐구하는 대상은 지적인 존재인 하나님이 지으신 피조물입니다. 그러므로 하나님만이 피조세계에 대해 완벽한 지식을 가질 수 있습니다. 그런데 탐구하는 존재인 인간은 하나님으로부터 지성을 수여받았습니다. 하나님의 형상으로 지음 받았다고 할 때 도덕적 능력도 중요하지만 무엇보다도 지적 능력을 중세 학자들은 생각했습니다. 따라서 하나님의 피조물인 창조 세계를 탐구하는 행위는 말하자면 하나님의 지적 활동을 모방하는 활동입니다. 그래서 가장 이상적인 것은 하나님의 피조 세계를 탐구하는 인간의 지성과 탐구 대상이 되는 피조 세계가 제대로 만나는 것입니다. 이 만남을 중세 사람들은 '일치', '대응', '합치'라 번역할 수 있는 아다이쿠아치오adaequatio라고 불렀어요. 하나님이 지으신 사물res과 지성intellectus의 합치adequatio가 '참vertitas'이라는 정의를 토마스 아퀴나스는 하게 됩니다.

그런데 중세 후기에 균열이 발생하기 시작했어요. '이중진리론double truth theory'이 신학을 제외한 다른 학문에 영향을 미쳤어요. 중세 후기 사람들은 인간 본성에 주어진 빛을 통해 탐구하는 진리와, 하나님의 계시를 통해 주어지는 진리를 구별했어요. 그렇게 구별하기 시작하면서 신학을 제외한 다른 학문 분야는 신학이 늘 말하는 계시와는 독립적인 영역으로 점점 굳혀가게 된 것이지요. 사실 '자연의 빛lumen naturale'을 이야기할 때도, 하나님이 주신 '자연의 빛'이지 창조주 하나님을 떠나 자체로 비치는 빛을 따로 생각할 수는 없지요. 중세 학문의 역사를 들여다보면 대체로 모든 학문이 기본적으로 신학의 범위 안에서 이루어졌어요. 그런데 중세의 이중진리론이 균열의 씨를 뿌렸어요. 그 씨가 르네상스와 종교개혁과 계몽주의를 거치면서 '학문의 자유'로 발전되었어요. 헤르만 도이여베르트Herman Dooyeweerd의 말을 빌리자면 '학문의 세속화secularization of science'가 일어난 것이지요. 지적 탐구인 '학문'이 기독교 신앙과 무관하다는 생각이 학문을 탐구하는 사람들 사이에 자리 잡게 되었다는 말입니다. 계시에 의지하지 않고서도 얼마든지 자연과학과 사회과학과 철학을 탐구할 수 있다고 보는 것이 하나의 전통으로 자리 잡은 것이지요. 우리나라의 경우, 복음이 들어올 당시 학문과 신앙의 분리가 이미 전제된 상황이었어요. 지적 탐구와 신앙의 통합이 깨어진 상황에서 복음이 들어왔기 때문에 선교사들이나 복음을 받아들이는 사람들이나 신앙을 지적 탐구와 관련해 볼 생각을 하지 않았던 것이지요.

양희송 근대로 들어오면서 자연과학은 에피스테메, 즉 '참된 지식'을 자신들의 방법론으로 추구해 나가도 괜찮다는 정당성을 획득하며 나아갔지요. 반면 기독교 신앙은 하나님을 우리가 알 수 없는 '초월의 영역'에 머물게 하면서 종교의 영역을 보장받게 됩니다. 이런 근대적 구획의 문제는 우리가 신앙을 굳이 에피스테메의 지위를 주장하지 않는 한, 종교의 존재 기반은 얻을 수 있겠지만, 이미 근대인에게 형성된 지식의 위계 내에서 에피스테메를 다룬다는 과학과 피스티스적 지식을 다룬다는 신앙이 어떻게 관계 맺을 것인가를 묻게 됩니다.

강영안 오늘날 학자들 가운데 그리스도인이 많이 있어요. 그러나 미국, 유럽, 한국 등 대학에서 활동하는 학자들은 하나님이 존재하지 않는 것처럼 학문 연구를 해야 한다는 요구를 받습니다. 16세기 네덜란드의 신학자요 법학자인 휴고 그로티우스Hugo Grotius가 "마치 하나님이 존재하지 않는 것처럼Etsi Deus non daretur" 전제하고서 자연법 문제를 다룰 것을 권했습니다. 말하자면 '방법론적 무신론'입니다. 오늘날 대부분의 학자들은 '방법론적 무신론 methodological atheism'과 존재하는 것은 오직 자연뿐이고 초자연적인 개입이나 영향은 없다는 전제를 가지고 학문하는 '방법론적 자연주의methodological naturalism'를 토대로 학문하도록 요구받고 있다고 해야 할 것입니다. 희랍 전통에서 형성된 학문과, 신앙과 학문을 통합적으로 이해하자는 성경적 전통의 격차가 분명히 존재해요. 격차가 없다거나, 쉽사리 통합할 수 있다고 생각하는 것에 나는 회의적입니다. 다만, 그리스도인 공동체에게 하고픈 이야기는 우리조차 전적으로 방법론적 무신론과 방법론적 자연주의 입장에 서서 학문을 할 수는 없지 않겠느냐는 겁니다.

학문의 탐구 영역이란 사실 중세 학자들이 생각했던 것처럼 하나님이 지으신 피조 세계에 속하지요. 그리고 우리는 하나님이 주신 지적 능력을 갖고 있어요. 중세 사람들이 생각했던 것처럼 인간은 우리의 원형이신 하나님의 지성을 모방하여 그 능력을 발휘하고 활동할 수 있지요. 우리의 지적 능력이란 결국 하나님의 지적 능력을 닮아서 발휘하는 것입니다. 우리 자체가 고유하게 가진 능력은 아니지요. 만일 우리가 진리를 알았다면, 진리를 발견한다면 그것은 하나님으로부터 온 진리이지 다른 곳에서 온 진리일 수 없어요. 위튼 대학Wheaton College에서 오래 가르쳤던 아서 F. 홈스Arthur F. Holmes는 "모든 진리는 하나님의 진리All truth is God's truth"란 말로 이것을 표현했어요. 물리학이나 생물학을 통해 발견하는 '참된 것'이 있다면 그 '참된 것'은 하나님이 주신 것이고 하나님과 상관없이 참된 것은 없다고 보는 것이지요.

양희송 어느 쪽에서도 '하나님의 진리'를 발견할 수 있다면, 굳이 유신론적 전제를 갖는 것이 필요한 이유는 무엇일까요?

강영안 유신론적인 전제를 요구할 필요가 없지요. 대부분의 학자들이 유신론적 전제 없이 오늘날 학문을 하고 있습니다. "모든 진리는 하나님의 진리"라는 생각은 오히려 유신론적 믿음을 가진 그리스도인 학자에게 학문을 할 때 기대할 수 있는 태도가 아닌가 해요. 신앙이 없는 학자들이 정당한 방법을 통해 연구한 결과 얻어 낸 것들이 있다면, 그것이 만일 참이라면, 그리스도인들도 그것을 받아들일 수 있습니다. 그런데 그리스도인들 가운데는 학문을 할 때는 완전히 무신론자인 것처럼, 자연주의인 것처럼 할 때가 많습니다. 그렇게 배웠고 그렇게 훈련받았기 때문입니다.

양희송 그리스도인들이 신앙을 가지고 학문한다고 할 때 무엇에 관심을 두어야 할까요?

강영안 그리스도인들이 학문 영역에서 가진 '책임'은 기본적으로는 지적 존재로서 하나님의 활동에 참여하는 것이며 또 하나님이 창조하신 세계를 드러내고 이해하는 길이라고 보아야겠지요. 그런데 그리스도인들의 학문 활동은 여기에만 한정되는 것이 아닙니다. 두 가지 기능이 중요하다고 생각해요.

첫째, 우리는 삶을 더 풍요롭게 일구고 자신과 타인의 세계를 더 깊이, 더 넓게 이해해야 합니다. 그러한 이해의 바탕 위에서 하나님을 사랑하고 타인을 사랑하고, 이렇게 하는 가운데 자기를 사랑하는 사람으로 살아가야 하지요. 학문의 목적, 지적 탐구의 방식, 탐구 영역에 따라 차이가 있을지라도 궁극에는 자기와 타인과 세계를 이해하여 사랑으로 결과가 실천되도록 이끌어 가는 것이 중요합니다. 의학이나 과학 기술은 훨씬 즉각적인 결과를 얻기도 하지만, 의도와 전혀 반대되는 결과가 나올 수도 있지요. 예를 들어 발전된 의학 기술이 다수의 가난한 사람들에게 혜택을 주기보다는 극소수의 부자들을 위한 것이 될 가능성이 있습니다. 아무리 의도가 좋더라도 실패하고 엉뚱한 결과를 불러올 수도 있습니다. 그렇더라도 그리스도인 학자들은 가난한 사람들과 소외된 사람들이 충분히 결과를 누릴 수 있는 방향으로 사회정책을 만드는 데 애쓰고 기여해야 합니다. 그리스도인 학자들은 학문 연구 과정뿐만 아니라 결과에도 관심을 두어야 합니다.

둘째, 그리스도인 학자들은 비판적 기능도 수행해야 합니다. 모든 인간의 활동 영역, 즉 정치, 경제 등에 거짓과 위선이 들어오고 악의 요소가 개입할 수 있는 것처럼, 우리의 학문 영역 곧 지적 탐구 영역에도 거짓과 악의 요소가 자리 잡을 수 있어요. 개인의 불성실이나 부정직성으로 악의 요소가 생길 수도 있고, 어떤 연구 결과를 성급하게 내려다가 악의 요소가 개입할 수도 있어요. 특정 계급의 이익이나 당파의 이익을 위해 거짓된 조작이 행해질 수도 있고요. 특히 공학이나 자연과학 계통은 워낙 많은 연구자들이 활동하면서 검증하기 때문에 결국에는 거짓이나 악이 밝혀지고 드러납니다. 그러므로 그리스도인 학자들의 중요한 과제 가운데 하나는 자기가 속한 학문 분야에서 발생 가능한 거짓이나 악의 요소를 드러내고 밝히는 것입니다. 그런 활동을 나는 '비판적 활동' 또는 '비판적 작업'이라 부르고 싶습니다.

양희송 앞에서 제가 제기한 질문은, 그리스적 철학 전통에 따르면 에피스테메는 '참된 지식', 피스티스는 '의견' 수준으로 위계화되어 있는데, 이런 사고방식이 근대에서 과학과 종교를 구분하는 데 고스란히 되살아났다는 것입니다. 이런 구조에서는 통합적 신앙, 통합적 지식을 이야기하는 것이 원천적으로 불가능하지 않느냐는 것입니다. 창조과학 논란이나 리처드 도킨스Richard Dawkins의 논의도 결국 파고들면 희랍적 구분을 이미 받아들여 놓고 한쪽은 기독교 신앙이 에피스테메에 도달할 수 있다 하고, 다른 쪽은 종교는 그 작업에서 빠지라는 식으로 비판하는 양상이 아닌가 싶습니다. 이 상황을 어떻게 돌파해 가야 할까요?

강영안 무신론에 대한 이야기에 앞서 근대 과학의 성격 자체를 규명해 볼 필요가 있어요. 마이클 폴라니Michael Polanyi는 그리스 전통과 기독교 전통의 만남으로 근대 과학이 가능했다고 보았지요. 근대 과학의 발생에 동력 역할을 했던 기독교가 이제 영향력이 감소되면서 오히려 과학의 진로에 장애가 생긴다고 폴라니는 보았습니다. 예를 들어 자연과학이든 사회과학이든, 아니, 인문학이든 간에 과거의 학문 이념은 '진리 탐구search for truth'임을 분명히 했습니다. 그런데 이제 '진리'란 단어는 학계에서는 완전히 사라진 말이에요. 지식이란 말만 남았어요. '지식 경제', '지식 창출', '지식 생산', '지식 확산' 등 지식이란 말은 많이 쓰지만 진리는 학계에서 사라진 단어입니다. 과학이 무엇을 하는 것인지, 과학 연구 목적이 무엇인지 규정하기가 이제 그만큼 힘든 것이지요. 산업에 기여하여 경제적 부를 창출하는 것을 떠나서 과학을 이야기하기 힘들게 되었어요. 그런데 아직도 물음을 가지고 끊임없이 탐구하는 과학자를 보세요. 그들이 정말 그 많은 시간과 에너지를 경제적 부를 창출하기 위해 사용합니까? 사물의 본성을 밝히고 무엇이 참인지 들여다보고 알고 싶은 충동이, 드러내 놓고 말은 하지 않지만, 심중에 깊숙이 깔려 있어요. 진리에 대한 욕구, 진리에 대한 갈증이 인간 내면에 있습니다. 그것을 오늘의 문화가—프로이트의 용어로 하자면—'억압'하고 있지요. 그래서 속으로는 참된 것, 진리에 갈증이 있으면서도 겉으로는 학문 탐구가 참된 것과는 무관한 듯 학자들이 태연하게 지내도록 하는 것이지요.

    1960년대 이전까지 과학계를 주도한 철학은 '논리 실증주의'였습니다. 논리 실증주의에 따르면 신뢰할 수 있는 지식은 논리 형식에 따라 참인 지식, 그리고 경험적으로 검증 가능한 지식에 국한된다고 보았습니다. 과학자 개인의 믿음이나 열정, 사회적 환경이나 역사적 우연성 같은 요소는 과학 지식에 별로 중요하지 않다고 주장하게 되었습니다. '검증 가능성'이 전가의 보도처럼 쓰였지요. 1960년대는 논리실증주의가 사실상 거의 몰락한 상황이었는데 신학에서는 여전히 신학적 명제의 검증 가능성을 에워싼 토론들이 있었습니다. 적어도 신뢰받을 만한 지식이 되려면 경험을 통해 검증되어야 한다는 조건을 논리 실증주의가 내세운 뒤로는, 여기서 배제된 예술이나 정치, 윤리학 등의 위상이 문제로 등장했습니다. 이런 분야는 이른바 '가치'란 이름으로 '사실'의 영역과 엄밀히 구별되었지요. '사실'과 '가치'의 이분법이 생겨났어요. '사실' 자체를 중요하게 생각한다는 점을 문제 삼고 싶지는 않아요. 현재 우리의 문화야말로 사실 그 자체를 중시하지 못하는 데서 심각한 문제가 있거든요. 언론계나 정치계는 특히 문제되는 사안이 있을 경우 엄정하게 사실을 확증하고자 하는 열정이 필요한데 그렇지 않거든요. 사실이 사실로서 자리 잡고 이해되는 것이 단순히 주어짐 자체로 되는 것이 아니라 이해하고 해석하고 소통하는 방식이 중요한데, 논리 실증주의는 이 면을 보지 못했습니다.

양희송 과학은 '사실'을 다루고 종교는 '가치'를 다룬다는 식의 논법이 더 이상 유효하지 않다는 말씀이지요?

강영안 크게 보자면 두 가지 영역에서 이야기할 수 있어요. 하나는 이른바 '철학적 해석학philosophical hermeneutics' 분야를 통해 논의된 내용이구요, 다른 하나는 '과학철학'의 출현을 통해 '사실'이 단순히 존재하는 것이 아니라 이해하고 해석하는 주체와 주체가 소속된 공동체와 연관해서 파악되고 이해된다는 것입니다. 이를 전면적으로 부각시킨 사람은 토머스 쿤Thomas S. Kuhn입니다. 그는 《과학 혁명의 구조The Structure of Scientific Revolutions》에서 과학의 진보란, 사실 파악을 통해 점진적으로 발전되는 것이 아니라 혁명적인 '패러다임 전환'으로 이루어진다는 이론을 펼칩니다. 쿤이 말한 '패러다임'은 이 책 초판이 나온 뒤 많은 오해를 불러 일으켰지요. 1972년 재판을 출간하면서 쿤은 패러다임의 성격을 두 가지로 간략하게 이야기하게 됩니다.

첫째, '패러다임'은 여러 복잡한 현상을 설명할 수 있는 힘을 가진 이론을 가리킵니다. 설명할 수 있는 힘이 있는 이론은 관련된 분야의 학문적인 모형 역할을 하는 이론입니다. 가령 천체 운동과 지상의 여러 물리학적 운동을 설명하는 이런저런 이론이 있었는데 그 모든 것을 하나로 통합한 형태의 물리학이 '뉴턴 물리학'이었습니다. 그렇기 때문에 뉴턴의 이론이 이론적 모형으로서 패러다임 역할을 하게 되었지요. 둘째, 패러다임 구성의 중요한 요소는 이론만이 아니라 그 이론을 가지고 탐구하는 과학자 공동체의 형성입니다. 단순히 이론 자체가 참이기 때문에 과학 지식이라는 위상을 부여받는 것이 아니라 과학자들의 공동 연구가 형성되어 그 이론을 모형으로 개별 연구가 진행되어야 한다는 말이지요. 그러니까 이론뿐만 아니라 그룹 형성이라는 사회적, 역사적 사실도 중요하게 된 것이지요. 과학 이론이란 단순히 사실에 근거하여 사실만을 파악하는 것이 아니라 사실을 참으로 받아들이고 그것을 해석하는 과학 공동체의 역할이 중요하다는 이야기입니다.

쿤의 이론을 자세하게 이야기할 필요는 없겠지요. 중요한 것은 과학적 지식이 지식으로서의 위상을 얻는 데는 사실과 이론뿐만 아니라 이론과 사실을 해석하고 유통하는 과학 공동체와 그 속에서 작용하는 일종의 권력관계가 필요함을 쿤이 보여 준 것입니다. 쿤의 관점은 미셸 푸코Michel Foucault의 관점과도 통합니다. 《담론의 질서L'ordre du discours》라는 강연집에서 푸코는 '포함과 배제'의 법칙을 내세우죠. 지식을 생산하고 유통시키는 집단의 존재가 부각됩니다. 포함과 배제의 권력 관계가 언제나 존재한다고 보는 것이지요. 푸코가 예시한 경우가 멘델의 유전법칙과 같은 이론이 수용되는 과정입니다. 이 이론이 학계에 수용되는 데는 적어도 40년이 걸렸습니다. 기존 학계의 담론 구조에 맞지 않기 때문에 배제당했다는 것이지요. 1960년 출간된 한스 게오르크 가다머Hans-Georg Gadamer의 《진리와 방법Wahrheit und Methode》이 보여 주는 것도 비슷합니다. 우리의 지식은 선입견 또는 선판단을 통해 형성될 뿐 아니라 전통과 권위가 이해 과정에 중요한 역할을 한다는 것을 보여 주었습니다.

양희송 '지식'의 배후에는 이를 규범으로 받아들이는 집단이 존재한다, 혹은 권력관계가 작동한다는 지적인 듯한데 결국 '논리실증주의'적 과학관은 이제 논파된 것으로 보면 될까요? 그렇다면 이것과 '신앙적 앎'은 어떻게 연결되는가요?

강영안 논리 실증주의는 50년대 말에서 60년대 초에 몰락했습니다. 그 뒤에 나온 철학적 해석학과 과학철학은 과학 지식이란 하나의 이해 과정과 선택 과정이 개입된다는 것을 보여 준 점에서 중요한 기여를 했습니다. 토머스 쿤에게 큰 영향을 준 마이클 폴라니의 《인격적 지식Personal Knowledge》은 원래 기포드 강연 내용인데 1958년에 책으로 출간되었어요. 폴라니는 객관성과 객관주의를 엄밀히 구별합니다. 우리는 객관성을 추구해야 하지만 객관주의는 과학에 대한 잘못된 이상이라 보는 것이지요. 과학 지식은 '개인적·인격적 헌신personal commitment'에 기초하고 있음을 밝힌 것도 폴라니의 공로입니다. 앞에서 얘기한 것처럼 "너희가 믿지 않으면 알 수 없으리라"라는 아우구스티누스의 표현을 폴라니는 일종의 모토로 사용합니다. 앞서 살펴본 안셀무스의 표현도 사실 아우구스티누스의 표현을 빌린 것이지요. 이렇게 보면 과학 지식도 종교적 지식이나 정치적 지식과 크게 다를 바 없게 됩니다. 이른바 이층 구조는 존재하지 않습니다. 과학 지식도 생각보다는 종교와 예술, 정치와 내재적으로 매우 밀접한 관계를 안고 있고 종교와 예술, 정치는 생각보다 훨씬 더 사실·경험과 연관되어 있습니다. 그러므로 과학은 사실 영역이고 그 외 활동은 가치 영역이라 이분화해서 층을 나누어 살게 할 수 없습니다.

  모든 것을 의심해야 한다는 것이 근대 과학적 지식의 기본적인 태도입니다. 그런데 이제는 '믿음' 또는 '신뢰' 없이는 지식을 얻을 수 없음을 누구나 인정하게 되었습니다. 예를 들어 어린아이의 학습 과정을 보십시오. 비판에 앞서 아이들은 먼저 수용합니다. 비판에서 시작하면 아무것도 배울 수 없습니다. 가르치는 사람을 신뢰해야 학습이 가능합니다. 아이들은 언어를 배울 때도 어머니나 아버지가 하는 말을 그대로 따라서 배웁니다. 수를 배울 때도 콩을 몇 개 갖다 놓고서 하나, 둘, 셋, 넷이라고 세면서 하나에 하나를 더하면 둘, 이런 식으로 수를 셈하는 것을 배우게 되지요. 가르치는 사람에 대한 신뢰가 쌓이고 나서야 배움이 가능합니다. 폴라니의 '인격적 지식' 프로그램은 데카르트의 지적 태도에 대한 전면적 반격이라 할 수 있어요. 데카르트는 모든 것을 의심하라고 하지요. 의심은 상당히 많이 배운 다음에 가능합니다. 신뢰와 믿음, 수용이 지식의 출발점입니다. 비판과 혁신은 여기에 뒤따라옵니다.

양희송 지식의 출발을 '신뢰'에서 구할 것인가, '의심'에서 구할 것인가가 날카롭게 대립되는군요. 과학적 지식에서조차도 '신뢰'의 태도가 설 자리가 있다는 것인데, 그런 입장이 어느 정도 지지를 얻고 있다고 볼 수 있을까요?

강영안 앞서 잠시 얘기했듯이 데카르트의 입장은 사실상 플라톤의 '참된 지식epistēmē'과 '의견doxa'을 구별하는 전통을 그대로 계승한 것입니다. 이들의 관점에서 보면 신뢰나 믿음은 지식 영역에서 배제됩니다. 이러한 전통을 일컬어 폴라니를 따른다면 '비판철학'의 전통이라 부를 수 있을 겁니다. 그런데 지식의 형성과 기능 방식을 자세히 들여다보면 의심보다는 신뢰가 지식을 가능하게 하는 선행조건입니다. 폴라니의 연구를 토대로 해서 보면 어떤 지식이라도 그 밑바탕에는 근본적인 믿음이 깔려 있습니다. 나의 감각 기관, 내가 사용하는 추론 능력, 내가 사용하는 언어, 타인의 연구 결과 등에 대한 믿음이나 신뢰가 없다면 지식을 습득할 수 없고 연구도 가능하지 않습니다. 이러한 입장을 '비판 이후의 철학Post-critical Philosophy'라고 폴라니는 부르지요.

신기하게도 이런 '비판 이후의 철학'을 아브라함 카이퍼

Abraham Kuyper에게서 발견하게 됩니다. 카이퍼는 19세기 말 《신학의 백과사전 *Encyclopaedie der Heilige Godgeleerdheid*》(전 3권)을 출간했습니다. 특히 2권을 보면 지식에서 믿음의 역할에 관해 상당히 자세하게 체계적으로 논의하고 있습니다. 물론 여기에는 아우구스티누스와 안셀무스의 전통이 깔려 있지만 지식의 선행조건으로 믿음의 중요성을 그 정도로 논의한 철학자는 카이퍼 이전에는 없었습니다. 월터스토프는 《정의와 평화가 입맞출 때까지》에서 이론과 실천을 다루는 마지막 부분에 카이퍼 사상을 원용하고 있습니다.

양희송 과학적 지식이 가장 객관적이고 참되다는 주장이 생각보다 그다지 객관적이거나 참되지 않을 수 있다는 이야기를 나누었네요. 그 와중에 '의심'이나 '회의'가 아니라 '믿음'이나 '신뢰'가 지식의 토대를 형성하는 데 매우 중요한 부분을 차지한다는 점도 말씀해 주셨고요. 데카르트 이래로 서구 근대의 전통을 비판적으로 평가하는 이 부분은 별도로 더 논의가 필요하지 않을까 싶네요.

강영안 아주 흥미로운 작업이 될 겁니다.

13장_ 의심

기독교를 어떻게 믿을 수 있나

양희송 무신론 이야기를 좀 하고 싶은데요, 그전에 해석학 이야기를 조금 하면 좋겠습니다. 저명한 구약학자 월터 브루그만Walter Brueggemann은 《구약신학 *Theology of the Old Testament: Testimony, Dispute, Advocacy*》(1997)에서 성서가 하나님의 말씀이라는 주장 이전에라도 텍스트 자체가 신뢰의 기반에서 읽혀야 할 필요가 있다, 모든 텍스트는 기본적으로 증언testimony이다, 그런 얘기를 합니다. 케빈 밴후저Kevin Vanhoozer도 《이 책에 의미가 있는가? *Is there a meaning in this text?*》(1998)에서 현대의 다양한 독자반응reader-response 해석학에 대응해서 저자의 의도를 중요시하는 '신뢰의 해석학'을 주장합니다. 저는 그 입장에 대해 여전히 묻고 싶은 질문이 있는데, 텍스트에 포함되어 있을 수 있는, 고의든 아니든 '속임deception'의 문제를 피해 갈 수 있을까 하는 것입니다.

강영안 브루그만은 구약학자이고, 밴후저는 조직신학자이면서 신학적 해석학에 기여한 학자입니다. 이 두 분은 전공이 다르기는 해도 어떤 텍스트를 읽더라도 신뢰 없이 읽을 수 없다는 점을 강조한다는 공통점이 있습니다. 전통적으로 텍스트의 의미는 세 가지 층위에서 다루었지요. 가장 오래된 것이, 저자가 뜻하는 것이 무엇인가intentio auctoris를 알아내는 것이 텍스트를 읽는 목적이라 본 것입니다. 두 번째 경향은 저자의 의도와 상관없이 텍스트가 생산하는 의미intentio operis에 관심을 두는 독해 방식입니다. 세 번째는 텍스트를 읽고 수용하는 독자의 반응, 독자의 이해intentio lectoris에 관심을 두는 방식입니다. 밴후저나 브루그만은 해석에서 텍스트의 의미를 중요시하는 학자입니다. 그럼에도 텍스트를 의미 있게 하는 것은 저자의 의미, 저자의 의도라는 입장을 갖고 있습니다. 월터스토프Nicholas Wolterstorff도 《신적 담론*Divine Discourse*》(1995)에서 이들과 같은 기본 전제에서 이야기합니다. 텍스트의 의미를 풍부하게 읽어 내되, 텍스트를 쓴 저자의 의도를 신뢰할 수 있는 가능성을 토대로 해석학을 논하죠. 혐의의 관점에서 텍스트를 읽는다면 텍스트를 읽어야 할 이유가 없습니다. 그런데 왜 '혐의 해석학hermeutics of suspicion'이 등장했고, 왜 그 방식으로 어떤 해석 이론이 진행되었을까요? '혐의suspicion'의 기본 전제는 "텍스트에는 항상 숨겨진 의도가 있다"는 것이지요. 어떤 텍스트라도 힘에의 의지의 표현이라는 입장이 깔려 있다고 할 수 있겠지요.

그런데 혐의의 해석학은 무신론과 매우 밀접하게 연관되어 있습니다. 대표적인 사람이 잘 알려져 있듯이 마르크스Karl Marx, 니체Friedrich Nietzsche, 프로이트Sigmund Freud입니다. 이들은 버트런드 러셀Bertrand Russell이나, 19세기의 윌리엄 클리포드William Clifford, 그 이전 18세기의 데이비드 흄David Hume의 무신론 입장과는 다른 방식으로 무신론을 펼치지요. 러셀, 클리포드, 흄의 무신론은 신이 존재한다는 증거 또는 신의 존재에 대한 믿음을 단적으로 확정할 만한 어떤 '경험적 증거empirical evidence'가 없거나, 충분하지 않다는 의미에서 무신론을 내세웠지요. 이들의 무신론을 일컬어 '증거론적 무신론evidentialist atheism'이라고 하지요. 하나님이 존재한다는 것을 보여 줄 수 있는 경험적인 증거가 없다는 이유로 취하는 무신론의 입장입니다.

반면 혐의의 해석학을 펼치는 세 사람이 내세우는 무신론은 다릅니다. 그들은 경험적 증거가 없다는 이유보다는 오히려 기독교 신앙 자체가 하나의 환상이고 망상이라 보는 무신론입니다. 리처드 도킨스Richard Dawkins는 '망상delusion'이라는 단어를 씁니다. 그런데 마르크스는 그런 망상이나 착각이 어떻게 생기는지, 망상이나 착각이 생기는 메커니즘을 설명합니다. 마르크스는 그것을 일종의 '전도顚倒된 의식'이라고 표현했어요. 잘못된 하나의 허위의식이 종교라는 것이지요. 고통스러운 이 세상을 눈물의 골짜기로 보고, 현재의 고통을 참고 견뎌 내도록 힘없는 사람들을 끊임없이 환상과 착각에 빠뜨리는 것이 종교라 단정했지요. 니체는 힘없는 자들과 뛰어나지 못한 이들이 힘 있는 사람과 뛰어난 사람에 대한 저항과 원한에서 종교를 만들어 냈다고 보았지요. '노예 도덕 slave ethics'과 종교는 밀접한 연관이 있다는 것이지요. 프로이트는 잃어버린 아버지에 대한 착각 때문에 종교가 발생한다고 보았지요. 이 세 의심의 해석학자들은 주어진 것을 그대로 보기보다는 항상 그것을 뒤집어 보며 배후의 숨겨진 의도를 읽고 사물을 파악하려고 했어요. 이러한 혐의의 해석학이 기독교 신앙을 이해하는 데 지금도 계속 영향을 주고 있다고 하기는 힘들어요. 그것이 1960년대부터 1990년대까지 꽤 유행했지만, 오늘날에는 영향이 많이 가라앉은 상태지요.

양희송 방금 말씀하신 맥락은 기독교 신앙에만 적용되는 것은 아니고, 이들의 논점은 과학을 다룰 때나 지식의 문제를 다룰 때도 스스로 속임을 당하지 않도록 많은 비판적 기능을 한 것 같습니다. 그렇다면 '신뢰의 해석학'을 말하는 기독교 신앙은 그 자체에 속임deception을 걸러 낼 어떤 방법이 있는가, 그런 속임으로 스스로 왜곡되거나 눈멀 가능성을 어떻게 차단할 수 있는가 묻게 됩니다. 우리가 살아가는 포스트모던postmodern 시대에 기독교는 거대한 진리 주장을 하고 있지 않습니까? 그런데 이런 기독교적 '신뢰'가 근대적modern인 '회의'와 '의심'의 비판을 진지하게 거치면서 이를 넘어서는 것이 아니라, 순진무구한 전근대premodern로 돌아가 있는 것은 아닌지 어떻게 알 수 있을까요?

강영안 다른 측면에서 한번 봅시다. 마르크스, 니체, 프로이트가 기독교 신학을 발전시키고 이해하는 과정에 기여한 바는 상당히 크다고 생각해요. 예를 들어, 마르크스의 '종교 비판'은 모든 사회에 대한 비판이자 모든 비판의 시작이었지요. 결국 종교 비판을 한다는 것은 단순히 종교적 신앙에 대한 비판이 아니라, 사회를 향한 비판이자 국가에 대한 비판이고 나아가 인간 자체에 대한 비판이기 때문에 마르크스는 종교 비판을 매우 중요하게 생각했어요. 마르크스는 당시 기독교인들이 이 세계를 이분화하는 방법을 염두에 두었어요. 그는 기독교인들이 '이 세상'과 '저 세상'을 구별하고 그들의 삶이 이 세상보다는 오히려 저 세상에 있다는 것을 비판했어요. 내세 중심의 신앙을 가지고 있던 교회와 그리스도인들에게 지금, 여기의 신앙이 갖는 의미에 다시 한 번 관심을 갖게 하는 중요한 계기를 마련해 주었지요. 어떤 의미에서 본회퍼Dietrich Bonhoeffer가 기독교 신앙에 대해 심각하게 반성할 때 마르크스와 니체를 읽은 것이 상당히 영향을 주었다고 볼 수 있지 않을까 해요. 본회퍼는 니체를 꽤 열심히 공부했습니다.

　　　　마르크스나 니체는 우리가 믿는 하나님이 혹시 속임deception이나 착각이 아닌지 심각하게 돌아보게 했습니다. 우리가 '믿는' 하나님이 우리가 '만들어 낸' 하나님일 수 있어요. 자유주의자를 닮은 하나님, 사회주의자를 닮은 하나님, 성공의 하나님 등등. 우리가 욕망하는 것을 투사시켜 하나님의 모습을 빚어 만들어 낼 수 있는 가능성이 얼마든지 있거든요. 바르트Karl Barth와 본회퍼가 이 문제를 심각하게 고려했다고 나는 생각해요. 바르트는 마르크스를 직접적으로 많이 이야기하지는 않았어요. 바르트가 심각하게 고려한 대상은 포이어바흐였어요. '종교는 일종의 투사projection'라고 한 포이어바흐Feuerbach의 저서 《기독교의 본질Das Wesen des Christentums》을 중요하게 다루었지요. 바르트가 저술한 《19세기 개신교 신학Die protestantische Theologie im 19. Jahrhundert》을 보면 포이어바흐야말로 역사상 신학에 가장 정통한 철학자였다고 말합니다. 동시에 불행한 사람이었다는 언급도 하지요. 포이어바흐의 이야기를 바르트가 그대로 수용해서 교회의 신학 전통과 고백하는 방식을 들여다보니까, 우리가 믿는다고 하는데 우리가 만들어 낸 하나님을 우리가 원하는 방식으로 섬기고 있더라는 것이었습니다. 그러나 바르트가 볼 때, 하늘에 계신 하나님은 우리를 찾아오신 하나님이시고 우리를 놀라게 하는 하나님이시지요. 그 하나님은 우리의 개념과 욕구와 욕망의 틀에 집어넣어서 좌지우지할 수 있는 하나님이 아닙니다. 그런데도 우리는 하나님을 우리 방식대로 만들어 내고, 우리의 욕구를 충족시키고 필요할 때면 부를 수 있고 사용할 수 있는 하나님으로 길들여 왔지요. 이러한 것을 바르트는 깨달았던 것입니다.

　　본회퍼는 프로이트를 읽지는 않았어요. 정신과 의사였던 아버지가 철저하게 프로이트 심리학을 반대하는 입장이어서 그랬을 것입니다. 그렇기는 하지만 바르트나 본회퍼는 포이어바흐, 마르크스, 니체를 신중하게 받아들여서 기독교 신앙의 의미를 다시 들여다보았지요. 이것은 소위 '의심의 해석학자들'의 비판을 적극적으로 소중하게 다루었다는 뜻입니다. 그리고 그것을 통해 '종교'와 '신앙'을 구별했는데, 종교적 행위는 인간의 욕구와 필요에 근거한 행위라고 본 것이지요. 우리가 '만들어 낸 하나님'을 숭배하는 것은 일종의 우상 숭배에 지나지 않아요. 바르트의 말을 빌리자면 '전적 타자'인 하나님을 믿고 따르고 고백하는 삶이 신앙입니다. 요컨대 의심의 대가들이야말로 사회적으로 길들여진 종교에서 벗어나 절대적이고 초월적인 하나님을 다시 고백할 수 있는 가능성을 열어 주는 데 기여했어요. 어떤 의미에서 아주 경건한 사람의 목소리보다는 경건치 못한 사람의 절망 속에서 우러난 진실한 비판이 오히려 우리의 신앙을 성숙케 하는 데 훨씬 중요한 역할을 합니다. 그러니까 우리 그리스도인들은 진심에서 우러나오는 비판이라면 심각하게 귀 기울이고 받아들여야 합니다.

양희송 앞서 '웃음'과 관련해서, 자신을 풍자의 대상, 웃음의 대상으로 허락할 수 없을 만큼 경직된 진리는 그렇게 대단한 진리가 아닐 수 있다는 말씀을 하셨지요. 오히려 비판을 너그럽게 받아들이는 것이 우리 신앙이 세상과 소통하는 데 유리하다고 할 수 있겠지요. 그런데 한국 교회는 이런 비판들에 매번 너무 발끈한다는 생각이 드는데요?

강영안 마르크스나 니체나 프로이트처럼 '이론적 무신론자들 theoretical atheist'이 기독교를 비판해도 참된 예수 그리스도의 제자라면 두려워할 필요가 없지요. 왜냐하면 첫째, 이론적 무신론자들과는 논리적으로 토론이 가능해요. 교회나 이론적 무신론자들이나 서로 마음을 열어 두고 있다면 토론할 수 있어요. 물론 결론이

나기 힘든 토론이지요. 하지만 유신론 입장인 철학자들이 철학자들 가운데 많이 있어요. 둘째, 이론적 무신론자들의 글을 읽고 그들의 주장을 살펴보면 우리 자신을 비추어 볼 수 있어요. 우리 교회가 저지르는 오류, 우리 신자들이 빠져 있는 착각을 보여 주지요. 어떻게 보면 이론적 무신론자들이 거울 역할을 해줍니다. 물론 모든 면에서 다 그렇지는 않아요. 그러나 그들의 글을 잘 읽으면 우리가 어떤 점에서 잘못을 저지르고 있는지 알 수 있어요. 이런 점에서 이론적 무신론은 두려워할 대상이 아닙니다. 셋째, 이론적 무신론을 읽고 이해할 수 있는 이들은 지식인 계층이거든요. 이런 현상의 확산 범위는 사실상 어느 정도 한정되어 있어요. 물론 이론적 무신론이 끼칠 해로움조차 경시하는 것은 아닙니다. 우리 사회만 봐도 학계, 언론계, 방송계, 문단에 이론적 무신론이 많이 퍼져 있어요. 여러 분야에서 기독교를 조롱하고 있어서 가볍게 여길 대상이 아니에요. 그렇기 때문에 지적으로 무장하고 훈련한 젊은이들이 많이 나와서 활동할 수 있도록 교회에서 키워 주고 용기를 북돋아 주어야 합니다.

　　지금까지 교회는 지적 활동을 전폭적으로 지원하지는 않았지요. 흔히들 신학생들은 석사, 박사 과정을 공부할 수 있게 장학금을 지원했지만, 예술이나 철학, 사회학이나 정치학과 같은 전문 분야의 그리스도인 일꾼을 키우고 지원하는 데는 인색했어요. 지금이라도 교회가 신학뿐만 아니라 그 밖의 전문 분야에도 크게 관심을 기울여야 합니다. 지성의 여러 분야로부터 기독교가 참담하게 당하지 않으려면, 오히려 기독교가 비기독교 지성인들을 담론의 영역, 토론의 영역으로 끌어들여 지적 대화를 나누기에 충분히 신뢰할 만한 신앙임을 보여 주는 기독 지성인들이 필요합니다. 그런 면에서 이론적 무신론을 두려워하지 말아야 합니다. 오히려 우리 기독교가 두려워해야 할 무신론은 기독교인들 사이에 존재하는 '실제적 무신론'이지요.

양희송 '실제적 무신론'이란 어떤 것인가요?

강영안 '실제적 무신론practical atheism' 또는 '실천적 무신론'은 하나님의 존재를 입으로는 인정하고 종교행위에 참여하면서도 생각과 삶으로는 하나님이 존재하지 않는 것처럼 살아가는 기독교인들의 무신론이지요. 이런 무신론이 두려워해야 할 무신론입니다. 기독교인들은 이런 실제적 무신론이 우리한테 있다는 것을 모르거든요. 예수님을 잘 믿고 하나님을 인정하고 그분 말씀대로 살고 있다고 생각하지요. 그러나 사실 상당수 그리스도인들은 입으로는 하나님의 존재를 고백하고 믿는다고 하지만 실천과 사고방식과 생활에서는 하나님을 모르는 사람과 비슷하거나 그보다 못한 삶을 살지 않나 해요.

그리스도인조차 자신의 욕망이 기준이 되지 않나 싶어요. 세속적 가치보다는 하나님의 나라의 가치를 사모하고 몸부림쳐야 할 텐데 오히려 자신의 욕망대로, 자신의 필요가 이끄는 대로 생각하고, 기도하고, 그런 방식으로 신앙생활의 틀을 만들어 가죠. 그러니까 다른 사람들이 생각하는 것, 대다수 사람들이 따라가는 가치대로 살아가지요. 특별히 한국 사회는 물질적 풍요와 사회적 명성을 유별나게 추구하지요. 요컨대 자본주의 생산양식이나 생활양식에서 받은 영향이 그대로 오늘날 한국 그리스도인들에게 전달되니, 하나님을 믿는다고 말은 하지만 실제 상황에서는 마치 하나님이 존재하지 않는 것처럼 '실천적 무신론자' 또는 '실제적 무신론자'로 살아가고 있는 것이 우리 현실이 아닌가 생각합니다. 현실이 이러하다면 교회가 해야 할 과제는 분명합니다. 일상적 삶에서도 하나님을 알고 인정하는 것을 다시 배워야 합니다.

양희송 어떻게 다시 배울 수 있을까요?

강영안 하나님이 기뻐하시는 삶을 다시 배우되, 하나님의 관심과 증거에 주목해서 하나님을 배우고 알아 갈 필요가 있어요. 앞에서 지식에 관해 얘기할 때 이미 언급했습니다만 호세아 4장 1절에서 "이스라엘 자손들아 여호와의 말씀을 들으라. 여호와께서 이 땅 주민과 논쟁하시나니 이 땅에는 진실도 없고 인애도 없고 하나님을 아는 지식도 없고"라고 할 때, 하나님이 호세아의 입을 통해 말씀하시는 '지식이 없다'는 것은 그들의 행동과 실천을 보고서 아신 것이죠. 하나님의 백성 가운데 거짓과 착취와 압제가 있고, 가난한 사람과 고아들을 향한 핍박이 존재하며, 정의가 제대로 실현되지 못하는 상황을 보고서 하나님은 당신을 아는 지식이 없다고 하신 것입니다. 그렇다면 우리가 '하나님을 아는 지식'을 가지려면 어떻게 해야 할까요? 우리는 우리가 지금 기대고 있는 돈의 우상, 가정의 우상, 학교의 우상 등 현실적인 우상에서 벗어나야 합니다.

그런 우상에서 벗어나는 체험을 함으로써 우리가 믿는 하나님이 어떤 분이신지를 구체적이고 실제적인 삶에서 알아 갈 수 있지요. 그것이 실제적 무신론을 넘어서는 길입니다.

양희송 바깥에서 제기되는 '이론적 무신론'에 대해서는 우리를 비추어보는 거울로 삼아 선용하자는 말씀, 그리고 신앙고백을 더 심각하게 훼손하는 것은 우리 안의 '실제적 무신론'이란 지적을 잘 새겨야겠습니다.

14장_ 윤리

무신론은 더 나쁜 세상을 만드는가

양희송 무신론에 기초한 과학이나 정치는 그렇지 않은 접근보다 더 나쁜 세상을 만들어 낼까요?

강영안 이 세계는 하나님이 창조하신 세계입니다. 만일 이것이 참이라면 창조를 부인하는 무신론과 자연주의는 결국 모순에 빠지지 않을까요? 예를 들어 인간의 윤리를 진화론으로 설명한다고 해봅시다. 진화론을 따르면 '사람을 죽여서는 안 된다', '도둑질을 해서는 안 된다', '생명을 소중히 여겨야 한다' 등 도덕률을 지키는 것이 지키지 않는 것보다 생존 가능성을 높인다고 설명하게 될 것입니다. 나의 생존 가능성을 위해 생명을 보존하고 사람을 죽이지 않고 내 의무를 다하는 것이 유리하다고 말이지요. 그런데 이런 진화론적 관점은 사실상 인간을 아주 낮춰 보는 것이죠. '신명 윤리divine command ethics'나 '의무 윤리duty ethics'에서 이야기하는 인간의 존엄성에 비추어 보면, 진화론적 윤리는 단지 생존을 위한 윤리를 주장할 수밖에 없는데, 그것은 뒤집어 이야기하면 다음과 같은 말이 될 수 있어요. '만일 우리의 생존이 불리하다면 얼마든지 생명은 죽일 수 있다.' '생명 보존'이 윤리적인 의무가 아닌, 일종의 상황 윤리가 될 수 있지요. "왜 윤리적이어야 하는가?", "도대체 무엇이 윤리인가?" 하는 질문에 대한 근거가 희박해지지요. 그런 질문에 "우리 생존에 도움을 주는 한도 내에서 윤리적일 수 있다" 정도로 답할 수밖에 없습니다. 의무 윤리의 관점이나 명령 윤리의 관점에서 보면 윤리적 가능성이나 윤리적 능력 또는 윤리적이어야 할 이유를 대단히 낮추어서 보는 입장에 이를 수밖에 없습니다.

다른 예를 들어 보지요. 환경론자들은 자연에 대한 인간의 책임을 이야기합니다. 하지만 진화론적 논리를 따라가면 일종의 자기모순이 개입될 수밖에 없어요. 인간도 자연의 일부라면, 자연계의 적자생존 관점에서 도대체 인간에게 '의무'와 '책임'이라는 개념이 어떻게 발생했는지 적절히 설명할 수가 없어요. 오히려 이 세계란 하나님이 창조하셨고, 인간은 하나님의 형상으로 지음 받았으며, 하나님의 형상으로 지음 받은 인간이 이 땅을 가꾸고 돌볼 책임을 받았다고 하는 것이 인간을 자연의 일부로 보고 책임을 요구하는 것보다 훨씬 논리적이고 이론적인 일관성이 있지요.

양희송 말씀하신 것에 어느 정도는 반론이 될지도 모르겠지만, 그런 논의에 윤리적 이슈가 논점으로 등장할 경우 '우리는 이러이러 해야 하지 않는가?'라는 윤리적 당위로 대답하곤 합니다.

그런데 우리가 당위를 주장한다고 해서 곧 관철되거나 실현되지는 않거든요? 진화론이나 자연주의 진영의 논의는 당위의 세계가 아니라 현실의 세계를 묘사하는 것이 아닐까요? 달리 말하면, 이것은 기술적인descriptive 논의지 규정적인prescriptive 것이 아니고, 무엇이 바람직하다는 것이 아니라 사람들이 제각각 이런 방식으로 작동하기 때문에 결과적으로 어떤 '최적화optimum'를 향해 나아가는 과정이나 행동 패턴을 묘사할 뿐이라고 할 수 있지 않나 싶습니다. 여기에 당위의 차원이나 윤리적인 고결성을 가지고 논의하는 것은 적절치 않다고 할 수 있겠지요. 오히려 스스로에게 물어야 할 것은 이스라엘이 끊임없이 우상숭배로 돌아가는 사례에서 보듯이 '당위의 윤리'가 쉽게 현실화되지 않는 이유, 그러니까 당위적 윤리의 '실패' 이유를 물어본다든지, 비윤리적 존재를 윤리적 존재로 변화시키는 방법을 묻는다든지 하는 것이 아닐까요?

강영안 좋아요. 그 이야기를 해봅시다. 우리를 윤리적 존재로 이끌어 줄 방법이 필요합니다. 우리는 지금 하나님을 알아 가는 과정, 하나님께 가까워지고 실제적 무신론에서 벗어나는 길을 걸어야 합니다. 일차적으로 방금 이야기한 대로 우상을 파괴하기 위해 노력해야 합니다. 우리의 우상이 뭔지 직시해야지요. 하나님처럼 만들어 놓고 섬기는 우상이 무엇인지, 우리의 욕망과 욕구로 만든 우상을 파악해야 합니다. 우상의 정체를 명확하게 밝혀 내는 작업을 해야 합니다.

양희송 그런 작업을 개인이 제각각 해야 할까요? 아니면 누군가 더 책임 있는 역할을 맡은 사람의 몫일까요?

강영안 개개인보다는 교회 공동체가 해야겠지요. 왜냐하면 개인의 신앙적 지향으로만 우상이 빚어진 것이 아니라, 한국 교회의 전반적 신앙 지향에서 빚어졌기 때문이지요. 요컨대 공동체적 노력과 자극이 필요합니다. 하나님이 이스라엘 백성에게 돌아오라고 요구하실 때 가장 먼저 하신 것이 우상 파괴입니다. 아세라 신과 바알 신을 버려라, 산당의 우상을 파괴하라고 요구하셨어요. 그러고 나서 이스라엘 백성 아래서 압제당하던 사람들, 즉 가난한 사람들과 고아와 과부의 권리를 옹호해 주라고 하셨지요. 정의를 실천하고 자비를 베풀라는 말씀이지요. 하나님은 우리에게 당신과 함께하는 삶을 살라고 하셨어요. 우리는 이사야서나 호세아서, 아모스서나 미가서에서 끊임없이 그렇게 살라는 말씀을 듣지요. 그것을 심각하게 받아들여야 합니다. 우상을 직시하고 파괴하는 것과, 우리가 압제하고 고통을 주는 사람들의 아픔에 대해 분명히 인식해야 합니다. 정의와 자비를 실현하고 인애를 실천하는 삶이야말로 우리가 해야 할 일입니다.

양희송 윤리가 단지 당위를 말하는 것이 아니라, 그렇게 살 수 있도록 역량을 공급하는 역할도 하면 좋겠습니다. 과연 어떤 모형의 윤리가 가능할까요? 방금 말씀처럼 성경의 명령이 실천되지 않는 이유도 찾아봐야 할 것 같습니다.

강영안 크게 세 가지 형태의 기독교 윤리가 가능합니다. 우선 칼뱅주의 전통에서 강조한 윤리가 있어요. 그것은 '신명 윤리

divine command ethics'로 하나님이 '나 외에 다른 신을 섬기지 말라, 간음하지 말라, 살인하지 말라, 도둑질 하지 말라' 명령하셨기 때문에 그렇게 해야 한다는 윤리지요. 그런데 여기에 심각한 문제가 있어요. 우리 자신에게 그럴 만한 능력이 있냐는 것이지요. 하나님의 명령을 수행할 만한 능력이, 즉 훈련과 바탕이 우리에게 있는지 살펴야 합니다. 아무리 하나님의 명령을 듣는다 하더라도 그 명령을 수행할 능력, 즉 훈련과 바탕이 없다면 허사지요. 이것이 문제입니다.

둘째, '덕의 윤리virtue ethics'가 있어요. 여기서 '윤리'란 우리의 품성을 탁월하게 계발하고 그것을 토대로 선을 실천하는 것이 핵심이지요. '덕virtue'을 그리스 사람들은 '아레테aretē'라고 불렀어요. '훌륭함, 탁월함'이지요. 예를 들어, 칼의 탁월함은 그 날카로움에 있고, 달리는 말의 탁월함은 말이 얼마나 잘 달리느냐에 있듯이 사람의 탁월함은 사람에게 근본적으로 주어진 도덕적 품성, 용기, 절제, 지혜, 정의 등을 훌륭하게 수행하는 데 있다고 보았습니다. 아리스토텔레스의 윤리 전통을 그대로 받아들인 것이 토마스 아퀴나스인데, 이 '덕의 윤리' 전통은 각자가 주어진 품성을 계발하고 그 품성으로 선을 실천할 수 있다고 보았어요. 덕의 윤리에서는 선한 행위를 실천하는 것을 습관으로 봅니다. 그리고 이상적으로 행동할 수 있도록 사람을 키워 나가는 데 관심이 있지요. 덕의 윤리에 심각한 문제가 있다면, 덕의 윤리를 실천하는 사람들이 사회적 불의를 보았을 때 그 불의를 문제 삼는 능력까지 덕의 윤리가 제공할 수 있을까 하는 점입니다.

　　덕의 윤리의 기본 관심은 결국 각자가 자신을 계발하는 일입니다. 사실 '아리스토텔레스 전통'이든, '기독교적' 덕의 윤리 전통이든, '유교적' 덕의 윤리 전통이든 모두 자기 자신을 계발하는 일입니다. 유교적으로 말하면 '수기修己'지요. 그러니까 자기 자신을 위한 공부, 즉 위기지학爲己之學의 공부를 해야 한다는 말입니다. 그렇다면 과연 고아와 과부와 가난한 자와 나그네에 대한 억압, 사회 제도나 사회 일반의 불의 때문에 고통 받고 손해 보는 사람들의 권리를 옹호하고 그들의 이익을 대변할 가능성이 덕의 윤리에 있을까요? 생각해 볼 문제지요.

　　제3의 가능성은 '피해자 중심의 윤리victim-centered ethics'입니다. 이것은 피해 받는 사람의 고통, 고통 받는 사람의 아픔을 없애 주고 그 고통에 관심을 기울이며 함께하는 것이지요. 레비나스는 "타인의 고통이 윤리적 전망을 열어 준다"라고 했어요. "타인의 고통에 관심을 기울이기 전에는 엄밀한 의미에서 우리에게 윤리란 없다"라는 것이지요. 타인의 고통, 타인의 불이익, 타인이 당하는 불의에 관심을 기울일 때 비로소 윤리적이라고 부를 수 있는 지평이 열린다는 뜻이지요. 타인이 겪는 고통이 지극히 작은 고통이라 하더라도 그 속에서 나오는 신음과 한숨에 귀 기울이고 손 내밀며 함께할 태세를 갖추고 실천하는 것이 진정한 의미의 윤리라고 보는 것이지요.

　　양희송 기독교 윤리의 세 가지 양상을 성경에서 근거를 찾아

본다면 어디서 구할 수 있을까요?

강영안 잘 알려진 '선한 사마리아인의 비유'에는 세 윤리가 다 적용됩니다. 우선 사마리아인은 "네 이웃을 사랑하라"는 '하나님의 명령 윤리'를 준수했어요. 선한 사마리아인은 자신이 만난 사람이 유대인인지 아닌지를 따지지 않고 그가 고통 받는 이웃임에 틀림없다고 생각했어요. 그래서 이웃을 사랑하라는 명령을 따라 마땅히 그 자리에서 해야 할 윤리적 행위를 했던 것입니다. '덕의 윤리'의 입장에서 봐도 선한 사마리아인은 윤리적으로 선한 행위를 했습니다. 이웃을 돕고 필요한 상황에 적절한 행동을 하는 것은 성품과 품성으로 형성된 습관을 행하는 일입니다. '피해자 중심의 윤리'에서 보면 사마리아인은 고통 받는 사람의 고통을 보고는 자기희생을 감수하고 개입하였습니다. 자신이 가진 자원을 사용해서 상대를 치료해 주고 다시 노새에 태워 여관에 보내서 그를 끝까지 치료해 달라고 부탁까지 했지요. 상대를 향한 고통의 눈이 열려서 그러한 윤리 행위를 할 수 있었던 것입니다. 이상과 같이 세 가지 윤리를 다 적용할 수 있어요.

양희송 이 입장의 우열을 따지기는 쉽지 않겠지만, 기독교 신학이나 윤리학 영역에서 대표적으로 이런 논의를 하는 분들이 누구인가요?

강영안 '하나님의 명령 윤리'의 대표적인 학자로는 노트르담 대학에서 가르치다 몇 년 전에 돌아가신 필립 퀸Philip Quinn이나, 풀러신학교 총장 리처드 마우Richard Mouw, 베일러 대학교의 스티브 에반스C. Stephen Evans, 예일 대학교 신학부의 존 헤어John Hare 등을 꼽을 수 있겠어요. '덕의 윤리'는 여러 사람이 있는데, 대표적으로 알래스데어 매킨타이어Alasdair MacIntyre, 스탠리 하우어워스Stanley Hauerwas를 들 수 있겠고, 존 요더John H. Yoder를 여기 포함하는 것이 좋을지는 잘 모르겠어요. '피해자 중심의 윤리'는 직접 인정한 것은 아니지만 그쪽에 가까운 학자로 니콜라스 월터스토프Nicholas Wolterstorff가 있고, 한국에는 손봉호 교수님이 있습니다.

세 가지 기본적인 기독교 윤리를 각각 다른 학자들이 주장하지만 이것을 선택의 문제로 보기보다는 하나님을 알아 가는 앎, 즉 하나님에 대한 지식을 표현하는 다른 방식이라고 생각해야 하지 않을까 싶어요. 왜냐하면 사실 이 세 윤리는 그 동기에서 각각 다른 질문에 답하기 때문이죠. "왜 내가 윤리적이어야 하는가?"에 대해서는 '하나님의 명령 윤리'가 답을 주지요. 하나님이 명령하셨기 때문에 윤리적으로 행동해야 한다는 것입니다. 물론 하나님 명령의 바탕에는 "하나님이 거룩하시니 너희도 거룩하라", "하나님이 빛이니 너희도 빛이어야 한다"는 성경적 근거가 깔려 있지요. '덕의 윤리'는 "어떻게 평소 윤리적으로 실천할 수 있을까?"인데, 습관과 품성의 형성으로 윤리적으로 행동할 수 있는 덕을 스스로 계발하고 쌓아야 하지요. 윤리적으로 행동할 수 있는 자원을 제공한다는 의미에서 덕의 윤리의 중요성을 인정해야 합니다. '피해자 중심의 윤리'는 "도덕적이라는 것이 무엇인가?" 하는 물음에 답변을 해줍니다. 도덕적, 윤리적이라는 것은 고통 받는 사람과 함께하는 삶이지요. 이것이 선을 베푸는 일입니다. 이런 의미에서 피해자의 고통을 줄여 주는 것을 윤리적이라고 할 수 있어요.

요컨대 논리적 정합성에 문제를 제기할 수는 있겠지만 이 세 기독교 윤리를 성경에 기초하여 모두 가르칠 필요가 있어요. 성경에 바탕을 둔 설교를 통해 하나님이 원하시는 바를 가르치고 가정과 교회 공동체 안에서 이렇게 살아갈 수 있는 도덕적 체력을 단련시켜야지요. 덕의 윤리에서는 공동체가 매우 중요해요. 가정이나 교회나 도덕적 행동의 자원을 공급하는 동시에 용기를 북돋아 주고 힘을 주기 때문이죠. 이런 의미에서 스탠리 하우어워스가 교회를 '성품의 공동체community of character'라 부른 것은 적절해요. '피해자 중심의 윤리'는 고통 받는 사람들의 상황에 귀 기울이게 합니다. 설교나 강의가 가정이나 교회에만 눈길을 머물게 하지 않고, 세상으로 눈을 돌리게 이끌고 세상 문화와 사회, 그 구조나 사상에 관심을 두면서 누가 피해를 보는가, 왜 피해를 보는가, 피해를 막으려면 어떻게 해야 하는가, 이런 물음에 관심을 더 두어야 할 것 같아요. 이런 가운데 우리는 하나님을 구체적으로 알아 가게 됩니다. 하나님이 정의롭고, 자비롭고, 거룩한 분이심을 말이지요.

양희송 선한 사마리아인 이야기를 통해 세 가지 영역을 들여다보니까 재미있게 들어오는 부분이 있군요. 세 가지 기독교 윤리의 강조점이 어떤 경우에 무력화되는지 볼 수 있는 것 같습니다. '하나님 명령의 윤리'에서는 사실상 명령 간의 위계가 발생하잖아요. 어느 명령이 더 중요한가 묻게 되는 거죠. 그래서 제사장이 강도 만난 사람을 앞에 놓고도 더 중요한 계명을 따른다는 생각을 하면서 현실을 외면할 수 있게 만들지요. '덕의 윤리'도 남을 돌아보기보다는 자기완성에 더 몰두하게 만드는 부분이 있어서, 남의 처지에 서기보다는 그것이 내게 어떤 유익을 주는가 생각하면서 자기합리화로 이끄는 것 같고요. 그런데 '피해자 중심의 윤리' 측면에서는 사마리아인이 등장인물 가운데 가장 불의한 희생, 혹은 강도 만난 상황에 근접하는 경험을 해보았을 것으로 추정되지 않습니까? '명령의 윤리'는 명령을 반복하여 강조하고 가르치는 식으로, '덕의 윤리'라면 자기 자신을 계속 돌아보게 하는 식으로 윤리적 민감성을 키울 수 있을 텐데요. '피해자 윤리'를 가능하게 하는 힘은 결국 타자의 희생이 기존 위계질서와 자아중심성을 뒤흔들 만큼 강렬하게 삶을 뚫고 들어오는 체험 같은 것이 아닐까 합니다. 타인의 고통에 노출되고, 공감하는 경험을 장려해야 한다, 그런 이야기를 할 수 있지 않을까요?

강영안 윤리적인 민감도sensitivity를 키워 내는 것은 한 가지 방식만으로는 불가능합니다. 이야기한 대로 '하나님 명령의 윤리'로만 훈련받은 사람은 윤리적 행위에 앞서 하나님 명령이 무엇인지, 이런 상황에서는 이것을 먼저 할 것인가, 저걸 먼저 할 것인가 따져보게 됩니다. 짐작건대 레위인의 경우 곤경에 처한 사람을 도와주는 것보다 정결법에 따라 시체를 만져서는 안 된다는 것을 우위에 두었을 가능성이 큽니다. 그러나 그 경우 '희생자 중심의 윤리'를 도입했다면 곤경에 처한 사람을 돕는 것을 우선시했겠지요. '덕의 윤리'에서 훈련받은 사람은 자기를 가꾸는 데는 충실할 수 있지만 타인에게는 무관심할 수 있어요. 자신이나 자신이 속한 공동체를 가꾸는 데는 관심이 있지만 그것을 넘어선 공동체 바깥에 대한 관심은 약할 수 있지요.

그리스도인들은 세 가지 형태의 기독교 윤리를 모두 배워야 합니다. 그래야만 순차적으로 결부시킬 수 있어요. 우선 가장 중요하고 기초적인 것은 '하나님의 명령 윤리'입니다. 그다음 가장 멀리 놓고 생각할 수 있는 윤리의 목표가 '피해자 중심의 윤리'입니다. 이 윤리는 피해자를 없애거나 줄이자는 윤리입니다. 피해자를 없앤다는 것은 불의를 없애는 것이고, 불의를 없애는 것은 곧 정의를 세워 가는 과정입니다. 정의를 세운다는 것은 결국 샬롬, '평화'를 세우는 것입니다. 우리 삶의 목표를 궁극적으로 하나님의 평화, 하나님이 우리에게 허락하신 '샬롬'이라고 생각한다면 우리는 그 평화를 향해 걸어가야 합니다. 그러므로 그 길을 걸어가는 가운데 피해자에 대한 관심을 갖게 됩니다. 그런데 그 길을 걸어가는 사람에게는 여러 필요한 것이 있습니다. 맷집과 다리 힘은 물론 신체를 보강하고 훈련시켜야 합니다. 이런 점에서 지금까지 간과해 온 '덕의 윤리'가 새삼 중요합니다. 근거의 관점에서 보면 '하나님 명령의 윤리'에서 '덕의 윤리'로, '덕의 윤리'에서 '피해자 중심의 윤리'로 나아갈 수 있을 것이고, 직관적으로 윤리에 관한 가르침의 순서에서 보자면 '피해자 중심의 윤리'가 앞서고, 그 후 '덕의 윤리'와 '하나님 명령의 윤리'를 말할 수 있을지 모르겠습니다. 순서를 어떻게 보든, 나는 이 세 윤리가 서로 배타적이 아니라 상보적이고 단계적일 수 있다고 생각합니다.

양희송 성경을 통해, 혹은 독서나 경험을 통해 윤리적 민감성을 키워 가는 것이 중요하다는 생각이 드는데, 권해 주실 만한 방법은 어떤 것인가요?

강영안 '그리스도인의 성품 Christian character'을 언급할 때 '성령의 아홉 가지 열매'를 이야기하지요. 사랑, 희락, 화평, 오래 참음, 자비, 양선, 충성, 온유, 절제입니다. 그리스도인의 성품을 공동체적으로 키워 나가는 것이 이 세상에 하나님 나라가 완전히 이루어질 때까지 그리스도인의 나그네와 같은 삶, 잠정적인 인생길에서 유의해야 할 점이 아닌가 합니다. 이러한 윤리를 실행하자면 상상력의 훈련이 필요합니다. 다시 말해 윤리적 감수성을 키워 내기 위해서는 상상력이 필요하고, 그 상상력을 돕는 데는 문학작품이나 희생자들의 증언, 수도 공동체 사람들의 영성생활에 대한 이야기, 교인들의 간증이나 이야기를 들려주고 듣는 것이 필요합니다. 이렇게 '이야기'가 윤리 공동체를 키워 나가고 그들에게 영양을 공급하며 지탱해 나가는 데 필수적입니다. 결국 하나님의 창조와 구속과 완성이라는 큰 이야기에 포함되어 있는 작은 이야기들, 즉 성도들이 빚어내는 이야기나 고통 받고 고난 받은 사람들이 빚어내는 이야기가 우리의 윤리적인 감수성을 키워 주고 타인의 고통을 내 고통으로 체험하게 이끌어 주지요. 홀로코스트 같은 끔찍한 고통을 우리 자신이 경험하지 못했더라도 그것에 대한 기록물을 읽고서 간접체험이 가능합니다. 예를 들어 프리모 레비Primo Levi의 《이것이 인간인가》, 엘리 위젤Elie Wiesel의 《밤》, 빅토르 프랑클Viktor Frankl의 《죽음의 수용소에서》 등은 인간이 얼마나 잔혹할 수 있는지, 인간이 저지른 불의가 무엇인지 눈으로 보고 상상할 수 있게 하여 윤리적 감수성을 키워 주지요. 교회가 단순히 구원받은 사람들이 모인 방주, 즉 "우리는 구원 받았다", "우리는 천국 티켓을 받아 천국 가는 기차에 승차하고 있다"라는 식이 아니라, 이 땅에서 나그네로 사는 공동체로 거듭나야 합니다. 우리 그리스도인들은 이 땅의 일시적인 거주자로서 세상의 고통과도, 세상의 기쁨과도 함께하는 공동체로 거듭나야 합니다. 이러한 공동체에 대한 희망을 품을 때, 한국 교회는 희망이 될 수 있지 않을까 해요.

양희송 어차피 윤리 문제를 이야기하고 있으니, 우리 시대의 윤리적 난제에 대한 생각도 듣고 싶습니다. 죽음이란 주제와 관련해서 '사형'은 어떻게 생각하십니까?

강영안 나는 '사형제 폐지론자다', '사형제 찬성론자다' 하는 식으로 입장을 정해 두고 있지는 않아요. 다만 책임성에 대한 좀더 근본적인 이해의 변화가 일어나야 한다고 생각해요. 전통 사회에서는 어떤 잘못을 저질렀을 때 반드시 책임을 져야 했어요. 유리창을 깨뜨렸으면 어떤 방식으로든 변상을 해야 했어요. 변상이라는 것이 값을 치를 수도 있고, 마땅한 벌을 받을 수도 있지요. 그러니까 값을 치를 형편이 안 되면 그에 상응하는 벌을 받는 방식이 있었지요. 이때는 나를 '행위 주체'로, 즉 인격적 주체로 보는 관점을 기본적으로 전제하지요. 내가 어떤 행위를 했다면 그 행위에 책임을 져야 하는 주체는 바로 나 자신이지요.

그런데 지난 2세기 동안 사회과학이 출현하면서 심리학, 사회학, 교육학 등이 등장했는데, 어떤 행위에는 행위 주체가 감당하지 못하는 외적·내적 요인이 있음이 드러났지요. 그러니까 유전적 요인, 사회 환경적 요인, 교육적 요인이나 정신질환 등을 어떤 행위의 원인으로 보는 관점이 생겨났어요. 그러면서 행위 주체의 책임 문제를 그 자신에게 돌리지 않고 오히려 교정받아야 할, 그야말로 도움이 필요한 주체로 보는 관점이 생겨났습니다. 어떤 의미에서 행위 주체가 피해자라는 관점이지요. 그 주체는 교정받고 도움을 받아야 할 존재가 된 것이지요. 교도소를 예전에는 형무소라고 했잖아요. 형무소란 잘못을 저지른 사람이 책임져야 할 자신의 형을 이행하는 곳이라는 뜻이지요. '형무소刑務所'라는 개념에서 '교도소矯導所'라는 개념으로 바뀐 것은 지난 세기의 변화가 끼친 영향을 여실히 보여 줍니다. 게다가 그 용어에는 "모든 범죄자는 교정 가능하다correctable"라는 생각이 담겨 있습니다. 요컨대 사형 제도의 찬반을 논의하기 전에 행위 주체의 개념을 고려해 보아야 합니다. 사실상 지난 2, 3세기 동안 사회과학이 발전하면서 출현한 '교정 가능한 인격', '도움 받아야 할 인격'은 행위 주체에 대한 개념을 약화시키는 동시에 인격적 존엄성을 약화시키는 결과도 가져왔다고 볼 수 있습니다.

양희송 그 말씀은 잘못에 상응하는 처벌이 주어지는 것이 그 사람의 '인격적 존엄성'을 인정하는 일이라는 의미가 되네요? 그렇다면 사형수라면 누군가의 생명을 빼앗는 돌이킬 수 없는 결과를 초래한 만큼, 그에 상응하는 사형으로 갚아야 존엄한 인격으로 대우하는 것이라고 보아야 하는 건가요?

강영안 잘못을 저지른 행위의 주체에게 그에 상응하는 벌을 가하는 것이 오히려 그를 존중하는 것이라면 문제의 핵심은 상응성에 있지요. 예를 들어 사람을 죽인 그 사람을 죽이는 것이 상응성에 부합하는가? 도둑질을 한 사람의 재산을 그만큼 빼앗는다면 상응성에 부합하는가? 상식적으로 보면 누군가를 죽였으면 살인을 저지른 사람이 죽임을 당해야 하고, 다른 사람의 것을 빼앗았으면 그 누군가는 뺏김을 당해야 하는 것이겠지요. 상응성의 관점에서 보더라도 고려해야 할 사항과 요소들이 여럿 있겠지요.

양희송 그런데 '생명'의 문제는 환원 불가능한 사건이잖아요. 한 사람의 생명을 한 사회가 제도적으로 끝장내도록 허용한다는 것이 그리스도인의 입장에서는 쉽게 용납되지 않는 것 같습니다.

강영안 사형제 문제는 단순히 지금 이야기하는 죽음의 문제에만 걸려 있지 않다고 봐요. 기독교 전통 바깥의 전통, 동양이나 서양의 과거 전통에서는 누군가 상대의 이를 부러뜨리면 죽이기도 했습니다. 과도한 대응이 가해지는 경우입니다. 그런 전통적인 방식에 비춰 본다면 "눈에는 눈, 이에는 이" 같은 경우는 매우 진보된 것이지요. 이 '복수의 법칙lex talionis'은 아주 공정한 일대일 대응관계로 한정된 법칙입니다. 누군가 다른 이를 죽였으면 그 살인자는 죽임을 당하고, 누군가 다른 이의 것을 훔쳤으면 그에 상응하는 것을 변상해야 한다는 이야기입니다. 이것은 그야말로 오랫동안 내려온 정의의 방법입니다. 그런데 이런 방법에 대해 예수님은 문제를 제기했습니다. 예수님은 '눈에는 눈, 이에는 이'라는 전통 법칙을 문제 삼으시고 오히려 "원수를 사랑하라" 하셨지요. "원수가 오른 뺨을 치면 왼쪽 뺨을 내놓으라" 하셨어요. 복수하지 말라는 말이지요. 이런 예수님의 가르침을 범죄자에게 적용할 수 있을까요? 범죄자에게도 적용해야 예수님의 제안이 일관성이 있을 것입니다. 우리가 죄인이었을 때 하나님이 우리를 사랑하여 건져 주셨듯이 말입니다. 하나님은 우리에게 일대일 대응법칙을 적용하지 않으셨어요. 우리가 받아들일 수 없는 존재임에도 받아 주셨지요.

양희송 아마 거기에는 국가가 하나님의 역할을 할 수 있다는 생각이 깔려 있는 것 같습니다. 신을 대리하는 역할을 고대에는 왕이 했다면, 그런 왕권신수설을 믿지 않는 근대국가에서도 여전히 국가는 신을 대리하여 최종적 결정과 행위를 할 수 있다고 믿는 관행이 깊이 깔려 있는 것 같네요.

강영안 방금 이야기한 두 가지 논리로 사형 문제를 어떻게 볼지 결정 내리기에는 충분하지 않겠지요. 그렇지만 한편으로는 '인격적 존엄성' 존중에 대한 검토가 필요하고, 동시에 복수의 법칙을 적용하기보다는 오히려 그것을 약화시키고 수용하는 방식으로 사형을 보아야 할 것 같아요. 형벌은 주되 사형은 아닌 방향으로 결론이 나야 하지 않을까요. 그러니까 내가 양보하고 싶지 않은 것은 범죄를 저지른 사람에 대한 '인격적 대우'예요. 범죄자도 인격적 대우를 받을 자격이 있다는 것이지요. '인격적 대우'의 '인격'이란 '책임질 수 있는 능력'을 말합니다. '책임을 물을 수 있는 능력', '책임질 수 있는 능력'이 있는 존재가 곧 '인격'이거든요. 그러니까 '그 사람이 인격이 없다', '그 사람이 인격자가 아니다'라는 표현은 '책임질 수 있는 능력이 없다'는 뜻이지요. 범죄자도 책임 능력이 있다는 것을 인정해야 그를 인격자로 대우할 수 있습니다.

양희송 인간의 자유와 책임의 문제가 사형제 논의에 깊이 개입된다는 것은 잘 이해가 됩니다. 반면, 오늘날 그리스도인의 딜레마는 기독교적 배경이 있는 국가, 혹은 공공연히 기독교 신앙을 이야기하는 대통령의 재임 기간에 더욱 사형이 집행되고 전쟁이 일어난다거나, 낙태는 반대하는데 사형제는 찬성하는 현실에 있습니다. 그런 부분은 기독교가 말해 온 생명과 인격에 대한 존중, 생명을 보호하고자 하는 가르침과 일관되지 않는 일이 아닐까요?

강영안 적어도 그리스도인들은 생명을 돌봐야 하는 책임이 있습니다. 십계명 가운데 'Don't Kill'이라는 것이 있지요. 우리는 그것을 '살인하지 말라'고 번역하지만 사실 이 말은 '죽이지 말라'는 뜻입니다. 예컨대 소나 돼지나 닭이나 오리 등 모든 생명을 죽이지 말라는 뜻으로까지 읽어야 할지 저는 회의적이긴 해요. 하지만 이 명령에는 어쨌든 '생명을 소중히 여기라'라는 명령이 함께 들어 있습니다. 모든 십계명의 계명을 뒤집어서 말하면 다음과 같죠. 예를 들어 '간음하지 말라'는 결국 '주어진 가정을 소중히 여기라'는 말이며 '거짓말하지 말라'는 '항상 진실을 이야기해라'라는 말입니다. 이렇듯 '죽이지 말라'는 계명은 단순히 죽이지 말라는 것뿐만 아니라 '생명을 보존하고 키워 주며 보호하라'는 말입니다. 그러니까 생명의 가치를 강조하는 계명이라 할 수 있지요. 어떤 경우라도 생명을 말살하거나 생명에 위해를 가하는 일은 최대한의 수단을 사용해서 막으라는 뜻입니다. 이것이 그리스도인의 임무이고 교회에서 외쳐야 할 소리입니다.

그럼에도 왜 그리스도인이나 교회가 생명 파괴나 전쟁에 그토록 쉽게 동조할까요? 우리가 개인과 공동체를 논의할 때 이야기한 것처럼 집단주의적 멘탈리티가 작동하기 때문이라고 생각합니다. 물론 교회 전통에 '정의로운 전쟁 이론just war theory'이 있어요. 그렇지만 정의로운 전쟁 이론을 갖다 댄다 하더라도 이라크 전쟁 같은 것은 도무지 정당화할 수 없어요. 정당한 전쟁에서 가장 중요한 것이 저쪽으로부터의 공격인데, 이라크 전쟁은 그런 공격을 받지 않고 선제공격을 한 경우거든요. 그러니까 어떤 방식으로도 정당화할 수 없는 전쟁이지요. 그런 전쟁을 하는 의도는 자기가 속한 '집단'을 유지하려는 것 외에 다른 무엇이 있겠어요? '공동체'가 아니라 '집단'을 유지하려는 욕구를 실현하는 수단이 전쟁인 것이지요. 예수님의 오심과 예수님의 존재는 그러한 욕구 자체를 문제 삼고 있어요. 예수님은 당신의 존재를 유지하신 것이 아니라, 당신의 존재를 '우리를 위해 pro nobis' 내어 주셨어요. 그렇게 하신 예수처럼 우리는 타자를 위한 존재로 삶을 가꾸어 가야 합니다.

15장_ 만남

강영안을 만든 책, 사람들

양희송 교수님을 만들어 온 '만남'은 어떤 것이었습니까? 책을 통한 만남도 있겠고, 사람과의 만남도 있을 텐데요.

강영안 우선은 네덜란드 개혁주의 전통과의 만남이 중요했던 것 같네요. 한국 교회 가운데서는 고신파 교회가 네덜란드 신학에 가장 가까웠어요. 박윤선 목사님 영향 때문이겠지만 박 목사님이 총신으로 떠난 뒤에도 이 전통은 어느 정도 이어졌습니다. 지금도 그런지는 자신이 없습니다. 외국어대 네덜란드어과로 옮기기 전에 고려신학대학에 입학해서 2년간 공부했는데, 개혁주의 신학에 관심을 갖게 한 분은 이근삼 교수님이었을 거예요. 그런데 개혁주의 전통의 서적들을 읽기 시작한 것은 차영배 교수님의 영향이었습니다. 차 교수님의 강의는 이전까지 들은 강의와 확연히 달랐어요. 대학 과정에서 하는 강의가 좀 싱거워 사실은 본과, 그러니까 신대

원 강의 시간에 들어가 차 교수님 강의를 들었습니다. 교수님은 그때 헤르만 바빙크의 《개혁교의학 Gereformeerde Dogmatiek》을 가지고 강의를 하셨어요. 번역을 해온 부분은 그냥 읽으시고 그렇지 않으면 네덜란드어 원본을 펼쳐 두고 죽죽 번역해 내려가는 식이었어요. 네덜란드에서 돌아오신 지 얼마 되지 않을 때라 눈으로는 네덜란드어 원본을 보면서 입으로는 번역을 해가면서 때로는 주석을 덧붙인 강의였지요. 눈이 번쩍 뜨였어요. '야, 저런 신학도 있구나!' 참으로 놀라운 경험이었지요.

이후 아브라함 카이퍼가 쓴 삶의 체계로서의 신앙을 다룬 《칼빈주의 강연 Lectures on Calvinism》을 읽기 시작했어요. 카이퍼가 1898년 프린스턴 신학교 '스톤 강연 the stone lecture'에서 발표한 내용을 엮은 것이지요. 우리나라에서는 《칼빈주의 강연》(크리스찬다이제스트, 2002)으로 출간되었어요. 그리고 나서 미국 미시간 주에 있는 칼빈대학 Calvin College 교수 헨리 반 틸 Henry van Til이 쓴 《칼빈주의 문화 개념 The Calvinistic Concept of Culture》을 읽었어요. 나중에 이근삼 목사님이 《칼빈주의 문화관》이란 제목으로 번역했지요. 그 책을 읽으면서 칼뱅주의가 단순히 한 교파의 신학만이 아니라 '삶과 세계에 대한 관점'을 제공한다는 것을 깨달았어요. '삶과 세계에 대한 관점'을 영어로 표현하면 'life and world view'입니다. 그러니까 '인생과 세계에 대한 관점' 또는 '인생과 세계에 관한 견해'라고 이야기할 수 있지요. 우리말로는 '세계관'이라는 말로 정착됐고요. 칼뱅주의란, 교파도 아니고 교회를 지칭하는 것도 아니에요.

그야말로 삶과 세계를 보여 주는 관점이라는 말이지요. 어떻게 보면 상당히 충격적이었어요. 왜냐하면 칼뱅주의를 통해 알려진 기독교 신앙 전통이 하나의 교회나 교파에 국한된 것이 아니라 삶과 세계 전체를 보는 관점을 제공한다니까요. 일종의 '전체 관점total view'을 제공한다는 사실이 상당히 놀라웠던 것이죠. 칼뱅주의가 정치의 관계, 학문의 관계, 예술의 관계 등 모든 것을 제공한다니!

그다음 영향을 준 책은, 사실 순서로는 더 앞설 수도 있는데요, 박윤선 목사님이 번역한 헨리 미터Henry Meeter의 칼뱅주의에 관한 책이었어요. 그는 칼빈 대학 교수였는데, 지금 그 대학에 가면 방대한 칼뱅 연구 문헌을 소장하고 있는 '헨리 미터 센터'가 있습니다. 미터는 칼뱅주의의 핵심은 '예정론'이 아니라 '하나님의 주권'이라는 관점에서 다룹니다. 흔히들 '칼뱅주의 장로교'는 '예정론 신학'이 중심에 있다고 생각하는데 헨리 미터의 책을 보면 하나님이 우리 삶의 모든 부분에 주권을 가지신다는 사실을 더 중요하게 여깁니다.

이후 한참 뒤 아브라함 카이퍼가 쓴 책을 읽었습니다. 1880년 암스테르담 자유대학교 설립 당시 두 시간가량 강연한 상당히 긴 원고를 바탕으로 한 것이지요. '영역 주권Sphere Sovereignty' 사상을 강연했는데, 제목이 네덜란드어로 'Soevereiniteit in eigen kring'(Sovereignty in its own sphere)이지요. "모든 것은 하나님께 주권이 있으며 이 땅 어느 한 치라도 그리스도께서 당신 것이라고 하지 않은 것이 없다"는 사상이지요. 이 세상 모든 것이 그리스도께 속한다는 뜻이면서 동시에 우리 삶의 서로 나뉜 영역들, 즉 국가의 영역, 가정의 영역 등이 고유의 주권을 갖고 있다는 뜻이기도 해요. 예를 들면 교회는 교회에 주신 하나님의 법에 따라 자율적으로 교회에 관한 사항을 결정하고 집행할 책임과 권한을 갖는다는 것이죠. 그런 의미에서 국가가 교회에 간섭하거나, 학교나 가정이 교회에 간섭하는 것은 부당하다는 것이에요. 이와 마찬가지로 학교도 학교라는 제도에 주신 하나님의 권위의 원칙이 있어요. 학교에 학교 공동체로서 주신 고유한 책임과 권한이 있기 때문에 교회나 국가가 학교에 간섭하거나 지배할 수 없다는 것이지요. 이런 것이 바로 '영역주권'이에요.

네덜란드 암스테르담에 자유대학교가 세워진 것도 교회의 통제로부터 자유롭고, 심지어 교회의 권력 구조로부터도 자유로운 대학, 오직 하나님 안에서 자유를 찾고 학문 활동을 하는 그야말로 하나님의 직접 주권 아래 있는 대학을 만들겠다는 취지가 있었지요. 그래서 그 대학교를 '국가와 교회로부터 자유로운 대학'이라고 보통명사로 언급하다가 나중에 딱히 마땅한 이름이 없어서 그냥 'Vrije Universiteit'(Free University), '자유 대학', '자유로운 대학'이라고 고유명사로 쓰기 시작했지요. 자유롭다고 해서 공부를 하지 않아도 된다거나 등록금이 없다거나 하지 않아요. (웃음)

사실 카이퍼는 암스테르담 자유대학교를 세우기 전에 이미 '반혁명당Anti-Revolutionaire Partij'이라는 정당을 만들었어요. 프랑스혁명에 기조를 둔 계몽주의 사상을 반대하는 취지의 정당 활동을 시작했으며, 이후 대학을 세웠습니다. 카이퍼를 따르는 사람들이 나중에 교단을 형성하기도 했지요. 전통적인 국가교회와는 다른, 국가로부터 자유로운 개혁교회가 생긴 셈이지요. 주간 신문과 일간 신문도 발간하고 초등학교와 중·고등학교를 세우기도 했습니다. 이렇게 각 영역에서 성도들이 하나님의 자녀로 활동할 수 있는 기독교 운동을 펼친 것입니다. 그러면서 카이퍼는 기존 교회를 제도로서의 교회church as institution로 표현하고, 기독교 학교나 정당, 언론 기관 등 다양한 기독교 조직Christian organization을 유기체로서의 교회church as organism라고 보았어요. 신학자들은 여기에 대해 신학적 이유를 들어 강하게 비판하죠. 그러나 그 의도에 비춰 보자면 목회자들이 지역교회를 섬기는 것이나, 성도들이 삶의 각 영역에서 정당 활동을 하거나, 교육자로, 언론인으로, 아니면 노동자로서 활동하는 그 모든 활동이 그리스도의 주권이 미치는 영역이라고 생각하고 행동하게 함으로써 사회 변화에 엄청난 영향을 미친 것은 분명해요.

양희송 '영역주권'을 이야기할 때 어떤 것이 독자적인 영역으로 설정되거나 설정되지 않는 조건이 있나요? 헤르만 도이어베이르트는 매우 세세하고 체계적인 위계질서를 제시한 것으로 알고 있습니다.

강영안 카이퍼에게 그 조건은 그렇게 분명한 것 같지는 않아요. 도이어베이르트는 영역주권을 다른 의미로 사용했어요. 그러니까 도이어베이르트는 창조의 현실 구조를 14 영역, 나중에는 15

영역으로 나누었는데, 수적인 영역, 생물학적 영역, 감성적 영역, 언어적 영역, 역사적 영역 등등 해서 신앙적 영역까지 나누면서 이를 양상modality 이라고 불렀습니다. 각 존재 방식이 제각기 환원될 수 없는 영역주권을 가지고 있다고 보았지요. 카이퍼의 '영역주권' 개념은 사회학적으로 이야기하면 제도와 관련이 있어요. 국가, 교회, 기업, 가정 등의 사회제도social institution가 활동 영역에서 각각 책임과 고유권을 갖는 것이죠. 이 고유권을 갖고 각 영역에서 활동하는 사람들은 목사들이 아니라 신자들이에요.

네덜란드의 기독교 학교는, 그러니까 지금도 자유대학교를 비롯해 일반 기독교 학교도 운영 주체가 교회인 곳은 없어요. 그것은 그야말로 영역주권에 위배되는 것이죠. 그럼 누가 운영할까요? 평신도 연합체가 구성되어 있어요. 예를 들어 자유대학교는 옛날 이름으로 '개혁주의 원리에 따른 고등교육 연맹'이라는 조직, 즉 평신도들의 모임이 운영하지요. 평신도들이 기금을 모아서 학교를 운영해 왔지요. 지금은 정부 지원이 거의 100퍼센트에 달하니까 그 연맹에서 모은 돈으로는 장학금 등 그 밖의 용도로 사용하고 있어요. 그래서 원칙적으로 운영 주체는 교회가 직접 관여하는 것이 아니라, 학부모와 성도들로 구성된 연합체에서 관여하게 되어 있어요. 초등학교도, 중학교도 마찬가지예요. 카이퍼로부터 내려오는 네덜란드의 독특한 전통이지요.

그러나 카이퍼 전통이 미국에 건너가서는 다른 형태로 바뀌었어요. 칼빈대학Calvin College이나 칼빈신학교Calvin Theological

Seminary는 교회에서 지원을 받고 있거든요. CRC(Christian Reformed Church of North America, 북미 개혁교단) 교회들은 기독교 교육을 위해 엄청난 헌신을 하고 있어요. 지금은 점차 줄어들고 있기는 하지만 전통적으로는 교회 예산의 25퍼센트를 기독교 교육을 위해 썼어요. 그래서 기독교 학교 운동이 활발하게 전개될 수 있었지요. 교회에서 직접 지원했으니까요. 네덜란드와 달리 미국에서는 학부모 모임 같은 단체를 만드는 것이 쉽지 않았던 것 같아요. 오히려 교회 헌금을 모아다가 기독교 교육을 하는 데 직접 지원하는 것이 쉽고 편리하다고 본 것이죠. 그러다 보니 그런 것이 전통으로 자리 잡았죠.

양희송 네덜란드 개혁주의를 우리나라에서 시작해서 직접 그 나라의 문화와 공기 속에서 속속들이 접하신 셈이네요. 독서를 통해 간접적으로 받은 영향 외에 동시대의 인물들로 직접 영향을 받은 분들은 어떤 분들인가요?

강영안 암스테르담 시절 아무래도 내가 만남을 통해 영향을 많이 받은 분은 역시 지도교수였던 C. A. 반 퍼슨C. A. van Peursen이겠지요. 책뿐만 아니라 상당히 자주, 오래 대화를 나눈 선생님이지요. 손봉호 선생님과 함께 공부했던 헹크 헤이르츠마Henk Geertsema와도 비교적 많이 대화를 나누었습니다. 네덜란드 라브리L'abri에 가서 종종 머문 적이 있는데 주로 그곳에서 신학적인 문제, 현대 사상의 문제 등을 토론했습니다. 학위 논문 내용과 관련해서는 얀 반 드르 후븐Jan van der Hoeven교수와 상당히 깊이 얘기를 나누었습니다. 그분은 서양철학에서 '중심', '중앙', '수단', '매개' 문제에 관심이 많았습니다. 내 학위 논문에서도 이 문제를 다루었고, 나중에 그분이 쓴 논문을 보았더니 몇 차례 내 논문을 인용했더군요. 그 뒤 월터스토프를 만난 것도 나에게 상당히 오래 영향을 주었습니다. 그리고 네덜란드 기독교철학회에서 리처드 마우를 알게 된 것도 그 뒤 그의 책을 거의 다 본 계기가 되었습니다.

개혁주의 전통에 서 있다고 할 수는 없지만, 레슬리 뉴비긴Lesslie Newbigin을 1985년 봄에 만난 적이 있는데, 잠시 언급하지 않을 수 없네요. 1985년 3월이었는데, 반 퍼슨 교수가 세계교회협의회The World Council of Churches, 즉 WCC의 에큐메니컬 인스티튜트에 초청을 받아 스위스 제네바에 가면서 내게 같이 가자고 했어요. 논문에서 손을 떼고 쉬라는 뜻으로 낚아채듯이 우리 가족들을 데리고 스위스로 갔지요. 일주일 정도 스위스에서 보내게 되었는데, 당시 레슬리 뉴비긴의 《서구 기독교의 위기 The other side of 1984》(대한기독교서회, 1987)라는 책의 토론회가 열렸기 때문이에요. 조지 오웰의 소설 《1984》를 패러디한 책이지요. 뉴비긴을 비롯해 반 퍼슨 교수도 참석했고, 심지어 인도에서도 토론회에 참가하려고 목사님 한 분이 왔더군요.

양희송 레슬리 뉴비긴과 인상적인 만남이었겠군요.

강영안 식당에서 줄을 서서 기다리는데, 그분이 내 명찰을 보고 강원룡 목사를 아느냐, 가족이나 친척이냐고 묻더라고요. 내가 가족 관계는 아닙니다, 그분이 누군지는 알고 있습니다 했더니 뉴비긴이 그러더군요. "강 목사는 아주 유능하고 훌륭한 분이었다"라고 말이지요. 그러던 중 내가 그분께 물었어요. "목사님은 복음주의자이신가요Are you evangelical?" 그랬는데, "아닙니다No!, I am not"라고 아주 강하게 이야기하더라고요. "왜요, 목사님은 복음주의자처럼 보이는데요Why not? You seem to be evangelical"라고 되물었죠. 그의 책에 나타난 복음에 대한 태도나 전도에 관한 이해나, 사회변혁에 대한 이해가 사실상 로잔언약과 크게 다를 바 없는 입장을 취하고 있는데 왜 복음주의자가 아니라고 생각하느냐 했더니 "복음주의자들은 성경을 읽지 않아요Evangelicals don't read the Bible"라고 하잖아요. 깜짝 놀랐지요. 복음주의자들이 성경을 읽지 않는다니. 다시 한 번 쳐다보니 "그들은 인용하고 암송은 하지만, 성경을 읽지는 않아요They quote, they recite, but they don't read the Bible"라고 해요. 그제야 무슨 말인지 알아들었지요. 복음주의자들이 칭의justification는 이야기하는데, 사회정의social justice에는 무관심하고, 성경이 '총체적인 구원holistic salvation'을 이야기하는데 복음주의자들은 '영혼 구원saving souls'만 이야기하고, 그래서 성경을 제대로 읽는 게 아니라 부분적으로, 원하는 내용만 읽는다는 말이었어요.

    이튿날 아침 식사 때 레슬리 뉴비긴이랑 같은 테이블에 앉았어요. 그때 '개혁주의 전통Reformed Tradition'에 관한 이야기를 나누었지요. 아브라함 카이퍼의 《칼빈주의 강연Lectures on Calvinism》, 도이어베이르트의 《서양 문화의 뿌리Roots of Western Culture》, 니콜라스 월터스토프의 《종교의 한계 안에서의 이성 Reason Within the Bounds of Religion》에 관해 이야기를 나누었지요. 그러니까 개혁주의 전통의 기독교 철학이 어떤 논의를 하고 있는지, 목사님이 이야기한 것과 어떤 유사성이 있는지를 이야기했지요.

내가 보기에 레슬리 뉴비긴은 철학적으로는 헝가리의 과학 철학자 마이클 폴라니Michael Polanyi의 '인격적 지식personal knowledge' 이론을 토대로 하고 있었어요. 그 이야기를 했더니 그가 메모를 하더군요. 이후 출간된 책, 그러니까 1984년 3월 프린스턴 신학교에서 했던 '워필드 강연Warfield Lectures'의 증보판이라 할 수 있는 《헬라인에게는 미련한 것이요Foolishness to the Greeks》를 보니까 각주에 도이어베이르트의 《서양 문화의 뿌리》와 《종교의 한계 안에서의 이성》을 인용했더라고요. 아마도 영국으로 돌아가서 내가 언급한 책들을 읽고 공부한 것 같아요. 그래서 그 뒤 나온 책들은 거의 빠짐없이 읽게 되었지요. 나와 뉴비긴의 공통점이나 유사성은 마이클 폴라니의 과학 철학을 깔고 있다는 겁니다. 폴라니의 사상에 대한 이해가 있으니 뉴비긴의 책을 쉽게 접할 수 있었어요. 아마도 폴라니의 철학을 공부하지 않은 분들은 어떤 부분에서 뉴비긴이 굉장히 어렵게 다가올 수 있어요.

양희송 뉴비긴이 담담하게 전하는 이야기가 실은 상당한 지적 자원 위에서 펼쳐진 것이란 점을 잘 모르다 보니 그의 논의를 쉽게 흘려듣는 경우도 많은 것 같습니다.

강영안 이런 이야기를 하다 보니 새삼 한 사람의 성장 과정이 결국에는 사람과의 만남이라는 것을 느끼게 됩니다. 신학대학에 가서 차영배 교수님을 만난 것, 한국외국어대학교에서 손봉호 교수님을 만난 것, 반 퍼슨 교수를 만난 것. 여러 사람과의 만남이 결국 성장 과정에 필수적이었어요(오늘 이야기에는 루뱅 유학 시절 교수들의 영향에 대해서는 한 마디도 하지 않았습니다만). 사람들과의 만남이 전공 선택에도 영향을 끼쳤고, 전공을 바꾸게도 했으며, 학교를 바꾸는 데도 일조했고, 특정 나라에서 유학하게 이끌었으며, 특정한 학문적 전통과 가까워지는 것 또한 사람과의 만남이 필수적이었어요.

이토록 사람과의 만남이 중요한 것이라면 책과의 만남 또한 중요하지요. 손봉호 교수님을 만나면서 그분의 박사 학위 논문을 보게 되었어요. 그분의 논문이 후설과 칸트 철학을 이해하는 통로 역할을 해주었어요. 또 반 퍼슨과 만나면서 기독교 전통에 대한 독특한 이해를 만났으며, 비트겐슈타인Wittgenstein과 칸트를 배우고, 라이프니츠도 읽게 되고, 후설도 읽게 되었어요. 그리고 모든 사상에는 결국 종교적 뿌리가 있다는 통찰을 도이어베이르트에게 배웠어요. 비록 도이어베이르트 학파를 따르지는 않았지만 말입니다. 마지막으로 언급했던 레슬리 뉴비긴에게는 문화에 접근하는 방식이 여러 가지가 있지만, 그중 선교적 접근missionary approach이 중요하다는 것을 배웠어요. 이것은 어떤 문화 자체를 '기독교적이다, 비기독교적이다' 전제하지 않고 기독교 복음을 증거witness하자는 태도입니다. 그에게 다시 배운 것 중 하나가 근대성의 문화culture of modernity에 대한 관심이에요. 포스트모더니티postmodernity란 주제에 시각을 돌리게 한 것은 철학자들보다 신학자 레슬리 뉴비긴에게 더 크게 빚졌다고 할 수 있을 거예요. 리오타르J. Lyotard나 데리다J. Derrida도 나중에야 읽었지요. 그전에 하이데거를 읽었지만 하이데거를 읽었을 때 '근대성 비판'이라는 관점에서 읽지 않고 '근대 형이상학' 중심으로 읽었어요. 그런데 레슬리 뉴비긴을 읽으면서 근대성을 문제 삼게 되었고, 그 근대성을 비판하는 것이 문제가 되니 자연히 포스트모더니티가 무엇인지 관심을 품게 되었죠. 아마 1980년대 중반이거나 후반이었던 것 같아요. 그래서 다시 철학자에게서 포스트모더니티가 무엇인지를 보니까, 니체, 하이데거, 아도르노Adorno 같은 사람들이 모더니티를 비판한 학자로 다시 눈에 들어오는 경험을 했어요. 어떤 의미에서 내 눈을 뜨게 해준 사람이 신학자 뉴비긴이지요. 요컨대 사람과의 만남, 책과의 만남, 사람과 책이 제시하는 근본적인 개념들과의 만남이 우리의 생각을 형성하고 지성을 계발하며 일정한 방향 또한 선택하게 이끄는 것이 아닌가 싶어요. 하나님은 일차적으로는 우리를 사람과 만나게 하시고, 이차적으로는 사람과의 만남을 통한 책과의 만남으로 이끄시는 방식을 사용하시는 것 같아요.

양희송 미국의 기독교철학자 월터스토프에도 관심이 많으시지요?

강영안 월터스토프의 《정의와 평화가 입맞출 때까지 *Until Justice and Peace Embrace*》는 1981년 암스테르담 자유대학교에서 행한 '카이퍼 강연'을 엮은 것이에요. 나는 자유대학교에서 그 강연을 들었는데 굉장히 어려웠어요. 절반도 이해를 못했어요. 미국 교수들이 흔히 그러듯이 페이퍼를 나누어 주지 않고 혼자 원고를 가지고 쭉쭉 읽어 내려가는 강연이었어요. 1983년에 암스테르담 자유대학교와 어드먼 출판사가 동시에 그 강연을 책으로 엮어 출판했는데, 책이 나오자마자 장희종 목사님이 자유대학교 서점에서 사서 내게 선물로 주더라고요. 그것을 받자마자 독파했지요. 단순히 책만 읽은 것이 아니라 그 책에서 논의하고 인용한 책들, 그러니까 각주에 나오거나, 중요하다고 언급하는 책을 모조리 읽었어요. 에른스트 트뢸치Ernst Troeltsch, 마이클 왈저Michael Walzer, 도시문명론자 루이스 멈포드Lewis Mumford, 프랑스 사회학자 자크 엘륄Jacques Ellul, 남미 해방신학자 구티에레즈Gutierrez 같은 이들의 중요한 논의를 그때 책으로 읽으면서 이해해 나갔지요. 도이어베이르트의 저작은 이미 읽었던 것이었어요. 그 책에서 구약학자 클라우스 베스터만Claus Westermann을 소개받고 나서 베스터만의 다른 책을 쫙 읽었지요. 그러다 보니, 구약학자 한스 발터 볼프Hans Walter Wolff의 저작, 게하르트 폰라트의 《구약신학》도 다 읽었어요. 그다음엔 《고대이스라엘에서 거룩한 전쟁Der heilige Krieg im alten Israel》을 읽었습니다. 나중에는 이 책을 가지고 당시 깜쁜에 유학을 와 있던 송재근, 장희종, 유해무, 정훈택, 최홍석 목사님과 같이 읽고 토론하는 모임도 가진 적이 있습니다.

　　1985년에 박사 학위 논문을 완성하고 그해 초여름 마지막으로 자유대학교 본관 13층 연구실에 앉아서 박사 학위 논문의 서문 사사謝辭를 썼습니다. 대학 입학 때부터 음으로 양으로 공부하는 데 도움을 주거나, 옆에서 힘이 되어 주거나, 이런저런 영향을 준 분들의 이름을 나열하니 쉰네 분이나 되었어요. 그들을 모두 서문 사사에 넣을 수는 없잖아요. 그래서 그룹으로 묶어서 표현했는데 쓰면서 다시 한 번 절실히 깨닫고는 감사하는 시간을 가졌어요. '내가 지금까지 걸어오는 데 하나님이 얼마나 많은 사람을 통해 나를 키워 주셨던가! 바울이 이야기한 것처럼 내가 나 된 것은 나로 인함이 아니요 하나님의 은혜로구나!' 하는 경험이었어요. 많은 사람을 만나게 하시고, 그 만난 사람들을 통해 책을 알게 하시고, 그들의 저작을 통해 또 다른 수많은 책을 알게 하시어 그 책을 독파케 하시는 방식으로 하나님은 그야말로 나를 키워 주셨지요.

양희송 배움의 길이란 결국은 혼자가 아니라 누군가의 도움으로 가능한 일이다 싶습니다. 손봉호 교수님과의 인연이 아주 특별했던 것으로 압니다.

강영안 그렇지요. 그동안 많은 선생님들이 계셨지만 지금도 가끔 찾아뵈는 분은 손봉호 선생님이 유일하지 않나 생각해요. 누구보다 저는 선생님으로부터 많이 배웠습니다. 제가 다루는 주제를 보면 어떤 방식으로든 선생님으로부터 지적 자극을 받은 것들이 대부분이라 생각해요. 그런데 선생님으로부터는 여러 통로로 배웠어요. 선생님이 어느 날 어떤 교회에 가셔서 강의하신다는 말씀을 들으면 별 다른 일이 없는 한 따라갔어요. 그때 우리 공부라는 것이 그리 급한 공부는 아니었으니까 이틀이고 사흘이고 선생님이 강의하시면 매일 저녁 따라가서 강의를 들었어요. 또 선생님과 차 타고 오고 가면서 교회 이야기, 사회 이야기, 신앙 이야기 등 온갖 이야기를 많이 했어요. 물론 손봉호 선생님께 네덜란드어도 배우고 철학 과목도 이수했지만, 사실 강의실보다는 오히려 버스를 같이 타고 다니면서, 선생님 댁에서 개인적인 만남으로 배운 것이 훨씬 많아요. 선생님은 내가 쫓아다니고 따라다녀도 허용해 주셨어요. 그것이 참 감사해요.

그렇게 하시기 전에 사실 선생님이 한 번, 의도적인 것은 아니었는데 내가 네덜란드어과에 입학한 지 한 학기가 채 끝나기 전에 번역을 하나 시키셨어요. 그때 나는 네덜란드어를 상당히 읽을 수 있었거든요. 자유대학교 현대 철학 교수였던 얍 끌랍베이크Jaap Klapwijk가 쓴 'Calvijn over de Wijsbegeerte', 영어로 하면 'Calvin on philosophy'라는 네덜란드어 논문이었어요. 10쪽 정도였던 것 같아요. 어느 날 내게 그 논문을 주시면서 "강 군, 이거 한번 번역해 보게" 하셔서 그다음 날인지 그것을 번역해서 드렸어요. 그런데 그 논문의 인용이 온통 라틴어였어요. 내가 라틴어 번역하는 것을 보고는 선생님이 '어, 이 녀석 봐라' 생각하신 것 같아요. 네덜란드어를 어느 정도 할 줄 안다는 것은 아셨으니까 네덜란드어보다는 라틴어를 읽어 내는 것을 인상적으로 보셨던 것 같아요.

이후 내가 번역한 논문을 선생님이 고쳐서 고신교단에서 나오는 〈개혁신앙〉이란 월간 잡지에다 '외대 강영안 군이 초역한 것을 내가 고쳐서 게재한다'고 밝혀서 실으셨어요. 그때가 선생님을 만난 지 4개월 정도 되었을 무렵이었어요. 그 원고를 받았을 때가 여름방학 초쯤이었는데, 내가 번역한 논문을 선생님께 건네고는 며칠 지나서 중랑교 근처 묵동 선생님 댁에 갔더니 이만열 교수님이 먼저 와 계시더군요. 그때가 1973년 6월 말쯤이었는데, 한국 개신교와 민족주의와 관련된 이만열 교수님의 논문이 막 나왔을 때였던 것으로 기억해요. 선생님이 이만열 교수님께 내가 번역한 논문을 가지고 칭찬을 해주셨던 기억이 나요. 그 후로 선생님은 내가 무슨 책이 필요하다고 하면 그 책을 빌려 주시기 시작했어요. 나는 정말이지 선생님께 책을 아주 많이 빌려 봤어요. 선생님의 회갑연을 기독교학문연구소를 중심으로 숭실대에서 조촐하게 가진 적이 있었는데, 그때 선생님이 앞에 나와서 그러시더라고요. "강영안 박사가 우리 집에 있는 책을 나보다 더 많이 봤다." 물론 과장이지요. 불가능한 일인데, 그만큼 많이 빌려 주셨다는 뜻을 그렇게 표현하신 것이지요.

　　내가 손봉호 선생님과의 이야기를 끄집어낸 이유는, 선생님이 나를 인정하시고 아껴 주신 면도 있지만 사실 내가 많이 따라다녔고 그분을 정말 존경하고 좋아했어요. 선생님만큼 명쾌하고 명료하게 개념을 이야기하는 분은 당시까지 아무도 없었어요. 내가 경험한 분들 중에 가장 머리 좋은 분에 속하고, 지적으로나 도덕적으로나 제대로 살려고 애쓰는 분이세요. 또 검소하고 절제하고 사람을 공정하게 대하려고 노력하는 분이지요. 손봉호 선생님을 잘 모르고 욕하는 사람들이 내 주위에도 있고 멀리에도 있는데, 내가 가까이에서 뵌 선생님은 진실한 그리스도인으로서의 삶을 살고자 늘 애쓰셨어요.

자라나는 청년들에게 다음과 같이 이야기하고 싶군요. '좋은 친구를 사귀되 감정적인 유대나 위안을 받을 수 있는 친구뿐만 아니라 지적으로 논쟁하고 토론할 수 있는 친구도 사귀라!' 그리고, '선생님을 찾으라!'고 말이지요. 눈에 띄는 학생이 있으면 선생님들이 먼저 관심을 품겠지만, 그런 관심을 받는다는 것은 한계가 있어요. 어떤 선생님께 꼭 배워야겠다면 가장 좋은 방법은 선생님께 매달리는 것이에요. 자꾸 찾아가서 묻고 자신이 한 작업을 보여 주고 시간 되는 대로 같이 이야기하고 그 만남을 통해 책을 만나고 지적 영역을 확장하는 동시에 심화시켜야 해요. 이것이 사람과의 만남, 책과의 만남을 통하여 자신을 키워 가는 과정이 되지 않는가 생각해요.

양희송 긴 이야기의 마무리를 '만남'으로 매듭짓게 되었습니다. 전인격적으로 소통하고, 상대를 성장시켜 줄 수 있는 친구와 스승을 만나는 것, 그것이 우리 인생에 얼마나 대단한 선물인지 되새겨 봅니다. 이 대화 역시 저에게나 독자들에게 또 하나의 의미 깊은 '만남'이 될 것 같습니다. 감사합니다.

나가며
_이것은 해답이 아니다

대담 제안을 출판사로부터 받고는 곧장 수락하였다. 철학 대담집 《철학이란 무엇입니까》를 낸 직후였다. 가을 학기가 시작된 첫 주 목요일, 그러니까 2008년 9월 4일 나는 홍성사 송승호 주간, 이현주 실장을 서강대 후문에서 만나 양평 모새골로 향했다. 양희송 대표는 따로 운전을 해서 찾아왔다. 나는 성경 책 외에는 종이 한 장, 책 한 권 없이 입을 옷만 몇 가지 챙겨서 홀홀 떠났다. 목요일 오후부터 토요일 오전까지 양 대표가 하는 질문에 줄곧 답을 하기만 했다. 질문하는 일에 더 익숙할 뿐 아니라 해답보다는 질문을 가슴속에 아직 더 많이 품고 있는 사람이 대답에만 몰두하는 일은 그리 쉽지 않았다. 못 다한 질문은 서울로 오는 차 안에서 계속 이어 갔고 삼성동 스타벅스에 앉아 한두 시간 더 씨름하는 것으로 마무리되었다. 질문은 하지 않고 줄곧 대답으로 2박 3일을 일관하는 특이한 경험을 하게 되었다. 결국 양 대표가 던진 질문의 테두리 안에서 대담이 끝났다.

양 대표가 나에게 던진 질문은 대부분 신앙에 관한 것들이었다. 대화하는 과정에서 알게 된 것은 양 대표가 전문적인 철학자들의 글에 익숙하지 않다는 것이었다. 만일 양 대표가 예컨대 플라톤이나 아리스토텔레스, 아우구스티누스나 아퀴나스, 데카르트나 스피노자, 칸트나 헤겔, 후설이나 하이데거를 많이 읽었더라면, 그리고 철학자들에 대해 얘기하기 시작했더라면 아마도 나는 그들의 사상과 텍스트를 해설하고 설명하느라 대부분의 시간을 보냈을 것이다. 이런 일이 없었던 것을 나는 무척 다행스럽게 생각한다. 철학자와 신학자, 인문학자들을 거론하기는 했지만 텍스트를 엄밀하게 따지는 일은, 다시 말하지만, 다행스럽게도 없었다. 내 가까이에는 책이 한 권도 없었다. 그래서 문제 자체에 좀더 몰두할 수 있었고, 비록 거칠기는 하지만 나의 생각을 좀 올곧게 모아 볼 수 있었다. 양 대표의 학문적 철학의 무지에 나는 찬사를 보낸다. 바라건대 이것이 양 대표에게 칭찬이 되기를!

나는 내가 한 대답보다는 양 대표가 나에게 던진 질문을 더 소중하게 생각한다. 나는 역시 답보다는 질문을 아직도 중요하게 생각한다. 질문은 보지 못한 것을 보게 하고 생각하지 못한 것을 생각하게 해준다. '선한 사마리인의 비유'가 나온 배경을 보면 율법 교사의 질문을 받은 예수는 오히려 율법 교사에게 질문을 던져 답을 이끌어 내지만 율법 교사가 다시 질문을 던지도록 만든다. 만일 율법 교사가 예수와의 대화에서 자신을 정당하게 보이려고 "내 이웃이 누구입니까"라고 예수께 질문하지 않았다면 우리는 어떻게 그 아름답고도 깊은 비유를 들을 수 있었겠는가? "누가 이 셋 중에 이웃이 되어 주었는가?"라는 예수의 질문 없이, 어떻게 우리가 "자비를 베푼 사람"이라는 율법 교사의 답을 들을 수 있었겠는가? 질문은 기존 사고를 깨뜨리고 새로운 현실에 눈뜨게 만든다. "질문하는 것은 사유의 경건Fragen ist die Frömmigkeit des Denkens"이라는 하이데거의 말은 괜히 한 소리가 아니다. 질문이 없다면 어찌 생각이 이어질 수 있겠는가?

나는 양 대표의 질문에 대한 나의 답이 해답이라고 생각하지 않는다. 내가 한 답은 해답answers이라기보다는 질문이 던져졌으니 질문에 대해 내가 보여주어야 할 응답responses이라고 생각한다. 양 대표가 나에게 정답을 구하려 한 것이 아니었을 터이니 나도 굳이 정답을 제시하려고 하지 않았다. 양 대표가 나에게 마음으로부터 질문을 한다고 생각했기에 나도 마음으로부터 응답해 주어야 한다고 생각하였다. 이렇게 내가 한 반응, 내가 한 응답은 나의 지적·인격적 책임responsibility에서 나온 것이다. 나에게 답은 없지만 내가 믿고, 읽고, 생각하고, 고민한 것들을 바탕으로 나는 타인에게 반응을 보이고 책임을 져야 한다고 생각한다. 다른 사람이,

다른 맥락에서, 다른 경험의 지평을 가지고 비슷한 질문을 던졌다면 나는 아마도 꼭 같은 내용이나 방식으로 응답하지 않았을 것이다. 질문과 응답은 나에게는 객관적이거나 학문적인 활동이 아니라 다른 이와 삶과 인격을 주고받는 인격적인 교류 행위다.

나는 양 대표와 대담을 나누면서 여기 다룬 주제들을 좀더 깊이 탐구하고 좀더 치밀하게 다루는 글을 써야겠다는 생각을 하게 되었다. 이 대담이 있기 전부터 나는 일상의 성격을 규정하는 것부터 시작해서 '먹는다는 것', '잔다는 것', '집 짓고 산다는 것', '일한다는 것', '쉰다는 것', '신뢰한다는 것', '믿는다는 것' 등 일상의 주제를 묵상하는 글을 써왔다. 이 일은 예수 그리스도 안에서 자신을 보여 주신 하나님을 믿는 철학자로서 내가 사상 살할 수 있고, 하고 싶고, 해야 할 일이라 믿고 계속 이어 갈 생각이다. 아울러 여기 다룬 몇 가지 주제에 대해서는 학문적으로 좀더 신뢰할 만한 논리와 깊이와 내용을 가진 글로 발전시켜야겠다는 생각을 하게 된다.

대담 자리를 주선하시고 원고가 완성되기까지 4년이나 기다려 주신 홍성사 가족 여러분, 녹취 과정에서 글을 다듬는 과정까지 수고한 모든 분들, 영상을 만드느라 촬영팀을 이끈 한병선 대표, 그리고 늘 기도로 후원하시는 두레교회와 주님의 보배교회 성도님들, 아내와 지금은 각각 유럽과 미국에서 공부에 몰두하는 두

아들에게 감사의 말씀을 드린다. 모새골에 사흘을 머무는 동안 가끔 식사도 함께하며 한담을 나눈 임영수 목사님, 그리고 늘 마음으로 후원하시고 지금도 멘토가 되어 주시는 손봉호 선생님, 그리고 마지막으로, 잘못했으면 놓치고 말았을, 사흘간 웃고 울고, 때로는 심각하게, 때로는 가볍게 이야기할 수 있게 해준, 양희송 대표에게 감사의 인사를 전한다.

강영안

우리는 '빚진 자'입니다. 우리는 타자의 내어 줌과 희생 덕분에 존재합니다.

존재 자체가 곧 빚짐인 것입니다.

묻고 답하다
Question and Answer

2012. 11. 27. 초판 발행
2017. 10. 27. 3쇄 발행

지은이 강영안·양희송
펴낸이 정애주
국효숙 김기민 김의연 김준표 김진원 박세정
송승호 오민택 오형탁 윤진숙 이한별 임승철
임진아 정성혜 차길환 최선경 한미영 허은

펴낸곳 주식회사 홍성사
등록번호 제1-499호 1977. 8. 1.
주소 (04084) 서울시 마포구 양화진4길 3
전화 02) 333-5161
팩스 02) 333-5165
홈페이지 www.hsbooks.com
이메일 hsbooks@hsbooks.com
페이스북 facebook.com/hongsungsa
양화진책방 02) 333-5163

 강영안·양희송, 2012

· 잘못된 책은 바꿔 드립니다.
· 책값은 뒤표지에 있습니다.

ISBN 978-89-365-0948-4 (03230)